作者简介

赵 逵

华中科技大学建筑与城市规划学院,教授,博士生导师;
武汉华中科大建筑规划设计研究院有限公司、赵逵教授工作室主创;
中国文物学会会馆专业委员会,委员,副会长;
古建筑专家,长期从事传统建筑研究、设计、教学工作,主持并参与多项国家自然科学基金项目,多项设计成果获得省部级奖励;
出版专著《湖广填四川——移民通道上的会馆研究》《山陕会馆与关帝庙》《川盐古道——文化线路视野中的聚落与建筑》《历史尘埃下的川盐古道》《西南民居》《中国建筑简明读本》等。

白 梅

中南建筑设计院股份有限公司硕士,建筑师;
先后多次对历史古镇、建筑进行实地调研,其研究成果刊登于核心期刊《城市规划》。

序

　　每一个人都有自己的乡愁。当我们离开故乡，踏上一片陌生的土地时，乡愁就开始在我们心中生根发芽。生活在这个快节奏的时代，很多时候，对于漂泊在外的游子而言，回到故乡，早已没有交通上的阻力，完全可以朝发夕至。可是，在古代，由于交通的不便，外出的游子离家谋生，累年累月难以回到故乡，于是漂泊在外的同乡人在异地建立会馆，用以联络乡谊，互济互帮，祭拜乡神，寄托乡愁。

　　乡愁、乡党、地方会馆是一个有趣的关联话题。在古城古镇考察时，我们经常能听到七宫八庙、九宫十八庙的说法，开始以为是当地神祇信仰混杂，多神崇拜，了解之后才发现很多宫庙背后，其实是外地人在当地建的会馆。如：天后宫—福建会馆、万寿宫—江西会馆、南华宫—广东会馆、关帝庙—山陕会馆、禹王宫—湖广会馆、川主庙—四川会馆、准提庵—安徽会馆等。这些会馆以同样的名字、同样的信仰、同样的规制分布在全国不同的区域，于是，千里之外，毫不相干的地方，因为这些宫、庙、会馆似乎有了跨文化、跨区域、跨族群的一种暗含的联系，这背后有商人的豪情、移民的心酸、文化的演绎、技术的传承。很多历史记忆正镌刻在那外表华丽、形态奇特的宫、庙、会馆建筑中。研究它们，如同穿越历史，看着一群原本不相识的外乡人，因为来自相同的省或区域，聚在一起，而凝聚的精神核心，就是在家乡曾经共祭的神灵，汇集的主要地点，就是以乡神命名的宫庙会馆。由于过去商帮的竞争，这些会馆又多显现标新立异、极尽奢华、争奇斗艳而留下珍稀的建筑遗产和地域文化。

丛书从妈祖文化的视角来研究天后宫和福建会馆，从移民文化的视角来研究禹王宫与湖广会馆，从关帝崇拜的视角来研究关帝庙和山陕会馆，从江右商帮的视角来研究万寿宫和江西会馆，从历史、文化、建筑等方面论述了这几类会馆建筑的传承与演变关系。

"中国会馆研究丛书"第一次较为系统全面地以图文并茂的形式细致展现了会馆这类独特的建筑遗存，其中很多实景照片和绘制图为会馆的呈现和保护提供了依据，为会馆古建筑的研究提供了广阔的视野。对这种具有特殊历史烙印、时代特征、文化内涵的公共建筑产生的背景、分布以及建筑特色等方面进行了归纳与总结，并通过案例的研究探析其形制的演变，以揭示文化与建筑之间的相互影响。在此基础上对建筑文化进行挖掘，凸显其作为文化的物质产物。不仅是"原乡性"自我特征的表达，更是异乡地域特征的融合；不仅是社会民俗文化的载体，更是移民文化和商业社会文化繁荣的投影。在城市飞速发展的今天，"中国会馆研究丛书"旨在唤起人们对会馆建筑的生存状况的关注，树立良好的保护意识和可行的保护方式，让大量的会馆建筑得以保留，让其优秀建筑文化传统能得以延续和发扬。

2019-01-25

前言

妈祖崇拜延续上千年,在华人世界,至今仍然香火兴旺,有着大规模的现世崇拜,这在中国女神崇拜中是极具特色和研究价值的。

妈祖作为女神信仰起源于宋,明清至民国期间在中国沿海及南方地区曾经成体系地大规模传播,直至当代在我国港澳台、福建及东南亚地区仍然有着大批的信众。

妈祖的祭拜场地大多以天后宫、福建会馆的建筑形式出现,这些建筑虽然地跨千万里,却有着共同的信仰体系、相同的建筑规制、相似的建筑形态。

是什么原因使妈祖成为女神中的女神,使妈祖信仰如此大规模传播?又是什么人把妈祖带到世界各地的华人圈,并为妈祖建起精美的庙宇和楼阁?……

本书试图从妈祖信仰的起源,天后宫在全国的分布特点,明清福建人的经商轨迹及移民路线,天后宫、福建会馆的建筑特点及相互传承转化的关系着手,一层层揭示妈祖崇拜的演进历程,全方位地展现妈祖精神信仰的物质载体——天后宫与福建会馆的精美与细腻,帮助读者从建筑文化的角度,解读妈祖现世信仰背后的历史渊源与文化内涵……

Preface

Mazu worship continued for thousands of years. In the Chinese world, it is still prosperous and has a large-scale worldly worship, which is of great character and research value in the worship of Chinese goddess.

Mazu originated in Song as a goddess of faith.During the Ming and Qing Dynasties to the Republic of China, it was systematically spread on a large scale in China's coastal areas and southern regions.Until today, there are still a large number of believers in Hong Kong, Macao, Taiwan, Fujian and Southeast Asia.

Most of the worship sites of Mazu appear in the form of the Tianhou Temple and the Fujian Guild Hall. Although these buildings span thousands of miles, they share a common belief system, the same building regulations, and the similar architectural forms.

What made Mazu the goddess of the goddess and spread the Mazu belief on such a large scale? Who is bringing Mazu to the Chinese community around the world and building beautiful temples and pavilions for Mazu?…

This book attempts to start from the origin of Mazu belief, the distribution characteristics of Tianhou Temple in the whole country, the business trajectory and immigration route of Fujian people in the Ming and Qing Dynasties, the architectural characteristics of Tianhou Temple and Fujian Guild Hall, and the relationship between each other,gradually reveals the evolution of Mazu worship and comprehensively displays the material carrier of Mazu's spiritual beliefs—the exquisiteness of Tianhou Temple and Fujian Guild Hall.Helping readers to interpret the historical origins and cultural connotations of Mazu's current belief from the perspective of architectural culture…

目录

1 绪论	001
1.1 研究缘起	002
1.2 相关研究	003
1.2.1 国外研究现状	003
1.2.2 国内研究现状	003
1.2.3 研究成果分析	006
1.3 研究内容	007
1.4 研究方法与意义	008
1.4.1 研究方法	008
1.4.2 研究意义	009
2 天后宫、福建会馆与妈祖文化	011
2.1 妈祖文化综述	012
2.1.1 妈祖文化的概念	012
2.1.2 妈祖文化的产生	012
2.1.3 妈祖文化的兴起	014
2.2 天后宫与福建会馆的起源与产生	016
2.2.1 天后宫的起源	016
2.2.2 福建会馆的产生	016
2.3 天后宫、福建会馆的发展与演变	017
2.3.1 天后宫、福建会馆在中国大陆地区的发展	020

  2.3.2 天后宫、福建会馆在港澳台地区的发展   027
  2.3.3 天后宫、福建会馆在海外地区的发展   027
  2.3.4 从名称变异透析天后宫、福建会馆发展   029

3 天后宫、福建会馆在中国大陆地区的分布特征   033
3.1 概述   036
3.2 宋代天后宫的分布   036
  3.2.1 宋代天后宫在中国大陆地区的分布   036
  3.2.2 宋代天后宫分布的影响因素   038
  3.2.3 宋代天后宫的分布特征综述   039
3.3 元代天后宫的分布   039
  3.3.1 元代天后宫在中国大陆地区的分布   039
  3.3.2 元代天后宫分布的影响因素   042
  3.3.3 元代天后宫的分布特征综述   042
3.4 明代天后宫、福建会馆的分布   042
  3.4.1 明代天后宫、福建会馆在中国大陆地区的分布   042
  3.4.2 明代天后宫、福建会馆分布的影响因素   044
  3.4.3 明代天后宫、福建会馆的分布特征   044
3.5 清代天后宫、福建会馆的分布   044
  3.5.1 清代天后宫、福建会馆在中国大陆地区的分布   044
  3.5.2 清代天后宫、福建会馆分布的影响因素   048
  3.5.3 清代天后宫、福建会馆的分布特征综述   049

4 天后宫、福建会馆的建筑形态　051

4.1 天后宫、福建会馆的选址与布局　052
4.1.1 天后宫、福建会馆的选址　052
4.1.2 天后宫、福建会馆的布局　055

4.2 天后宫、福建会馆的建筑与构造　090
4.2.1 天后宫、福建会馆的建筑特征　090
4.2.2 天后宫、福建会馆的构造特征　096

4.3 天后宫、福建会馆的装饰与细部　103
4.3.1 装饰艺术　103
4.3.2 细部特点　112

5 天后宫、福建会馆建筑实例分析　119

5.1 宋代天后宫建筑实例分析　120
5.1.1 福建莆田湄洲妈祖祖庙　120
5.1.2 福建莆田贤良港天后祖祠　126
5.1.3 福建泉州天后宫　132

5.2 元明时期天后宫、福建会馆建筑实例分析　137
5.2.1 山东青岛天后宫　137
5.2.2 福建西陂天后宫　145
5.2.3 贵州镇远天后宫　152

5.3 清代福建会馆建筑实例分析　156
5.3.1 湖南芷江天后宫　156
5.3.2 浙江衢州天后宫　162
5.3.3 浙江宁波庆安会馆　165

  5.3.4 山东烟台福建会馆　　　　　　　　　　　　　174

6 从天后宫到福建会馆的传承与演变　　　　　　　181
6.1 天后宫、福建会馆建筑形态特征比较　　　　　182
  6.1.1 福建地区天后宫对比研究　　　　　　　　182
  6.1.2 不同地域天后宫对比研究　　　　　　　　185
  6.1.3 不同地域福建会馆对比研究　　　　　　　188
  6.1.4 相同地域天后宫、福建会馆对比研究　　192
  6.1.5 综述　　　　　　　　　　　　　　　　　195
6.2 福建会馆与其他省份会馆比较研究　　　　　　195
  6.2.1 与山陕会馆比较研究　　　　　　　　　　195
  6.2.2 与湖广会馆比较研究　　　　　　　　　　198
  6.2.3 与江西会馆比较研究　　　　　　　　　　204
6.3 天后宫与福建会馆传承与演变的影响因素　　208
6.4 天后宫与福建会馆传承与演变的现实意义　　210
  6.4.1 文化传承　　　　　　　　　　　　　　　210
  6.4.2 技术传承　　　　　　　　　　　　　　　211

结　　语　　　　　　　　　　　　　　　　　　　212
参考文献　　　　　　　　　　　　　　　　　　　214
附　　录　　　　　　　　　　　　　　　　　　　218
  附录一　天后宫、福建会馆总表　　　　　　　　220
  附录二　中国大陆地区现存天后宫、福建会馆总表　238
  附录三　港澳台地区现存天后宫、福建会馆总表　246

1 绪论

1.1 研究缘起

会馆是中国传统建筑中独具特色的建筑类型，它产生于明末，兴盛于清中晚期，衰败于民国末年，前后不过三四百年时间，却见证了中国社会人口大迁徙、商品交换大繁荣的全过程，为今世留下了众多辉煌精美的建筑遗产。然而，会馆短暂的辉煌并未得到建筑学界的足够重视。

福建会馆是现存会馆中分布范围最广、形式最丰富的会馆类型，这些会馆既是中国海洋文化的历史见证，也是福建商人及移民情系桑梓的精神寄托，是在多重文化背景下产生的建筑类型，是本土文化和异域文化相融合的产物。

基于多年来对会馆建筑的研究，我们团队北上天津、山东，南下福建，东进江苏、浙江，西入四川、重庆等地，对福建会馆建筑集中的省份进行了大量考察，在惊叹于这些传统建筑精美绝伦的同时，更折服于古代工匠的精湛技艺，也有感于寄予会馆建筑的精神与文化内涵。本书在研究资料和实地考察的基础上，共整理出862座有史料记载的全国范围内的天后宫和福建会馆（附录一），以及55座中国大陆地区现存的天后宫和福建会馆（附录二）和100座港澳台地区现存的天后宫和福建会馆（附录三）。并实地考察调研了32座天后宫、福建会馆，其中涵盖了所有全国重点文物保护单位和大部分省级文物保护单位。结合以上资料的归纳整理，思考福建会馆与天后宫的种种联系，从福建会馆的历史文化起源的独特视角，对福建会馆进行全面系统的解读。通过研究天后宫到福建会馆的传承与演变，为后续天后宫、福建会馆的修缮工作提供充分而可靠的依据。

本书希望能够以福建会馆为专题，与其他会馆专题一起展开系列研究，以期更全面、更细致地展现这类独特的建筑遗存。

1.2 相关研究

1.2.1 国外研究现状

妈祖文化传播的范围从国内扩展到国外,在国外也受到了广泛关注。日本学者伊能嘉矩于1918年在东京帝国大学发表了文章《台湾汉人信仰的海神》,文章中描述了我国在清朝时期收复台湾过程中妈祖显灵的事件,由此开启了对妈祖的研究。日籍华人学者李献璋的《妈祖文献资料汇编》[《妈祖信仰的研究》(日文版)附录中文,1979年版]开始了对妈祖文献资料的整理工作。在美国,也有关注妈祖信仰的专著出现,其中韩森所著《变迁之神:南宋时期民间信仰》主要探讨了南宋时期妈祖信仰的形成和发展,书中绘制了南宋时期天后宫在福建沿海地区的分布图,为后续研究提供了依托。将妈祖信仰与人类学结合在一起的开创者是斯蒂文·桑高仁(P. Steven Sangren,1983),他从人类学的角度入手,分析了妈祖信仰在台湾地区的历史、影响和传播。华琛(James L.Watson,1985)则分析了妈祖在中国南方沿海地区地位不断提升的原因。B.埃利诺和莫里斯·吴(B. Eleanor, Morris Wu,2006)研究台湾地区的寺庙文化与大陆文化的关系,主要是以清代的一座妈祖庙为研究对象。

1.2.2 国内研究现状

1.2.2.1 妈祖文化相关研究

顾领刚和容肇祖是中国最早研究妈祖信仰的学者,二人分别在《民俗》(41/42合刊)上发表了《天后》的论文,文中探讨了妈祖信仰的起源,并编写了有关妈祖事迹的年表,成为妈祖信仰研究的奠基之作。随后,妈祖文化在台湾的影响根深蒂固,1950—1980年间,有不少关于妈祖文化研究的专著和资料汇编在台湾出版,相对的,大陆学者在此期间鲜有研究成果。

从1990年开始，随着妈祖文化学术研究会议在妈祖故乡举办，有关妈祖信仰的研究得到了广泛关注。在此期间，关于妈祖的各种文献资料、论文专著、图片集等陆续出版。笔者从这些研究成果中，选取了与本书写作相关的研究及文献资料，整理如下。

（1）有关妈祖文化的研究成果

妈祖文化的起源与发展方面：指研究妈祖文化的由来、兴起，妈祖文化传播的历史文化背景，各个时期妈祖文化传播的历史条件和社会因素等的研究成果，主要包括福建师范大学社会历史学院林国平教授1993年的《福建民间信仰》，厦门大学台湾研究所朱天顺教授1996年出版的《妈祖と中国の民间信仰》、1989年出版的《妈祖研究论文集》等，对妈祖文化传播的历史文化背景做了详细的研究。

妈祖信仰传播方面：妈祖信仰传播之广泛，有关其传播方面的论文众多。大体包括妈祖文化在我国沿海地区、内陆地区的传播与发展，在台湾地区的传播与发展，在香港、澳门地区的传播与发展等。研究内容多按省份展开，包括广东地区、河北京津地区、环渤海地区以及浙江、四川、海南等地。其中，浙江宁波庆安会馆馆长黄浙苏女士所著《信守与包容：浙东妈祖信俗研究》一书中，从研究浙东地域文化出发，论证妈祖信俗的形成与古越文化的关系，同时点明妈祖文化对中原文化、外来文化的吸收，成为具有东方特色的原始海洋文明。对妈祖信仰传播做整体研究的有：陈晴晴的《妈祖文化的地理过程与空间影响研究》，主要以福建省为例，对妈祖宫庙的分布做了研究；郑衡泌的《妈祖信仰传播和分布的历史地理过程分析》，主要对妈祖信仰在全国的分布情况做了研究。

（2）妈祖文献资料的整理

自宋代起，有关妈祖灵迹的文献资料就已问世。其中宋代所著《圣妃灵著录》是最早记录妈祖事迹的史料，也是研究妈祖的学者中引用最多的一部有关妈祖的文献汇编。有关妈祖文献资料的汇编还包括蒋维锬先生的《妈祖文献资料》及与杨永占共同主编的《清代妈祖档案史料汇编》，为后续研究的学者提供了详细的参考史料。

对妈祖文献资料更详尽的整理是 2007 年在妈祖的起源地福建莆田湄洲岛首发的《妈祖文献史料汇编》第一辑，包括档案卷、诗词卷、散文卷、碑记卷，共有 120 万字，收录了从宋代起到 1949 年前妈祖信仰的传说和传播途径等文献资料。后于 2009 年出版了第二辑，包括史摘卷、匾联卷、著录卷，共 110 万字，收录了以妈祖信仰为题材、历史上曾独立成书的各种著录版本，以及夹存于正史、野史、类书等典籍中涉及妈祖史迹而又不独立成篇的章节或段落。2011 年出版第三辑，包括方志卷、绘画卷、经籤卷：经忏编、经籤卷：籤诗编。

1.2.2.2 天后宫相关研究

学术界对天后宫的研究还主要停留在对单一天后宫或某一特定地区的天后宫的研究。在此基础上，将有关天后宫的研究分为建筑学领域和其他学科领域。

（1）建筑学领域方面：以建筑学角度研究天后宫的成果数量较少，主要集中在对单一地区、单座天后宫的独立研究。其中姚舒然的《妈祖信仰的流布与流布地区妈祖庙研究》的硕士学位论文，详细地论述了妈祖信仰的流布及流布地区的妈祖庙。其他多为一个地区或单座天后宫的研究，包括对天津天后宫、青岛天后宫、台湾天后宫、泉州天后宫等的研究。其中，赵素菊的《山东妈祖建筑初探》是对山东省内所有天后宫建筑的总结性研究，包括了对烟台福建会馆的研究。

（2）其他学科领域方面：天后宫的研究包含多个学科领域，历史学、社会学、宗教学、民俗文化和文学等都属于天后宫研究的学术范畴内。其研究成果相对较多，但仍集中在对单座或单一地区天后宫的研究，如对湄洲妈祖祖庙、贤良港天后祖祠、西陂天后宫等的研究。

1.2.2.3 福建会馆相关研究

（1）会馆研究

我国关于会馆史的研究是从 1925 年郑鸿笙先生发表的《中国工商业公会及会馆、公所制度概论》开始的。本书主要对建筑学方面有关会馆的研究进行概述：一类是对某地区特定会馆进行分析研究，如张德安先生的《论明清会馆文化在现代的传承与发展》将会馆建筑中的文化内涵提炼出来，并提出弘扬会馆文化的若干建议。另有赵逵先生、邵岚著《山陕会馆与关帝庙》（东方出版中心，2015年版），是将会馆建筑与对应的寺庙建筑放在一起研究的专著，与本书的研究思路基本一致。另一类是以移民史为背景的研究，王日根先生著《中国会馆史》是最具权威的研究会馆的专著，还有孙中雯著《移民背景下的明清会馆建筑研究》、赵逵先生著《湖广填四川——移民通道上的会馆研究》（东南大学出版社，2012年版）等。

（2）福建会馆研究

与会馆整体性的研究相比，福建会馆在学术界的研究成果中还相对较少。对福建会馆的研究成果分类概述如下：一类是对福建会馆的整体研究，研究学科主要为史学界。代表成果有：蒋维锬先生的《清代的商帮会馆与天后宫》、陈尚胜先生的《清代的天后宫与会馆》、王日根先生的《论明清福建会馆的多种形态》、郭学仁先生的《湖南传统会馆研究》等。另一类是对单座福建会馆的研究，研究学科主要为建筑学。代表成果有：于建华的《烟台福建会馆及其勘察测绘》、骆平安、李芳菊的《上海三山会馆前廊建筑装饰艺术》等。

1.2.3 研究成果分析

（1）妈祖文化是中国民间信仰的杰出代表，受到多方学科的广泛关注，其中包括历史学、宗教学、社会学、人类学、民俗学等，研究成果相当丰硕，但在建筑学界的研究还鲜有成果。

（2）相较于妈祖文化，学术界对天后宫与福建会馆的研究成果数量较少。尤其是在建筑学界，研究成果寥寥无几。

（3）针对天后宫与福建会馆的研究成果，多集中在对单栋或单一地区的天后宫或福建会馆的研究，缺乏整体性研究成果。

（4）对于天后宫与福建会馆历史方向的研究多数是在探讨天后

宫、福建会馆的发展演变以及与历史事件的关系，对于天后宫、福建会馆建筑方向的研究多数是对天后宫、福建会馆这类建筑的平面布局、空间结构、构造特征等方面的测绘和分析。而天后宫、福建会馆所呈现的建筑形态正是与天后宫、福建会馆的发展和演变有关系，但在以往的研究中，学者们并没有全面系统地将两者结合在一起，未能清晰地展现天后宫、福建会馆这类重要建筑的相互关系。

1.3 研究内容

本书对福建会馆的研究主要从以下4个层面展开：

（1）对妈祖文化、天后宫与福建会馆相关资料进行梳理，将天后宫、福建会馆表格化，并绘制天后宫、福建会馆在全国的分布图。

以妈祖文化的传播为主要研究路径，搜集学术界各个学科对妈祖文化、天后宫、福建会馆的研究成果，并结合实地调研成果、文献资料、网站留存的大量图片和文字资料，以时间为经线排序，以地域为纬线整合。将史料记载的全国范围内的天后宫和福建会馆、中国大陆地区现存的天后宫和福建会馆、中国港澳台地区现存的天后宫和福建会馆分别整理列表，并绘制天后宫、福建会馆在全国的分布图。

（2）妈祖文化传播视野下，天后宫与福建会馆产生的背景研究。

目前，学术界对妈祖文化的研究颇有进展，成果丰硕。从已有的研究中，基本可以理清妈祖文化的产生、发展和演变进程，对其传播的原因也有了较为深入的认识。但从建筑学的角度出发，将天后宫与福建会馆放在一起的研究还鲜有成果。

本书将以此为突破点，综合相关妈祖文化文献资料，梳理妈祖文化的产生、发展与演变，进而对天后宫与福建会馆的建筑形态展开研究。

（3）深入研究不同信仰作用下的天后宫与福建会馆的建筑形态，并选取典型案例进行详细解读。

本研究在妈祖文化传播的背景下，分别梳理不同文化作用下的天后宫与福建会馆的建筑形态。同时，依据其保存的完好程度及影响程度，选取具有代表性的案例，如全国重点文物保护单位、省级文物保护单位的天后宫和福建会馆，对其建筑形态展开研究。通过对建筑的选址与布局、建筑与构造、装饰与细部的深入剖析，阐述不同地域的天后宫与福建会馆在建筑形态上的异同与特征。

（4）从多个方面分析影响天后宫、福建会馆传承与演变的因素，从而得出建筑与其对应文化的内在关系。

从天后宫到福建会馆，其传承与演变主要有两个方面的变化：其一，天后宫只是文化传承的载体，而福建会馆则是对文化与建筑技术的双重传播；其二，天后宫的职能主要为祭祀妈祖，而福建会馆的职能不仅为祭祀妈祖，还是同乡人集会的场所。

1.4 研究方法与意义

1.4.1 研究方法

本研究运用从抽象到具体、历史分析与理论分析统一、定性分析与定量分析统一、历史研究与现实研究统一的多种方式，多角度、全方位地对问题进行分析。

本书对于会馆建筑的研究，从当时历史条件下的社会、经济、文化、政治等因素的客观状况角度出发，以尊重客观历史建筑事实为原则进行辩证分析。同时，注重调查研究，进行分析和对比。首先对福建会馆、天后宫产生的背景、社会文化和功能性等方面做系统的了解，然后对特定的福建会馆和天后宫进行平面、空间、构造、装饰等方面的分析与比较，洞悉其异同之处，探寻其演变的规律。研究中以现存福建会馆建筑为直接素材，进行实地调研和考察研究，同时借助现有史料、碑刻资料以及专业论著、学术论文等其他文献，进行认真的阅读与整理，将各种资料进行分析与汇总，从宏观到微观逐步深入研究。

1.4.2 研究意义

（1）在前人研究的基础上，从建筑学的角度，将天后宫与福建会馆的研究进一步整体化与完整化。

在学术界的各个领域，多位学者专家发表了有关妈祖文化、天后宫、福建会馆的相关研究成果，有众多的共识之处，同时也存在争议。在建筑学界，对天后宫、福建会馆的传承与演变关系还鲜有定论。因此，本书将以现有的研究成果为前提，对现存的天后宫、福建会馆实地考察、调研，找出天后宫、福建会馆之间可能存在的某种联系，从妈祖文化传播的独特视角，对天后宫与福建会馆进行全面系统的解读，进而展开天后宫与福建会馆的传承与演变研究。

（2）天后宫、福建会馆是妈祖文化传播下的产物，具有文化与历史双重价值。

妈祖文化的传播从某种程度上反映了历史经济的发展和人口的迁徙活动，是人类历史进程的一个缩影。而天后宫、福建会馆作为受多重因素影响而产生的一种文化载体，以物质的形式记载着周边社会生活的历史进程。由此，建筑与文化互相牵连，互为因果。将"天后宫与福建会馆"置于妈祖文化传播的大背景下，考察妈祖文化传播的各种因素与建筑形态的互动与影响，在了解天后宫、福建会馆的同时，对妈祖文化的内涵有更深层次的理解，进一步印证了建筑与文化的相互作用。

（3）为后续天后宫、福建会馆的修缮工作提供充分而可靠的依据。

散落在世界各地的天后宫、福建会馆，反映了一定时期妈祖文化在当地的流传，是妈祖文化在当地的物质产物。这些天后宫、福建会馆或在当地其他的建筑风格中独树一帜，或与当地建筑融合共生，都是最具价值的值得研究的建筑文化现象。因此，通过对天后宫、福建会馆的建筑形态解读，在充实关于妈祖文化研究的内容外，研究妈祖文化传播过程中不同地域的天后宫、福建会馆与其发源地建筑技术和文化的相互作用，可以为日后天后宫、福建会馆的修缮提供依据，对于天后宫、福建会馆的保护也具有十分重要的意义。

天后宫、福建会馆的建立是妈祖文化传入一个地区的重要标志。其中，天后宫起源于宋代，是海洋文化的体现，主要为祭祀"海神"妈祖的庙宇，属于寺庙建筑范畴，多位于沿海地区；福建会馆在明末清初产生，是福建人在异地所建的祖先祠或会馆建筑，承担着联络乡情、生意洽谈等功能，因此也被祭祀作为福建人的"商业神""乡土神"的妈祖，会馆内也祭祀作为福建人的"商业神""乡土神"的妈祖，因此也被称为"天后宫"，是清代天后宫中独具一格的建筑类型。福建会馆多集中在长江流域等临水的内陆地区，妈祖的"海洋"成分相对减弱。即天后宫、福建会馆是在不同时期和历史文化背景下产生的两种建筑类型，因妈祖文化联系在一起，既相互独立，又关联密切。

2 天后宫、福建会馆与妈祖文化

2.1 妈祖文化综述

2.1.1 妈祖文化的概念

妈祖，姓林名默，又被称为天妃、天后、天上圣母，福建莆田湄洲屿人，生于北宋建隆元年（960年），卒于雍熙四年（987年）。在霞浦松山天后宫中挂着的一副对联题："父莆田母长溪（霞浦古称）"，说明妈祖的母亲是宁德霞浦人，父亲是莆田人。妈祖因其知人祸福、拯救海难、扶危济困的神力而受亿万信众的顶礼膜拜，历代皇帝对其的不断褒封更使得妈祖以天妃、天后的最高神格列于国家祀典。妈祖从民间地方神提升为官方的航海保护神，妈祖文化随之传播到世界各地，因祭祀妈祖而建的宫庙也由此散播开来。

妈祖文化是中国沿海地区最重要的宗教信仰，是福建地区的劳动人民根据自己的理想和主观愿望所塑造的海上女神，是劳动人民的心灵和精神寄托。它是在三教合一的潮流下产生、形成的，吸收了儒教、道教、佛教优秀因素，具有典型的传统性、极大的包容性和鲜明的海洋性等特征。妈祖文化通过人们对其的祭祀活动进行传播和传承，对社会稳固、国家兴盛、民生富足起到良好的促进作用，这使得历朝统治者对妈祖文化都极为推崇。

2.1.2 妈祖文化的产生

妈祖文化起源于福建，要了解妈祖文化的由来，不得不从福建地区的民间信仰说起。福建地区的民间信仰历史悠长，原始宗教早

◀图 2-1 福建莆田贤良港天后祖祠供奉宋代所塑妈祖像

↗图 2-2 妈祖

➚图 2-3 临水夫人

➙图 2-4 法主仙妃

[1] 黄仲昭. 八闽通志·卷五十八[M]. 福州：福建人民出版社，1990.

在4 000年以前就已产生。到了唐末至宋元时期，原住居民和大批移民在此辛勤劳作，使得福建地区的经济得到长期发展，社会也相对稳定。两宋时期以后，福建地区更为繁荣，成为全国的发达地区。在这一时期，福建掀起了大范围的造神运动。根据地方志，福建现今流传的众多神灵基本都产自于这个时期，由此开始，鬼神迷信充斥着整个福建地区。以福州府为例，《八闽通志》卷58《祠庙》记载，在明代以前，福州府属各县有113座祠庙，其中只有9座是唐宋之前所建，其余多达75座都建于唐末宋元时期[1]。可见，唐末至两宋时期产生的神灵对当今的福建仍影响巨大。

任何一种文化形态的产生和发展，都有着特定的自然和社会历史背景。福建民间信仰的产生和发展同样离不开其特定的自然地理条件和社会历史条件。首先，福建位于我国东南沿海，在唐末宋元时期航海业就非常发达，其中泉州港、福州港已经成为十分重要的贸易口岸。在封建思想的影响下，人们为祈求航海平安，迫切需要一位神灵来保佑，寻求心灵的慰藉。所以，福建地区塑造了许多本地的海神，并建庙祭拜。在泉州船员祭拜通远王，在晋江拜真武海神，南田则建有天妃宫、灵感庙、大蚶光济王庙、祥应庙、灵显庙，福州建有演屿庙，闽清建有武功庙，莆田则受妈祖庇佑。这些海神中，影响较为深远的当属女海神妈祖和男海神通远王。

其次，福建是多山地区，且气候湿热，受自然灾害影响的程度深、频率高，更突出的矛盾就是人多地少，所以福建地区对传宗接代和平安非常重视。此外，古代的福建男人多出海打拼，其生活方式不同于自给

自足的内陆地区。因此，女性在家中有着重要的作用，更是男子的依赖。在古代的福建地区，女子的地位相比其他内陆地区要高，反映在福建民间信仰上便是福建民间多有女神崇拜，如"保护妇女儿童"的临水夫人、"航海保护神"妈祖和"助修水利，请水求雨"的法主仙妃等。

2.1.3 妈祖文化的兴起

从上文对福建民间信仰的概述中可以看出，福建民间信仰尤以女神信仰和海神信仰著称，而妈祖信仰则集女神信仰和海神信仰为一体。由此可见，妈祖信仰能够在福建当地受到广泛关注绝非偶然。同时，福建地区深受海洋文化的影响，福建民间信仰的重要组成部分就是海洋信仰。福建人民对于"妈祖"这一女神形象的推崇，使得在宋元时期妈祖逐渐替代泉州地区男海神通远王的位置，成为该地区最为重要的航海保护神。它所依托的妈祖文化，也随之传播到世界各地，究其原因有以下几个方面。

▶图 2-5 圣泉宫（祭祀法主仙妃）

◀图 2-6 昭惠庙（祭祀通远王）

2.1.3.1 宋元更替与蒲氏家族对妈祖的推崇

宋元时期，蒲氏家族掌控着泉州地区的政治、经济、宗教信仰。南宋末年，蒲寿庚[1]降元，改朝换代带来的负面影响迫使蒲氏推行新的宗教政策。海神崇拜在蒲氏家族的推崇下，也由原来的通远王改换为妈祖。

妈祖取代通远王是一种审时度势的必然抉择。通远王由山神演化而来，唐咸通年间通远王的祭祀一直由朝廷掌控，九日山的祈风仪式至今仍被当地居民津津乐道，可见其在当时的影响力。鉴于改朝换代引发的民族矛盾，官府不得不重新选择一位神灵。妈祖在宋代时已经受赐封号，但至南宋庆元二年（1196年）泉州已有妈祖庙，民众已经很少前往九日山的昭惠庙去祭祀通远王了。

2.1.3.2 经济发展对信仰变迁的影响

宋元时期的经济发展、大兴土木，直接影响了民间对海神信仰的转移。首先，北宋末年至南宋初年，通往九日山的江上修建了两座桥梁（石笋桥和顺济桥），两座桥梁直接阻碍了大型船舶的航行。其次，南宋庆元二年（1196年）妈祖信仰从莆田传入泉州，修建的妈祖庙就建在顺济桥头，正位于当时泉州海运、交通便利的繁华地段。与九日山昭惠庙相比，妈祖庙便利的交通为其赢得了更多的信众。

通远王与妈祖在两宋之际是共存于福建地区的，但随着经济的发展、城市交通的变迁，九日山的通远王渐渐远离了民间香火，而占据重要位置的妈祖庙却香火鼎盛。通远王被妈祖取代是历史发展的必然结果。

2.1.3.3 海神职能差异与民众信仰的变化

除了受到以上客观因素的影响，通远王与妈祖的变迁还受到职能方面的影响。由前文提到的九日山祈风仪式可知，通远王的主要职能为祈风，且他由山神演变而来，与海洋存在一定的距离。妈祖本人就生活在海边，具有支配水、免除水旱灾害和拯救危难船只的灵性，她的海神职能非常明确。而且有关妈祖显灵海上救人的故事早已在民间散播开来，通远王显灵的事迹却传播不广。因此，妈祖更能成为支撑人们航行的精神力量。

2.1.3.4 女神崇拜的社会心理

福建民间信仰的另一大特色就是以女神居多，其根源是福建地区对女性及母亲形象的崇拜。在技术不够发达的古代，海上航行是非常危险的行业，船员无法掌控自己的生命，这时的他们就像孩子一样渴望母亲的保护，而妈祖正是这样一个女性的形象——在危难之际救助船员，庇护航海安全。

[1] 蒲寿庚：1205—1290，又称蒲受畊，号海云，宋末元初人，任泉州市舶司三十年。

总之，福建民间信仰的两大特色就是海洋信仰和女神信仰，妈祖正是海神和女神的结合体，这使得妈祖文化得以在福建各地迅速传播；在朝廷的干预下，妈祖更成为官方敕封的海上女神，并与明清以来中国历史向海洋发展的机遇相契合，迅速在全国传播开来，甚至发展到世界各地。

[1] 蒲中华妈祖文化交流协会，等. 妈祖文献史料汇编：第二辑，著录卷[M]. 北京：中国档案出版社，2009.

[2] 俞明. 妈祖文化与两岸关系[J]. 南京社会科学，2001（8）：70-78.

2.2 天后宫与福建会馆的起源与产生

2.2.1 天后宫的起源

天后宫，即祭祀妈祖庙宇的统称。天后宫作为妈祖文化的物质载体，是妈祖文化传播与发展的主要形式。妈祖文化初期仅在湄洲岛一带传播，影响范围很小。妈祖死后，人们立庙祭祀，其中有记载的最早的天后宫为福建莆田湄洲妈祖祖庙（图2-7）。据《天妃显圣录》载，初建时湄洲祖庙非常简陋。天圣年间（1023—1032年）商人三保前往国外经商，途经湄洲湾时曾去妈祖庙祈祷并平安返航，遂捐资扩建庙宇，使庙貌大新[1]，成为妈祖文化发祥地的妈祖祖庙。由祖庙分灵出去的妈祖庙有5 000多座，散布在世界上20多个国家和地区，信众达2亿多[2]。

2.2.2 福建会馆的产生

会馆是从明朝起才出现的一种建筑形式，它是客居异地的同乡

← 图 2-7 福建莆田湄洲妈祖祖庙

→ 图 2-8 山东烟台福建会馆

[1] 张书简. 建宁县志（全）·卷六[M]. 台北：成文出版社，1967.

设立的一种民间社会组织，最初由寓京官绅倡导而兴起，后因清初实行的海禁政策而衰落。在清康熙二十二年（1683年）收复台湾后，我国的海运贸易事业得以恢复并迅速发展，各地的商帮会馆又开始兴盛起来。而福建会馆随着福建商人的商业活动以及移民的热潮，在我国的沿海、沿江及内陆地区纷纷建立（图2-8）。福建会馆由闽粤商帮带头兴建，具有"联乡谊、崇乡祀"的作用，是集祭祀与集会功能为一体的建筑形式，建筑中既有会馆，也有祭祀妈祖的殿堂。故"天下通都大邑，滨江濒海商贾辐辏之区，客是地者，类皆建设会馆，为同乡聚晤所。而吾闽之建是馆者，又必崇以宫殿祀天后，其中盖隆桑梓之祀，亦以（天）后拯济灵感江河之舟楫，往来冀藉沐神庥也"[1]。因而，福建会馆与我国的海运贸易、内陆地区商埠构建有着十分密切的关系，是清代妈祖文化中独具一格的形制。

2.3 天后宫、福建会馆的发展与演变

天后宫、福建会馆基于妈祖文化而产生。妈祖文化自宋代形成以来，由福建地区开始向外传播，元代漕运的作用以及明清以来的商业发展、对外贸易的产生、历代帝王的推崇，使得妈祖文化的传播范围逐步增大（图2-9）。北抵东北的辽河流域，南达海南南沙群岛，东起沿海各地，西至湖南、四川等内陆地区都建有天后宫、福建会馆。海上贸易的发展以及华人、华侨的移民活动，更使其传播到了日本、东南亚等国家（图2-10）。

图 2-9 天后宫、福建会馆在全国的传播区域

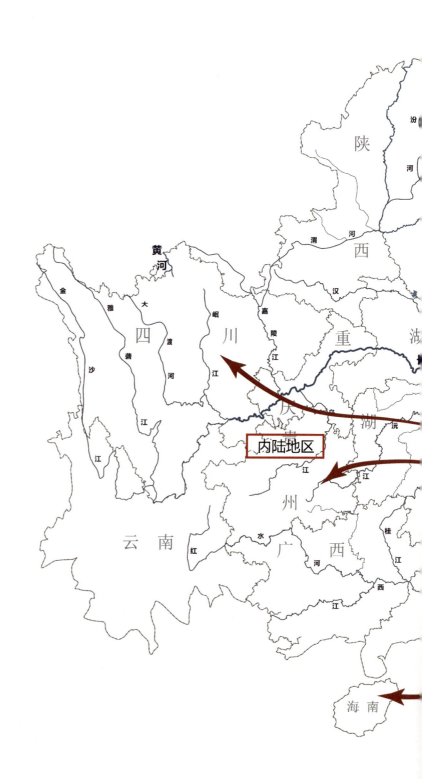

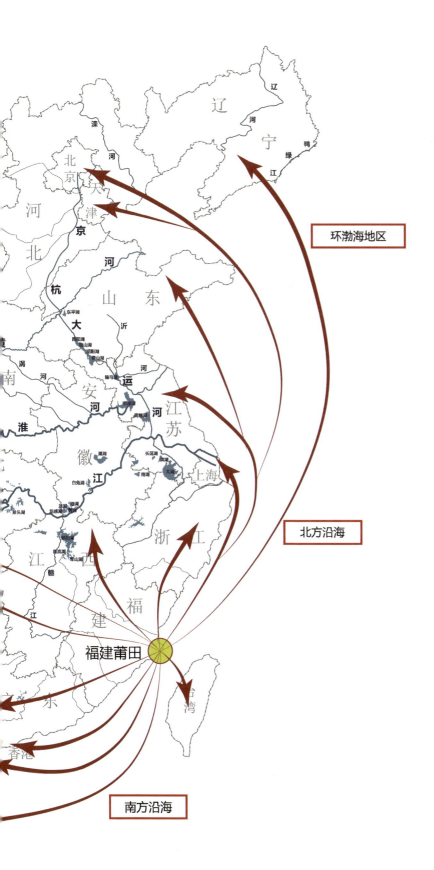

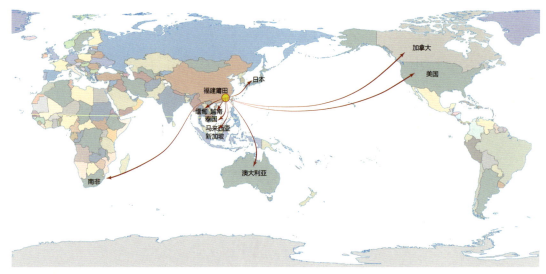

图 2-10 后宫、福建会馆在世界的传播区域

2.3.1 天后宫、福建会馆在中国大陆地区的发展

2.3.1.1 宋代以来天后宫的发展

天后宫的建立及妈祖受历代帝王的敕封是妈祖文化发展与传播的直接体现。自北宋起,妈祖显灵,在海上解救被风暴、海盗所困的渔船、商船的传说事迹在民间轰动一时,成为无数航海者的心灵慰藉。人们对海神妈祖的精神寄托,是妈祖文化得以传播的基本条件。从 987 年第一座湄洲妈祖祖庙的建立开始到 1150 年前后,妈祖信仰处于民间自发展时期,仍属于莆田地区的地方信仰。妈祖信仰从莆田的湄洲岛传播到宁海(今为涵江镇内三江口),是妈祖得以向外传播的关键性一步。古时的宁海是一个商业、渔业兼盛的港口,占据重要的地理位置。妈祖文化进驻宁海得到了当地势力的支持,在皇帝的助力下妈祖的传播范围更是迅速扩大,各地开始争相兴建妈祖庙(图 2-11)。

影响宋代妈祖向外传播的另一个重要因素是宋代皇帝对妈祖的敕封。妈祖向泉州、浙江等沿海地区传播,起因源于宋宣和五年(1123 年)给事中路允迪被皇帝派往高丽,途中遇到风险。"同舟之人,断发哀思,祥光示现。然福州演屿神亦前期显异,故是日舟虽危,犹能易他柁。"[1] 从路允迪随行徐兢的《宣和奉使高丽图经》中,

[1] 肖一平,林云森,杨德金. 妈祖研究资料汇编 [M]. 福州:福建人民出版社,1987.

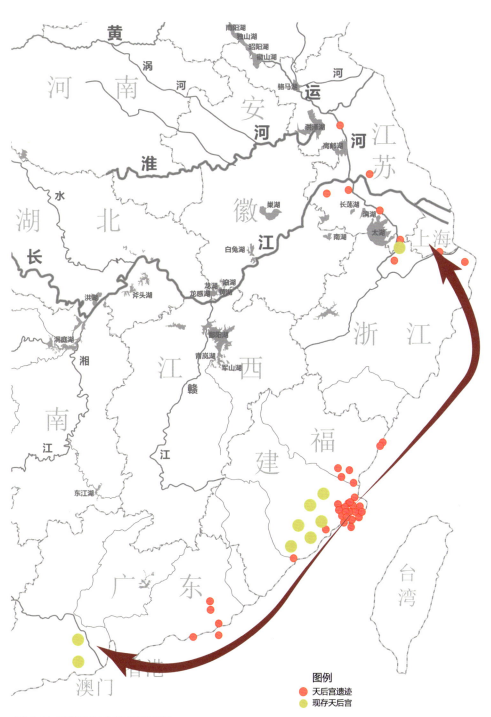

图 2-11 宋代天后宫的传播区域

表 2-1 宋代显圣传说及对妈祖的褒封

年　号	传　说	封　号
宣和五年（1123）	保护路允迪出使之封舟	赐庙额"顺济"
绍兴二十六年（1156）	救护舟师	灵惠夫人
绍兴三十年（1160）	神雾迷海寇	灵惠昭应夫人
乾道二年（1166）	救兴化白湖疫	灵惠昭应崇福夫人
淳熙十一年（1184）	剿寇	灵惠昭应崇福善利夫人
绍熙元年（1190）	救旱	灵惠妃
庆元四年（1198）	救潦	灵惠助顺妃
开禧元年（1205）	退敌	灵惠助顺显卫妃
嘉定元年（1208）	救旱、助擒贼	灵惠护国助顺嘉应英烈妃
嘉定十年（1217）	救旱、获海寇	灵惠助顺显卫英烈妃
宝祐元年（1253）	济兴、泉饥	灵惠护国助顺协正嘉应英烈妃
宝祐三年（1255）	神佑	灵惠护国助顺协正嘉应慈济妃
宝祐四年（1256）	助修钱塘堤	灵惠护国助顺协正嘉应善庆妃
开庆元年（1259）	火烧强寇	灵惠护国助顺协正嘉应显济妃

并未提及妈祖，但将此次遇险解困的功劳归功于福州演屿神。另两宋时期，福建航海业发达，因而在此次随行中不乏来自福建的水手、海商。其中保义郎李振便是众多妈祖信奉者中的一位，他将福州演屿神认作妈祖，并得到其他妈祖信众的推崇、拥护。回朝后，路允迪上奏朝廷，皇帝赐匾额"顺济"，至此妈祖得到官方的认可。但当时妈祖地位并不突显，只是福建众多海神中的一位。随后的100余年间，妈祖不断得到了朝廷的褒封，从北宋宣和五年（1123年）至南宋开庆元年（1259年），妈祖共受到了14次晋封（表2-1）。

随着宋代朝廷的干预，妈祖地位不断高升，福建各地尤以沿海地区为主纷纷建起了天后宫，少部分也随着航海业扩展到浙江、广东等沿海地区。此期，妈祖文化的传播已经逐渐开始与国家的事务联系起来。

2.3.1.2 元代以来天后宫的发展

元代海上漕运的兴起，推动了妈祖文化的进一步发展。元王朝的都城在今北京，需要大量的南方粮食供给，而在古代水陆交通是最便捷的交通方式，所以，解决粮食问题最重要的途径就是通过海运将南方的粮食运送到北方。从元朝对妈祖的敕封来看，除了天历二年敕封时没提到漕运外，朝廷对妈祖的褒封都是由于其"保护漕运"（表2-2），可见漕运对元王朝的重要性。同时，妈祖是海上保护神，海上航行的艰巨和危险使得朝廷和官员不得不通过妈祖信仰来帮助海上漕运顺利进行。至此，对妈祖的祭祀活动由民间祭祀活动上升

表 2-2 元代显圣传说及对妈祖的褒封

年　号	传　说	封　号
至元十五年（1278）	庇护海漕	护国明著灵惠协正善庆显济天妃
至元二十六年（1289）	海运籍佑	护国显佑明著天妃
大德三年（1299）	漕运效灵	护国辅圣庇民显佑明著天妃
延祐元年（1314）	漕运、漕风得助	护国辅圣庇民显佑广济明著天妃
天历二年（1329）	怒涛拯溺	护国辅圣庇民显佑广济灵感助顺福惠徽烈明著天妃

到了官方祭祀，大规模的祭祀活动和庆典不仅使妈祖在官方得到发展，也促进了妈祖文化在民间的传播。

在元王朝统治中国不到一百年的时间里，妈祖文化从南方沿海传入北方沿海的诸多地区。漕运和海上交通的发展，进一步提升了妈祖作为航运保护神的地位，使得妈祖文化迅速发展。此期，北起渤海，南至南中国海，天后宫几乎遍布所有的港口城市（图 2-12）。在北方，天津的敕建天妃宫最为著名，《元史》卷30《泰定帝本纪》载，三年八月辛丑"作天妃宫于海津镇"。该宫建在南北运河与海河交汇的三叉河口西岸，是朝廷和北方祭祀的中心。南方广州的妈祖庙，也具有相当规模，成为该地区的小中心，"广州城南五里，有崇福无极夫人庙"[1]。

2.3.1.3 明清以来天后宫、福建会馆的发展

明清的海禁政策使得妈祖文化的发展受到一定影响，但妈祖信仰并没有因此衰落。明清时期的漕运路线由海运转为内河运输，妈祖文化随之扩展到了内陆江湖沿岸。同时，随着明清朝廷派使官出使海外和移民热潮的出现，妈祖文化传播到了与福建一海之隔的台湾地区，甚至漂洋过海到达日本、东南亚等海外国家，并在当地兴建了许多天后宫建筑。妈祖文化的发展也受到明清时期军事活动的影响，明戚继光抗倭、郑成功收复台湾，清施琅率军攻台等，都有关于海神妈祖庇护的神话与传说。尤其是施琅收复台湾的事件，使得妈祖的册封上升到了"天后"。而且从康熙五十九年（1720年）开始妈祖的祭奠活动正式列入皇家祭典；1733年，沿海省份奉命修建妈祖宫庙对妈祖进行祭拜，其祭祀仪式规模与孔圣、关帝相同，妈祖正式加入官方祭祀。统治者对妈祖如此高度的重视，推动了妈祖文化更广泛的传播（表2-3、表2-4）。

明清以来的商业发展及移民活动，也促使妈祖文化以福建会馆的建筑形式传播到了许多远离海岸的地区，包括长江流域、南方地区的一些商业城市和商品集散市镇，如湖南、贵州、四川、重庆等地（图2-13）。

[1] "崇福夫人"系宋高宗绍兴二十五年赐给妈祖的封号。

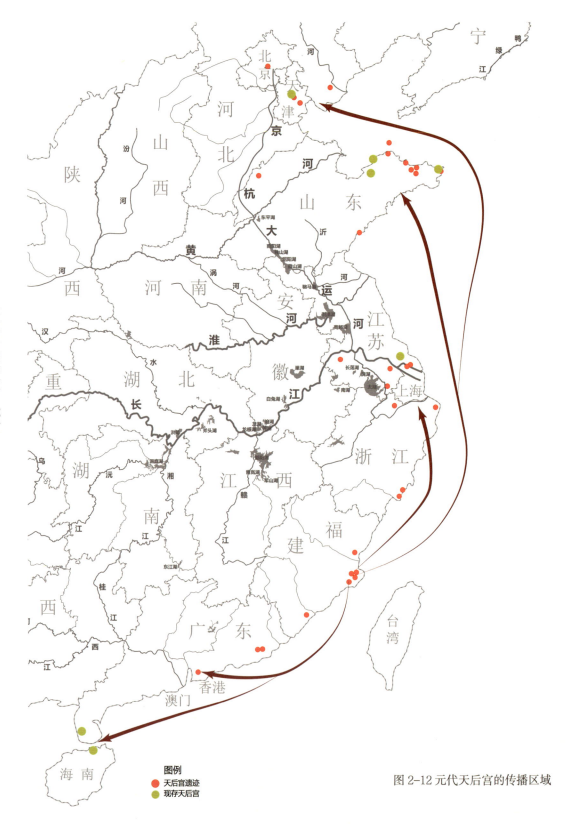

图 2-12 元代天后宫的传播区域

表2-3 明代显圣传说及对妈祖的褒封

年　号	传　说	封　号
洪武五年（1372）	神功显灵	昭孝纯正孚济感应圣妃
永乐七年（1409）	屡有护助大功	护国庇民妙灵昭应弘仁普济天妃

表2-4 清代显圣传说及对妈祖的褒封

年　号	传　说	封　号
康熙十九年（1680）	助克厦门	护国庇民妙灵昭应弘仁普济天上圣母
康熙二十三年（1684）	征澎湖得捷平定台湾	护国庇民妙灵昭应仁慈天后
乾隆二年（1737）	神佑	护国庇民妙灵昭应弘仁普济福佑群生天后
乾隆二十二年（1757）	—	护国庇民妙灵昭应弘仁普济福佑群生诚感咸孚天后
乾隆五十三年（1788）	神火引航	护国庇民妙灵昭应弘仁普济福佑群生诚感咸孚显神赞顺天后
嘉庆五年（1800）	神佑	护国庇民妙灵昭应弘仁普济福佑群生诚感咸孚显神赞顺垂慈笃佑天后
道光六年（1826）	庇护海漕	护国庇民妙灵昭应弘仁普济福佑群生诚感咸孚显神赞顺垂慈笃佑安澜利运天后
道光十九年（1839）	—	护国庇民妙灵昭应弘仁普济福佑群生诚感咸孚显神赞顺垂慈笃佑安澜利运泽覃海宇天后
道光二十八年（1848）	庇佑漕运	护国庇民妙灵昭应弘仁普济福佑群生诚感咸孚显神赞顺垂慈笃佑安澜利运泽覃海宇恬波宣惠天后
咸丰二年（1852）	庇护海漕	护国庇民妙灵昭应弘仁普济福佑群生诚感咸孚显神赞顺垂慈笃佑安澜利运泽覃海宇恬波宣惠导流衍庆天后
咸丰三年（1853）	福建解饷台澎得神默佑	护国庇民妙灵昭应弘仁普济福佑群生诚感咸孚显神赞顺垂慈笃佑安澜利运泽覃海宇恬波宣惠导流衍庆靖洋锡祉天后
咸丰五年（1855）（八月）	海口击退盗艇	护国庇民妙灵昭应弘仁普济福佑群生诚感咸孚显神赞顺垂慈笃佑安澜利运泽覃海宇恬波宣惠导流衍庆靖洋锡祉恩周德溥天后
咸丰五年（1855）（十二月）	庇佑漕运	护国庇民妙灵昭应弘仁普济福佑群生诚感咸孚显神赞顺垂慈笃佑安澜利运泽覃海宇恬波宣惠导流衍庆靖洋锡祉恩周德溥卫漕保泰天后
咸丰七年（1857）	—	护国庇民妙灵昭应弘仁普济福佑群生诚感咸孚显神赞顺垂慈笃佑安澜利运泽覃海宇恬波宣惠导流衍庆靖洋锡祉恩周德溥卫漕保泰振武绥疆天后之神
同治十一年（1872）	庇佑漕运	要再加封时，"经礼部核议，以为封号字号过多，转不足以昭郑重，只加上'嘉佑'二字"

综上所述，宋、元、明、清历代朝廷都积极地传播了妈祖文化。宋代妈祖得到首次册封；元朝，妈祖在南粮北调的大规模海上漕运中发挥着重要作用；明清时期的海外贸易、收复台湾和移民活动与妈祖也有着千丝万缕的联系。自元朝开始，妈祖与国家政治大事相联系，促进了妈祖地位的飞速提升，妈祖文化也因此传播到全国乃至海外各地，成为世界知名的航海保护神。以上主要是对中国大陆地区天后宫、福建会馆的发展进行了概述，鲜少涉及港澳台地区及海外地区，后文将分两小节，分别对天后宫、福建会馆在港澳台地区、海外地区的发展做阐述。

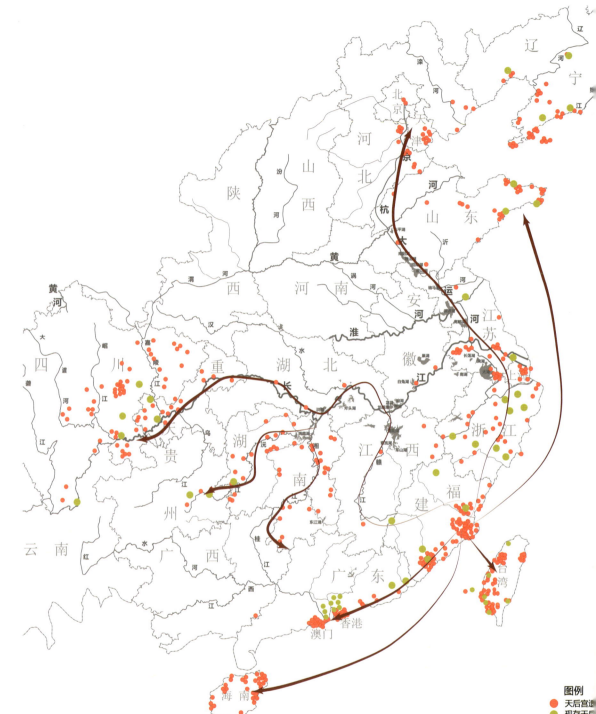

图 2-13 明清天后宫的传播区域

2.3.2 天后宫、福建会馆在港澳台地区的发展

2.3.2.1 天后宫、福建会馆在香港地区的发展

在中国的东南沿海地区,香港是妈祖信仰传入较早的地区之一。因其临近广东,早在南宋时期,闽籍商人就经常往来于闽粤之间,并在香港建造天后宫,将妈祖信仰传播到了香港地区。香港紧邻南海,与福建地区相似,居民也以海事为生。面对出海作业时所要遭遇的巨大风险,人们需要神灵的庇佑,而妈祖的传入正好为从事海事的居民寻得了这样一位神灵,妈祖信仰也就应运而生。香港地区的天后宫遍布香港,目前在香港地区仍可以看到很多天后宫建筑,部分天后宫保存完整。

2.3.2.2 天后宫、福建会馆在澳门地区的发展

澳门原为一座荒芜的小岛,相关资料表明,澳门在明成化年间就已有天后宫的记载。道光九年(1829年)赵允菁所撰《重修妈祖阁碑志》、同治七年(1868年)黄光周所撰《妈祖阁漳兴堂碑记》、光绪三年(1877年)住持僧善耕所撰的《重修妈祖阁碑志》等碑记记载,闽潮商贾来到当时尚为一荒芜小岛的澳门,安居落户,并创建了妈祖阁,这也是澳门的第一座天后宫。由此可见,从明代开始,就有福建人在澳门定居,妈祖文化开始在澳门传播。而且,据传早期澳门的名字就是由"妈阁"演变而来。

2.3.2.3 天后宫、福建会馆在台湾地区的发展

台湾妈祖文化的传入,与中国明清时期的历史事件紧密相关。台湾四面环海,距福建省莆田市只有72海里。台湾与福建的历史渊源可以追溯到南宋时期,当时就有不少福建莆田、泉州、漳州等地的商人、渔民在澎湖、台湾落户。到了明清时期,郑成功收复台湾和施琅出兵将台湾纳入大清版图的一系列历史事件,使得大量的移民、军队涌入台湾,妈祖信仰在台湾迅速发展起来,各地纷纷建庙祭祀。从此,天后宫在台湾广泛传播。目前,台湾地区的妈祖信仰仍十分流行,民众对妈祖的认可依然很高,这也说明台湾与福建之间有着割舍不断的血缘亲情(图2-14)。

2.3.3 天后宫、福建会馆在海外地区的发展

明清时期,随着海上贸易的发展,妈祖信仰传入海外。早在《湄洲志》中就有记载,出访使官在海上多次受到海神妈祖的庇佑。其中,郑和下西洋是明清时期中规模最大、时间最久的海上贸易活动,郑和进行了七次航海行动,在此期间共访问了亚洲、非洲等30多个

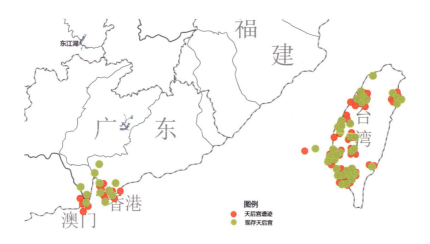

▲图 2-14 天后宫在港澳台地区分布图
→图 2-15 天后宫在海外地区分布图

国家。在郑和的航船上供奉有妈祖神像,妈祖文化跟随着郑和的脚步以民间文化交流的形式传播到海外。经调查考证,妈祖文化不仅由中国传至南洋群岛,跨过印度洋到达波斯湾,并且另由中国传至菲律宾到墨西哥直至欧洲大陆等地[1](图 2-15)。

2.3.3.1 日本

妈祖文化在日本的传播得益于中日之间的贸易往来,从明代起,中国东南沿海的民众就开始到日本进行贸易、务工等。到了明嘉靖四十一年(1562 年),中日贸易往来更加密切,每年出入长崎港的大船就有 200 多艘。从距离中国大陆较近的琉球列岛开始,到日本本土的长崎、神户、大阪、东京等城市都建有天后宫、福建会馆,现仍存有一百多座。其中日本的长崎市最多,长崎岛内的天后宫都由中国船员和华侨兴建。这些天后宫多为福建人所建的同乡会馆,即本书提到的福建会馆,馆内祭祀妈祖。

2.3.3.2 东南亚

郑和下西洋将妈祖文化带入东南亚等国家。从明朝永乐三年(1405 年)至宣德八年(1433 年),郑和七次率领船队下西洋,分别对亚洲、非洲的 30 多个国家进行友好访问,促进了双方之间的贸易往来和文化传播。在郑和的航船中,必供奉有妈祖像。同时,中国向海外移民的民众数量不断增加,这些移民中以闽粤沿海民众为主。由此,妈祖文化随之传入东南亚地区,大量的天后宫、福建会馆纷纷在东南亚地区建立起来。

[1] 汪洁,林国平. 闽台宫庙壁画[M]. 北京:九州出版社,2003.

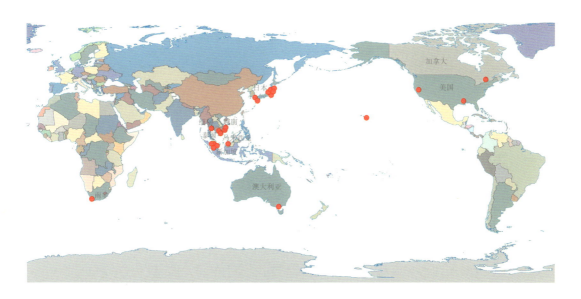

2.3.3.3 其他地区

19世纪中叶以后,随着资本主义经济的发展,尤其是海外殖民地的开拓和开发,劳工出国成为海外移民的主要形式。其中福建籍移民多去往菲律宾、马来西亚、新加坡、印度尼西亚等国家。到达迁入地后,闽粤移民便纷纷设立同乡会馆,并置妈祖像于会馆中。现今,新加坡、马来西亚、越南、美国、加拿大等国家仍保存有福建会馆建筑。

2.3.4 从名称变异透析天后宫、福建会馆发展

正如前文所说,本书的"天后宫"非狭义上的天后宫,即非名字确定为"天后宫"的建筑。本书所说的"天后宫"是一个统称,为所有祭祀妈祖的宫庙建筑。同理,"福建会馆"也是一个统称,即福建人在异地建立的会馆建筑。妈祖文化的发展离不开历代皇帝对其的褒封,而天后宫的命名也受到皇帝敕封潜移默化的影响。

宋代对妈祖的褒封还停留在"顺济"到"夫人"的阶段,所以在宋代修建的妈祖庙多被称为"顺济庙""夫人庙"等。这个时期的宫庙有:莆田县城东三十里的宁海、江口2座神女庙,即宁海"圣墩神女庙"和水口张天师祠中的"顺济神女庙",湄洲对岸贤良港(今港里)的神女祠,莆田县城附近的白湖顺济庙等。1155年有了"夫人"封号以后创建的宫庙有兴化海口"林夫人庙",莆田浮曦湾"崇福夫人庙",仙游"枫亭夫人庙"。到了1192年妈祖被赐封"灵惠妃"进而发展到福建、浙江、上海等沿海一些地方后新建的宫庙才

开始以"妃"命名。这些宫庙如建于庆元年间的泉州镇南桥内的"妃庙",建于咸淳年间的上海黄浦"圣妃宫",浙江钱塘江附近的"艮山祠",宁波的"灵慈庙"等[1]。

元代对妈祖的褒封由"妃"上升到"天妃",妈祖庙的命名也开始以"天妃"居多。元代受漕运影响,妈祖文化主要向北方沿海地区发展,此时所建的宫庙有:漕运中转港口刘家港天妃宫,直沽(天津)于元泰定三年(1326年)所建天津天妃宫,另有由海道都漕运万户府奉旨敕建于元泰定四年的江苏太仓天妃宫、苏州天妃宫,以及为漕运司祭祀妈祖所建的崇明岛天妃宫,由海运千户和漕户扩建的宁波天妃宫,至正年间由知州兴建的平阳县天妃宫等。

明代对妈祖的敕封仍停留在"天妃"的级别,直到清代妈祖的神格被提到了极限,自此以后,妈祖庙的名称也跟着变成了"天后宫",各地的妈祖宫庙纷纷更名为"天后宫"。同时,明清时期会馆的出现使天后宫的建筑形制发生了转变,福建会馆应运而生。福建会馆由闽粤商帮带头兴建,因福建是妈祖的故乡,在会馆奉祀妈祖,具有"崇乡祀而联乡谊"的特殊作用。故只要有福建人在的地方就有福建会馆,福建会馆中必以宫殿祀妈祖。由此,福建会馆也被称为"天后宫"。

综上,妈祖庙的命名方式多种多样,从名称的变化不难看出妈祖庙的历史变迁。若将妈祖庙以命名进行分类,可分为"宫"和"会

[1] 朱天顺. 妈祖信仰的起源及其在宋代的传播[J]. 厦门大学学报(哲学社会科学版),1986(2):102-108.

馆"两类。"天后宫"多为当地民众或封建官府所修建，主要集中于沿海港口和内河漕运港口，是封建王朝出于海防、外交和漕运的需要而兴建的。"福建会馆"则由福建人在异地所建，兴建目的是为了"联乡谊，诉乡愁"，兼具祭祀和集会双重功能。两者相互渗透，天后宫成了福建会馆，福建会馆也传承了天后宫的全部特征和功能。这也是本书探讨"天后宫"与"福建会馆"传承与演变的前提条件。

本章小结

本章介绍了天后宫、福建会馆及妈祖文化的基本概况。

首先介绍了妈祖及妈祖文化，从妈祖信仰如何在众多福建民间信仰中脱颖而出写起，详细介绍了其与福建海神信仰、女神信仰的联系，得出妈祖是"海神"和"女神"的结合体，妈祖最终取代通远王，成为新一代航海保护神是历史发展的必然结果。随后，追溯天后宫、福建会馆的历史渊源，在宋元明清时期的社会、经济、文化背景烘托下，陈述天后宫、福建会馆的起源与发展；再次探究天后宫、福建会馆的演变关系，并从建筑名称这一特殊标识入手，揭秘天后宫、福建会馆的演变关系，得出天后宫与福建会馆有着密切的联系和巨大的同一性这一结论。

本章通过大量史料的阅读和整理，共梳理出862座史料记载中全国范围内的天后宫和福建会馆（附录一），以及结合实地调研考察，梳理出55座中国大陆地区现存的天后宫和福建会馆（附录二）和100座港澳台地区现存的天后宫和福建会馆（附录三），并绘制现存天后宫、福建会馆在全国的分布图（图3-1）和史料记载中全国范围内天后宫、福建会馆的分布图（图3-2）。在此基础上，详细论述天后宫、福建会馆的分布特征，以及造成这一分布特征的原因。需要说明的是：天后宫、福建会馆分布甚广，尤其在港、澳、台地区仍遗存有大量保存完好的天后宫、福建会馆，特别是台湾地区，1980年代仍在大规模发展建设妈祖庙，由此影响着大陆地区对天后宫、福建会馆的再度关注。本章对天后宫、福建会馆分布特征的研究主要以中国大陆地区的天后宫、福建会馆为例。

3 天后宫、福建会馆在中国大陆地区的分布特征

图 3-1 现存天后宫、福建会馆全国分布图

3 天后宫、福建会馆在中国大陆地区的分布特征 | 035

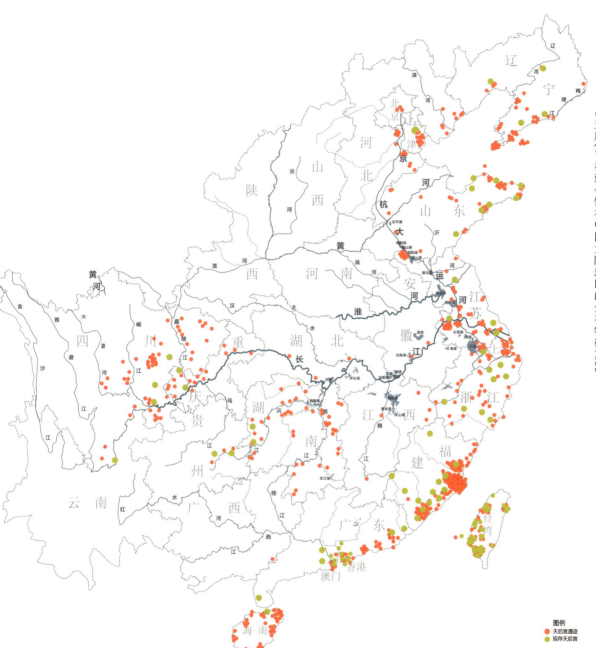

图 3-2 天后宫、福建会馆全国分布图

图例
● 天后宫遗迹
● 现存天后宫

3.1 概述

天后宫、福建会馆是妈祖文化的物质载体，有妈祖文化的地方势必有天后宫、福建会馆的存在。妈祖文化自宋代形成以来，其分布地域以福建莆田的湄洲岛为中心，沿海岸线向南北方向扩散，逐渐扩大。在妈祖文化传播的初期，因妈祖为航海保护神，代表着海洋文化，其主要传播者是沿海渔民，故天后宫多分布于我国东部及南部沿海地区。

明清时期，妈祖文化由沿海地区转向内陆传播，主要原因有二：其一，漕运路线由原来的海运改为沿内河运输；其二闽籍商人的经商活动及移民活动，将妈祖文化沿着水系带到了内陆地区。此期，天后宫、福建会馆的分布形成了沿运河和沿内陆水系的分布特征。

除了以上民间的力量外，妈祖文化得以传播的另一个重要因素是官方势力的影响。一方面，历朝帝王极度推崇妈祖文化，将妈祖文化置于一个非常重要的位置。地方官吏势必响应朝廷的诏令，尤其是沿海地区的官吏，为巩固地方政治权力而鼓励百姓兴建天后宫。另一方面，有的官吏本身就信奉妈祖，到达新地方做官便会把妈祖文化带到新的地方去。所以，官方对妈祖文化极力推崇，成为天后宫、福建会馆遍布全国的重要影响因素。

至此，天后宫、福建会馆在中国大陆的分布区域有：其一，以妈祖的发源地湄洲岛为中心，向南北扩散，其中包括有江苏、浙江、广东等地；其二，以环渤海地区为主的北方沿海城市，主要包括山东、辽宁、天津等地；其三，西南内陆地区，即江西、湖南、贵州、四川、重庆等地。

3.2 宋代天后宫的分布

妈祖文化的发源地在福建莆田的湄洲岛，宋代时期天后宫以莆田地区为多，在后随着航海贸易发展后，妈祖文化才走出莆田，沿东部海岸线向南北扩散。

3.2.1 宋代天后宫在中国大陆地区的分布

第一座天后宫是位于福建莆田湄洲岛的湄洲妈祖祖庙。宋代，福建地区居民以航海为生，大小村落都集中分布在沿海地区，湄洲岛上的村落则集中于北部区域，与大陆隔岸相望（图3-3）。

因此，妈祖文化最先到达除湄洲岛以外的地方就是与湄洲岛隔海相望的岸边，如位于平海镇卫城外妈祖澳的平海天后宫（图3-4）。

图 3-3 宋代天后宫全国分布图

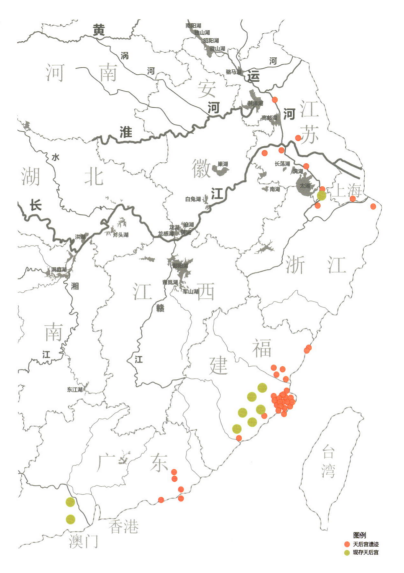

贤良港天后祖祠（图 3-5）也是宋代妈祖文化的见证之一，其原为林氏宗祠，为妈祖接受林氏子孙祭拜之所，妈祖在这里被奉为祖姑，林氏宗祠可谓推动妈祖文化传播的新动力。

宋代天后宫大多是由渔民、舟子在福建地区建立的。妈祖文化的传播还仅限于在民间传播，呈现一种自发性的传播状态，且速度较慢，多集中在莆田的湄洲岛及周边。随着莆田地区的经济水平不断提升，妈祖文化沿着海岸向外传播。有确切记载的地域包括：仙游的枫亭，泉州，惠安的惠安（螺城）、龙宫山、南埔乡，宁波，杭州的艮山门、萧公桥，江苏的江阴、镇江，上海，广州[1]。这些

[1] 郑衡泌. 妈祖信仰传播和分布的历史地理过程分析[D]. 福州：福建师范大学，2006.

◀图 3-4 平海天后宫
◢图 3-5 贤良港天后祖祠

地方都是经济发达、人口稠密的富饶之港。总体来看，早期的天后宫沿着海岸线上的港口城市分布，除莆田地区外密集性不大，涉及的区域范围较大，呈跳跃式的分布特征。

3.2.2 宋代天后宫分布的影响因素

3.2.2.1 政府因素

虽然宋代皇帝对妈祖的褒封提升了妈祖的地位，但是妈祖褒封与国家事务相关的只有宣和五年的丙寅护使首次对妈祖褒封和嘉定元年淮甸退敌两次，其他时间对妈祖的褒封都属于地方性的事务，是一个需要由地方到中央一步步请封的过程，这一过程中最直接的影响力只在地方。所以，对妈祖的褒封是因地方人们的需求而产生的，与国家的关系并不大。而且，在宋代，天后宫的建立都由当地民众或者地方政府牵头建设，国家政府并没有干预，也没有官方祭祀的存在。故两宋时期，从政治因素来看，国家只是肯定了妈祖这一神灵的存在，并没有直接干预妈祖文化的发展，但这一肯定无疑奠定了妈祖文化在以后的发展走向。

3.2.2.2 商人的推动

从天后宫的建造者来看，商人、特别是海商成为最重要的推动力量。天后宫分布的地理位置都是重要的港口，这与海商的活动区域相吻合，而这一地区一定有大规模的信仰群体，这些人群就是支持在当地建造天后宫的核心力量。

3.2.2.3 自发传播力量

自发传播力量主要体现在湄洲岛及周边的妈祖文化传播。因为群众的力量比毕竟较薄弱，导致在自发传播力量的作用下，天后宫分布的地域范围还很狭小。因此，自发传播力量只是妈祖文化传播的影响因素之一，如果妈祖仅仅依靠自发传播力量，几乎不可能有如此的发展。

3.2.3 宋代天后宫的分布特征综述

总之，经过两宋的发展，天后宫已经初见向全国沿海地区扩散的苗头，就建造者和信众来看，主体仍然是莆田人，分布也多集中在莆田境内。但从天后宫分布的地域趋势来看，一些重要的港口、沿海地区已经开始出现天后宫，体现出了妈祖文化的海洋性，为后续的大面积扩张埋下了伏笔。从政治层面来说，国家的肯定和对妈祖的褒封为今后国家直接对其的推广打下了坚实的基础。

3.3 元代天后宫的分布

元代妈祖的地位得到了进一步的巩固和提升，其主要原因是漕运和海上交通的发展需要妈祖这一海神的庇佑。朝廷对妈祖的褒封也由宋代的"妃"提升到了"天妃"，妈祖的海神形象更加深入人心。

3.3.1 元代天后宫在中国大陆地区的分布

天后宫在元代的分布最为明显的趋势是，沿漕运路线逐步向北方沿海地区扩散。所到之处包括：直沽（天津）、淮安、平江（苏州）、昆山、路漕（刘家港）、杭州、庆元（宁波）、台州（临海）、永嘉（温州）、延平（南平）、福州、莆田白湖、湄洲岛和泉州等地（图3-6）。

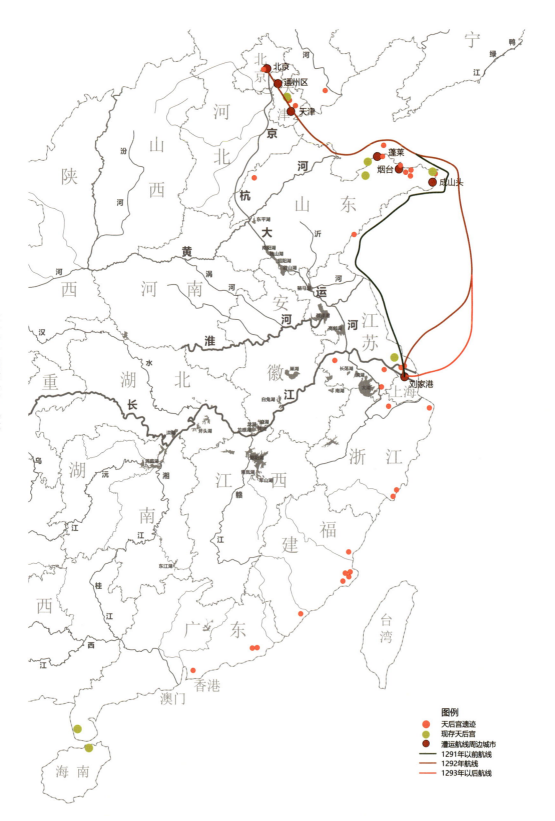

其中，除了延平南平、福州、莆田白湖、湄洲岛和泉州外，其他地方都是元代漕运路线中最重要的港口和仓库，管理海漕的官员定期在这里祭祀妈祖。由此，天后宫的建立达到了第二个高峰，妈祖文化与国家大事联系在了一起，必然得到了国家的高度重视，朝廷多次派官员到莆田白湖、湄洲和泉州等沿海天后宫举行御祭盛典。官方的干预和当时发展海洋贸易的需要，使得妈祖文化向更远的地方传播。总体来说，天后宫沿着漕运路线一路向北扩散，少部分位于沿海港口呈点状分布（图3-7、图3-8）。

◀图3-6 元代天后宫全国分布图及漕运航线图
▼图3-7 天津天后宫
▼图3-8 江苏太仓浏河天后宫

3.3.2 元代天后宫分布的影响因素

3.3.2.1 泉州人的推崇

早在北宋元祐二年（1087年），朝廷就在泉州设立市舶司。到了元代，福建的泉州港进入地位急速上升的阶段，成为国家的第一对外贸易大港，而妈祖寻求到了一个最适合扬帆远航的出海口，向南北沿海传播。因此，妈祖能够获得国家海神的地位，泉州功不可没。宋代，妈祖对国家来说只是福建地区的一个地方神，而元代明确了妈祖作为"海上保护神"的地位，妈祖的职能向专门化转换。妈祖文化的进一步扩张，得益于泉州繁荣的海外贸易以及得天独厚的地理优势。

3.3.2.2 漕粮海运

妈祖文化在元代得到国家重视的根本原因是它与国家经济上的头等大事——海漕产生密切的联系。与宋代相比，妈祖文化已经超越了地方事务，成为国家事务的一部分。大德三年对妈祖的褒封，虽仍然以"泉州海神"来称呼，但对国家而言，她已经成为真正意义上的国家海神。这是相较于宋朝最大的改变。

基于海漕对于国家的重要性，元代对于妈祖的祭祀已成定制，官方祭祀已然存在。除需要定时祭祀外，官方规定在每次漕运的开始和结束时都需要祭祀妈祖，并且在漕运中转站港口的天后宫中也要举行祭祀活动。元代郑元祐《重建路漕天妃碑》载漕府祭神于江南刘家港天妃宫："当转漕之际，宰臣必躬率漕臣、守臣，咸集祠下，卜吉于妃，即得吉卜，然后敢于港次发舟"[1]，记载的内容就是有关漕运过程中在刘家港的祭祀场景。由第2章来看，元代朝廷对妈祖的敕封几乎都围绕着海上漕运，可见国家对漕运的重视，妈祖文化也因此得到重视，从而推动了天后宫分布地域的进一步扩张。

3.3.3 元代天后宫的分布特征综述

元代，妈祖文化与国家事务关系密切，直接影响了天后宫的分布特征，推动了天后宫的大跨度建设，东部沿海地区的天后宫也有所增加。此期天后宫最明显的分布特征是与漕运路线的完美重合，相较于宋代，天后宫的密度逐渐增加。相较于民间的力量，国家力量的威严在元代天后宫的建设上被很明显地反映了出来。

3.4 明代天后宫、福建会馆的分布

3.4.1 明代天后宫、福建会馆在中国大陆地区的分布

明代沿袭了元代的漕运，只是路线由海运改为沿内河航运（图3-9）。

[1] 郑元祐. 侨吴集·卷十一[M]. 台北："中央"图书馆，1970.

→ 图 3-9 明代天后宫全国分布及漕运航线图

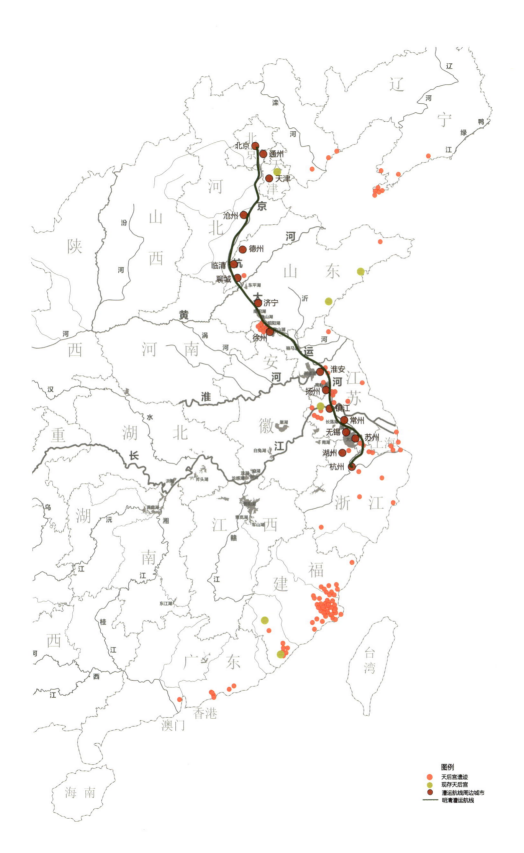

3 天后宫、福建会馆在中国大陆地区的分布特征

明朝皇帝朱元璋为打天下，兴建水师，从江河攻向大海，打败了浙江等地的元代水军势力，随后一路向南，先后攻克福建、广东等地，天后宫也随之分布在各地。明代所建的天后宫沿着东部海岸线分别向北方和南方地区扩展，在福建省内天后宫由东部沿海地区向内陆过渡，传播范围进一步扩大（图3-10、图3-11）。

3.4.2 明代天后宫、福建会馆分布的影响因素

明代初期朝廷实行的海禁政策波及了妈祖文化，天后宫的建设由元时的高峰跌入谷底。朝廷对妈祖的敕封则由"天妃"改为"圣妃"，可见妈祖在朝廷的地位有所下降，但妈祖文化并没有随之消失。到了明成祖永乐年间，朝廷重新采取了对外开放的政策，海上活动开始活跃了起来，以郑和下西洋为首的海上贸易活动持续展开，妈祖文化在海上贸易的促动下得到了进一步传播，并带动天后宫的数量激增。

3.4.3 明代天后宫、福建会馆的分布特征

明代天后宫的建立与海上贸易的发展有着密切关联，有海上贸易的地方就有天后宫，明代妈祖文化的发展主要以海上贸易为依托。所以，明代妈祖文化的主要推动力量便是海商，天后宫的分布特征由沿海地区向运河沿线扩张。到明代后期，以福建会馆形式出现的妈祖宫庙初见端倪。

3.5 清代天后宫、福建会馆的分布

3.5.1 清代天后宫、福建会馆在中国大陆地区的分布

清代天后宫呈现欣欣向荣之势，各大沿海港口都修建大量的天后宫。随着会馆的兴起和地方商品经济的崛起，产生了福建会馆这一建筑形式，并沿着水系向内陆地区分布，如湖南芷江（图3-12）、贵州镇远（图3-13）及四川、重庆等地都建有福建会馆。与明代相比，清代天后宫、福建会馆相继发展，达到鼎盛时期，扩张程度前所未有。其最北传播到远离源起地福建的辽河流域（图3-14）。同时，随着清朝政府对台湾的收复，妈祖文化被带到台湾地区，大大扩展了传播区域和影响。这说明在官方宣扬和地方商品经济的发展过程中，妈祖文化已深入人心。在经济发展和妈祖文化的推动下，福建地区与外界的往来日益频繁。

↑ 图 3-10 青岛天后宫
↓ 图 3-11 西陂天后宫

↑ 图 3-12 芷江天后宫
↑ 图 3-13 镇远天后宫
→ 图 3-14 清代天后宫全国分布图

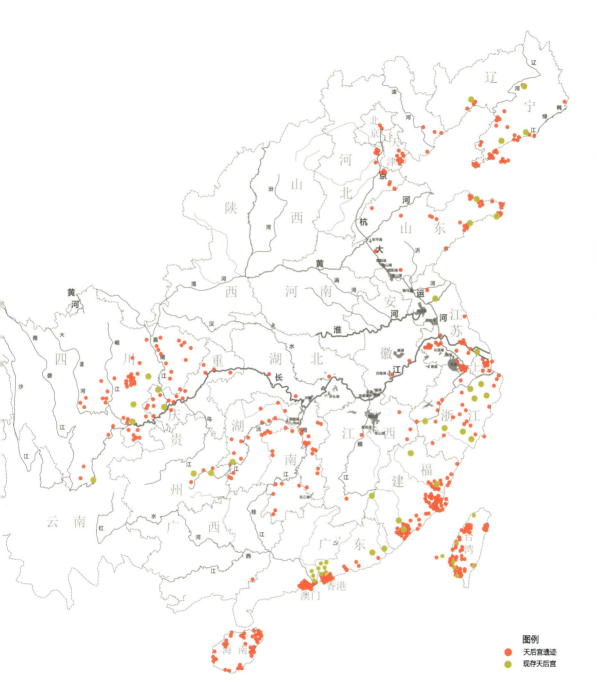

3 天后宫、福建会馆在中国大陆地区的分布特征\047

图例
● 天后宫遗迹
● 现存天后宫

3.5.2 清代天后宫、福建会馆分布的影响因素

3.5.2.1 清朝收复台湾

清朝妈祖文化的发展可谓达到最高峰,其传播范围相当广阔。在清朝初期的收复台湾的战役中,康熙皇帝为鼓舞士气,封妈祖为"护国庇民妙灵昭应弘仁普济天上圣母"。为收复台湾,朝廷多次与台湾交战,而妈祖在这些战争中就是官兵的精神支柱,具有显灵助战的功能。妈祖得到了官方的肯定和大力宣扬,特别是在施琅彻底收复台湾后,妈祖被朝廷敕封为"天后",可见妈祖在实现清朝统一、剿灭叛乱的过程中具有重大作用。

3.5.2.2 商品经济发展

相比明代而言,清代的商品经济得到了很大的发展。闽江、汀江、九龙江是福建地区较为重要的河流,起到了运输货物的作用。三江上游的木材、茶叶和纸张沿江而下,被运往下游的福州、汕头、厦门等沿海港口,再由此向南运往南洋各国,向北则运往浙江、江苏、山东、东北等地。因福建地区多山,河道崎岖,航行危险,为祈求航运平安,人们便在水路码头引入妈祖文化,修建了大量的天后宫供祭祀妈祖之用。后期福建商人的足迹逐步向内陆地区转移,妈祖文化随之被带入内陆地区,此时的天后宫成为福建会馆,演变发展为同乡人开展人际交往、集会的场所。商品经济的发展促使福建商人在各地兴建福建会馆,使福建会馆成为福建商人云集的场所和经济往来的纽带。

3.5.2.3 移民

福建人多地少的情况从宋代开始就已存在,到了明清时期人多地少的矛盾更加突出,"闽中有可耕之,无可耕之地"[1],"十五游食于外"[2],是福建人口外迁的主要原因。同时,清朝初期国家动荡,农民起义等战争异常激烈,造成南方各地人口损失惨重。在吴三桂于康熙十二年(1673年)发动"三藩之乱"后,南方地区受到更严重的破坏,恶劣的状况一直持续到1680年代战乱结束。战后,南方的无人区和人口稀少之地为移民提供了充足的聚居地,福建人便随着移民的热潮,向内陆地区迁徙,所迁之处包括江西、湖南、云贵、四川、重庆等地,并在迁入地兴建了很多移民性质的福建会馆建筑。此外,明清两代中央政权对中国边疆都实行了"改土归流"政策,在改流地区政府设兵驻防,实行屯田,兴办学校,编造户籍,废除土司统治,这些措施为当地的安定和社会进步起到了积极的影响。在实行一系列政策的过程中,外地人口大量迁移到这些地区,这也

[1] 谢杰. 虔台倭纂·下卷[M]. 台北:"中央"图书馆,1985.

[2] 谢肇淛. 五杂俎·卷四·地部[M]. 沈阳:辽宁教育出版社,2001.

算是一种强制意义上的移民。如"湖广填四川"的移民大潮持续了百年之久,其中福建人占了相当大的比例。据有关学者统计,清前期福建移民四川的总量约在 30 万人左右,分布在四川各地的天后宫数量多达 153 座[1]。

3.5.3 清代天后宫、福建会馆的分布特征综述

清代是天后宫、福建会馆大范围建设的时期,达到了历史巅峰。首先,在清军渡海作战、维护国家统一方面,妈祖发挥了巨大作用而得到至高的"天后"称号。其次,随着商品经济的发展和移民的热潮,妈祖文化进一步壮大起来,天后宫、福建会馆的分布不再局限于沿海和内河沿线,而随着闽商的足迹遍布于内陆商埠和大小城镇,天后宫的功能也由最初的祭祀扩展到洽商交际、族群认同、联络感情等等。

本章小结

本章介绍了天后宫、福建会馆在全国的分布情况,并分析了影响其分布的因素。这些影响因素可归纳为两种:一是国家政府及其成员利用在政治上的特殊地位和权力,对妈祖文化进行推广。二是民间流动人口:商人、各种形式的移民和渔民,将妈祖文化带出源起地以外,使得妈祖文化实现较大距离、较大差异的跳跃式发展。由此得出天后宫、福建会馆的分布规律:其一,天后宫、福建会馆的分布是以福建湄洲岛为中心向外扩散;其二,天后宫、福建会馆沿重要港口、码头以跳跃的方式扩展;其三,天后宫、福建会馆集中于海岸内陆呈片状分布。

本章内容旨在阐述天后宫、福建会馆的基本概况,是后续展开论述天后宫、福建会馆传承与演变的前提条件。

---

[1] 刘正刚. 清代四川天后宫考述[J]. 汕头大学学报(人文科学版), 1997(5).

本章将从建筑学的角度出发，以实地考察调研过的30座天后宫和福建会馆为例，探讨天后宫、福建会馆的建筑形态特征，包括选址与布局、建筑与构造、装饰与细部三个方面。因天后宫、福建会馆都是妈祖文化传播下的物质产物，故本章将两者放在一起讨论，若涉及特例或明显不同之处，将对天后宫、福建会馆分别做阐述。

4 天后宫、福建会馆的建筑形态

4.1 天后宫、福建会馆的选址与布局

4.1.1 天后宫、福建会馆的选址

自然环境、地理条件决定了人类的生存和发展，地域特色和文化特征影响着建筑风貌，天后宫、福建会馆的选址也必然与这些因素相关。从天后宫、福建会馆分布的影响因素来看：天后宫以祭祀妈祖为主，受福建当地文化和海洋文化影响较深；福建会馆作为福建人在异地的集会场所存在，它与福建人的移民抑或经商路径相关，受移民文化影响。

4.1.1.1 天后宫的选址——近河傍海

天后宫是祭祀妈祖的庙宇，因此哪里有人祭拜妈祖，哪里就有天后宫的存在。因妈祖起源于福建莆田，对妈祖的祭拜在福建莆田地区最为盛行，所以在莆田的天后宫最多。天后宫供奉的妈祖是保佑航海者海上航行安全的海神，她更多地受到沿海居民或者依赖海上航行的人信奉，而天后宫建在江河湖边更利于他们祭拜。因此，天后宫的选址多集中在与海运、河运相关的沿线城市或者沿海重要的港口等地（图4-1）。

4.1.1.2 福建会馆的选址

（1）邻近城镇港口、码头

水上交通是古代社会最为便捷，也是交通体系中最重要的交通方式，因此有水的地方就有城镇。而商业发展和移民的兴起使得福建人沿水路，将妈祖文化带到了外地，并在外地建造福建会馆。明清时期，在全国多省向四川的移民运动中，福建人占据着较大的比例，其移民路线多为水路。舞水流域就是当时移民通往四川途径的一条水路途径，在舞水流域有大量的福建移民涌入。民国《醴陵县志·氏族志》记载："明末清初，重催浩劫，土旷人稀，播迁远来者，则什九为闽、粤两省汀江、东江流域之人。"[1] 在永顺县，"改土后客民四至，在他省则江西为多，而湖北次之，福建、浙江又次之。在本省则沅陵为多，而芷江次之，常德、宝庆又次之"[2]。由此可见，清代早期，舞水流域的新晃、芷江等地因其优越的水运交通聚集了大量的闽粤商人，福建人定居芷江，便有了芷江天后宫，靠近码头的便利之地更成为福建会馆建址之选（图4-2、图4-3）。

[1] 民国醴陵县志·氏族志[M]. 南京：江苏古籍出版社，2002.

[2] 蒋国经. 芷江"天后宫"：古建筑艺术的活档案[J]. 档案时空，2008（9）：33-34.

图 4-1 现存天后宫分布图

（2）占据城镇、场镇中心地带

古代的重要城镇都因水而兴，这与古时的水路交通密不可分。而福建会馆是福建人沿水路传入内陆地区的，所以多位于重要城镇中。会馆建筑在城镇中一般属于大型建筑物，且是移民者或商人为巩固自己在此地区的地位而建，因此多建于城镇中心区域。同一城镇汇集了各地区的移民和商人，各地区的会馆都聚集于一地，因此古时候的许多城镇都有"九宫十八庙"的说法，也说明了当时城镇繁荣的景象，如四川仙市镇就分布有多座会馆建筑（图4-4）。

由此也引发了各地会馆如何选址的问题，通常情况下各地会馆根据实力的强弱来决定选址，实力雄厚的会馆占据城镇中最重要的位置，实力相对弱一点的会馆次之。这样做的目的是为了防止各地商人之间产生不必要的矛盾，以利于各地会馆的发展和经营。

◀ 图 4-2 镇远天后宫位置图
◀ 图 4-3 芷江天后宫位置图
◢ 图 4-4 四川仙市古镇中重要建筑的分布图
▼ 图 4-5 泉州天后宫平面示意图

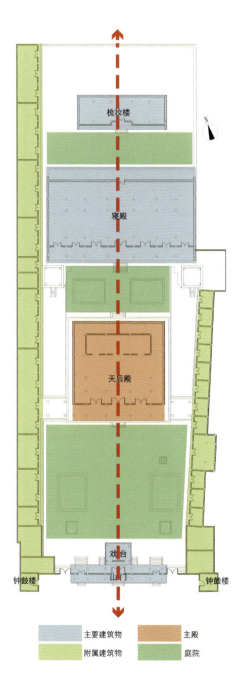

4.1.2 天后宫、福建会馆的布局

中国古代建筑的布局具有其自身的体系特征，天后宫、福建会馆同属这一体系，也继承了中国古代建筑布局中的共性。同时由于天后宫、福建会馆同受妈祖文化的影响，其共性特征更加显著。这些共性特征主要体现在两个方面，一是布局总体特征，二是空间特性。其中，布局总体特征包括：中国大型传统建筑中的特征要素，即明确的轴线关系、序列感、仪式感和传统建筑中特有的院落空间；体现建筑序列感的建筑功能布局；建筑如何融入周边的环境和地形，即建筑的朝向和高差。对于空间上的共性研究，笔者主要按照建筑的使用功能，从入口空间、观演空间、祭拜空间和生活空间展开论述。不同的天后宫、福建会馆对空间的使用侧重点不同，但基本涵盖以上4种空间形式（图4-5、表4-1）。总之，建筑的布局方式受建筑所处的环境、建筑的使用功能以及使用者的审美喜好等影响，天后宫和福建会馆的平面布局就很好地印证了这几个特点。

表 4-1 天后宫、福建会馆轴线关系

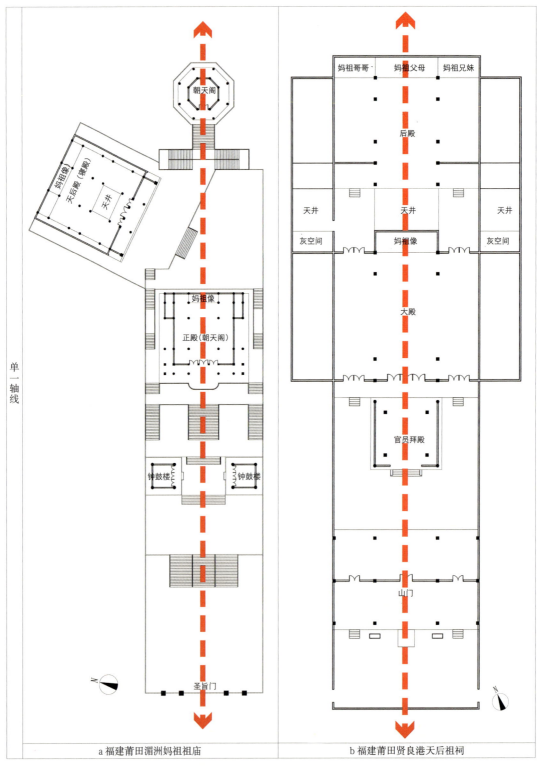

| a 福建莆田湄洲妈祖祖庙 | b 福建莆田贤良港天后祖祠 |

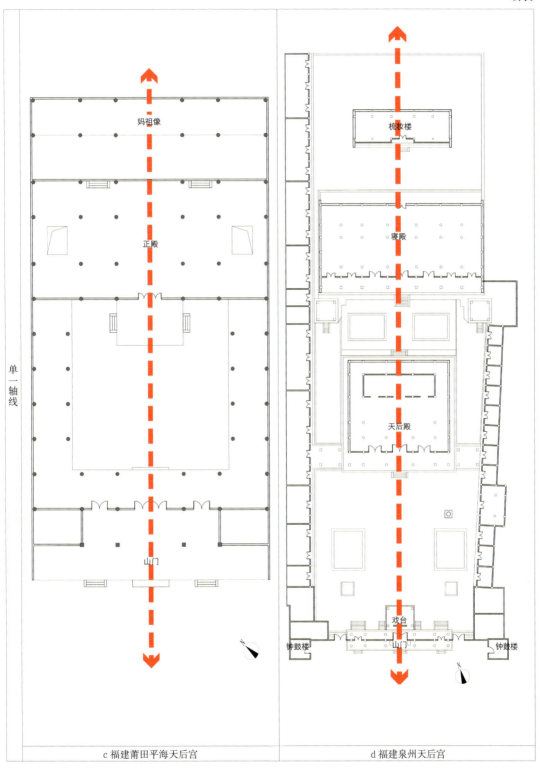

4 天后宫、福建会馆的建筑形态 \ 057

c 福建莆田平海天后宫

d 福建泉州天后宫

续表

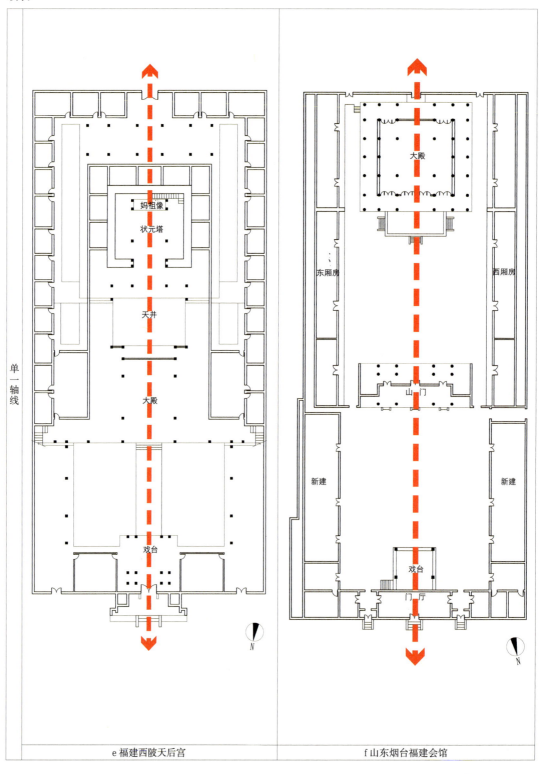

| e 福建西陂天后宫 | f 山东烟台福建会馆 |

续表

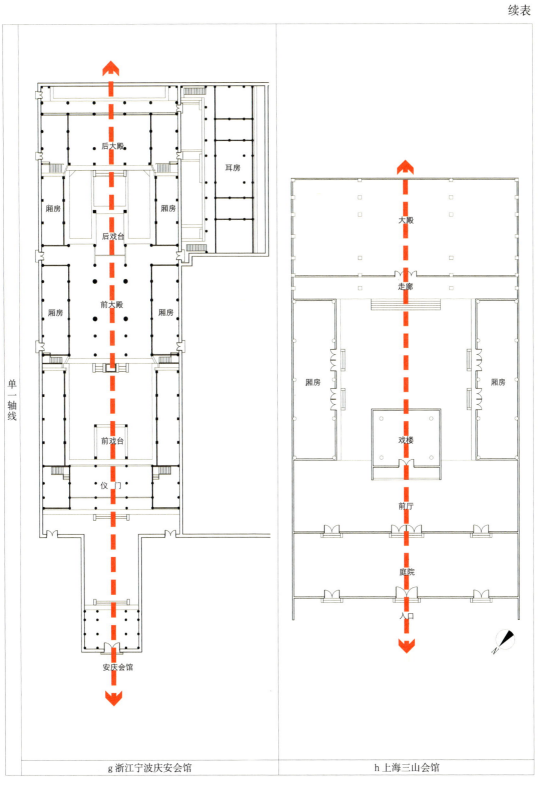

| g 浙江宁波庆安会馆 | h 上海三山会馆 |

4 天后宫、福建会馆的建筑形态 \ 059

续表

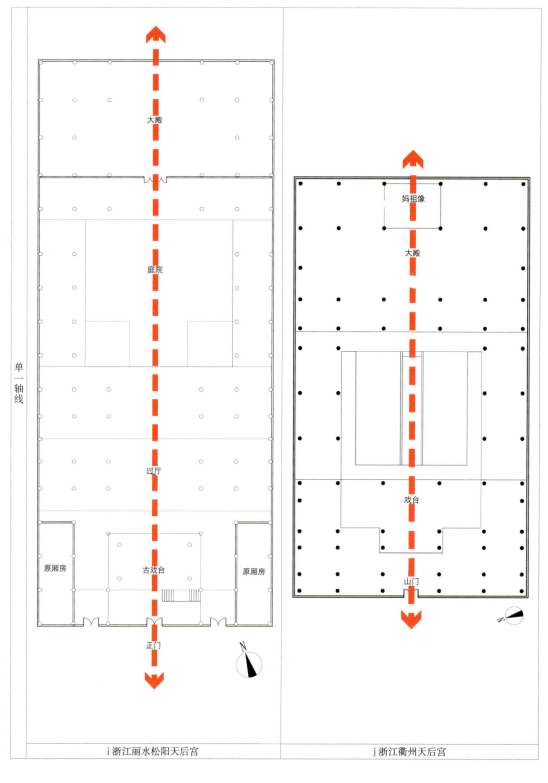

| i 浙江丽水松阳天后宫 | j 浙江衢州天后宫 |

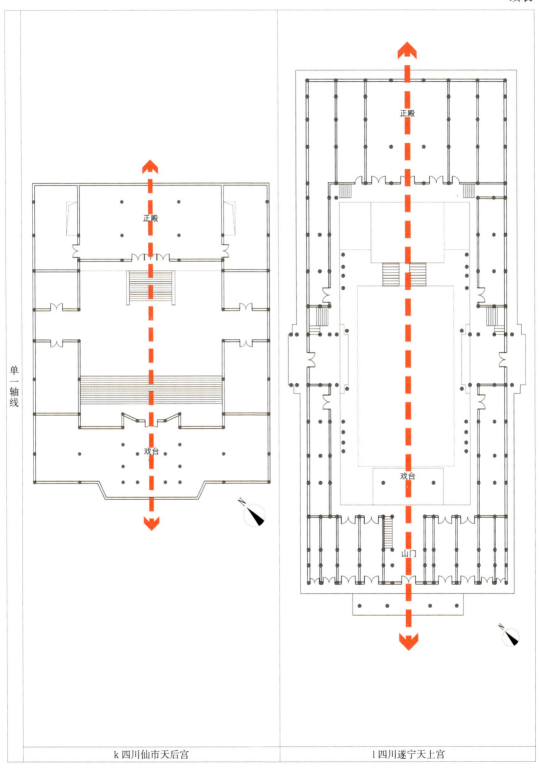

续表

单一轴线	
k 四川仙市天后宫	l 四川遂宁天上宫

4 天后宫、福建会馆的建筑形态 \ 061

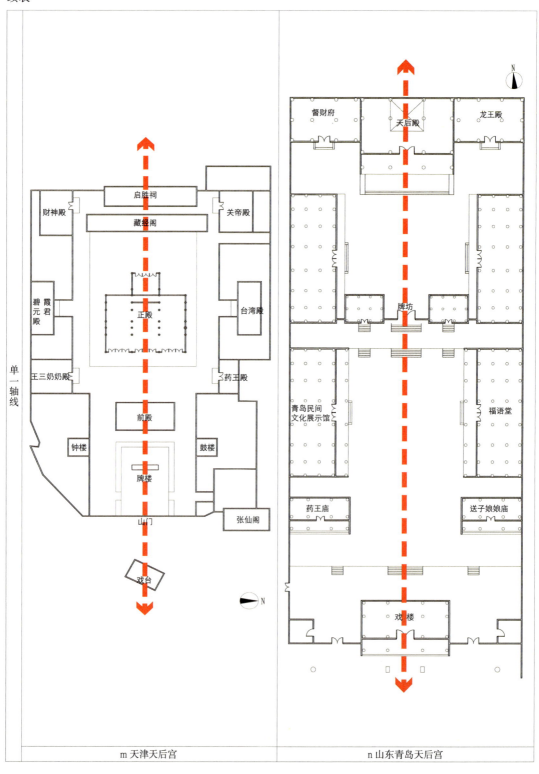

m 天津天后宫　　n 山东青岛天后宫

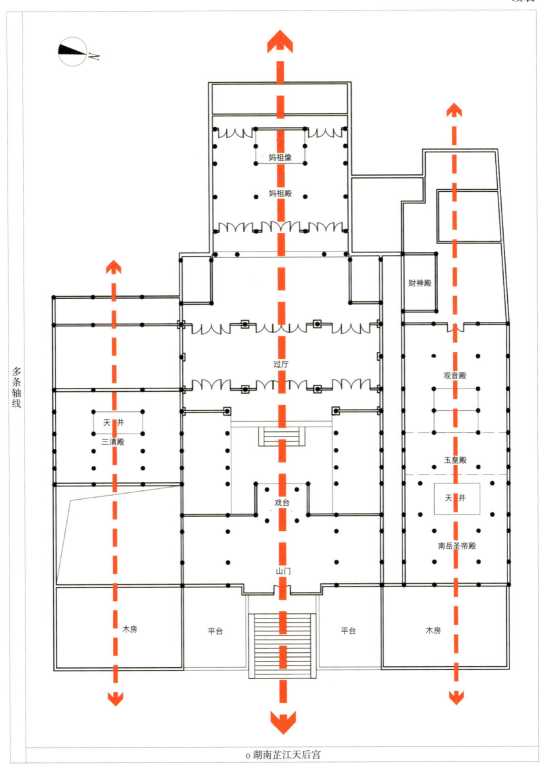

o 湖南芷江天后宫

续表

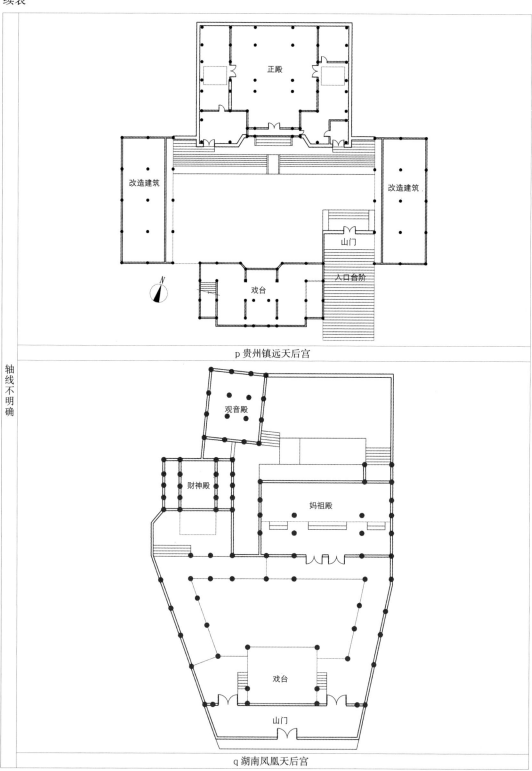

p 贵州镇远天后宫

q 湖南凤凰天后宫

4.1.2.1 天后宫、福建会馆布局的总体特征

（1）轴线

中国大型的古建筑群都非常强调序列感和仪式感，有着明确的轴线关系，天后宫、福建会馆也不例外。天后宫、福建会馆建筑群沿轴线呈中心对称，主轴线上布置山门、戏台、正殿等最重要的建筑，两侧分置厢房、廊庑等附属建筑，并围合形成院落。大型天后宫、福建会馆的中轴线上可能存在寝殿、梳妆楼等体现妈祖女性特征的建筑。根据建筑的规模大小，轴线两侧的建筑类型有所变化。一是两侧建厢房、廊庑等附属建筑，作为轴线上主要建筑物的配套设施（表4-1a～1）。二是两侧分布有祭拜其他神灵的殿宇（表4-1m、n），有些分设轴线两边，有些单独形成轴线，如湖南芷江天后宫（表4-1o），轴线两边分设有不同的庙宇，祭拜不同的神祇，共有三条轴线关系。另有天后宫、福建会馆因地形原因的限制，轴线关系不明确（表4-1p、q）。

（2）序列

天后宫、福建会馆的空间序列节奏较强，通过各个空间面积的递变、建筑高度的增减，形成一个富有韵律感的序列。在整个建筑群中，院落是建筑组群的基本构成单元，其单体组合方式是利用建筑围合起来的三合院或四合院。天后宫、福建会馆的空间序列组织以入口山门为起点，随着向内院的行进而逐渐展开，空间性质由"公共空间"到"私密空间"转化。各个院落空间也由大渐小，形成强烈的对比。正殿作为空间序列的核心，一般居于最高点，使整个建筑群更显庄重、肃穆。寝殿、梳妆楼、父母殿等后殿为空间序列的终点（表4-2）。

表 4-2 天后宫、福建会馆的空间序列

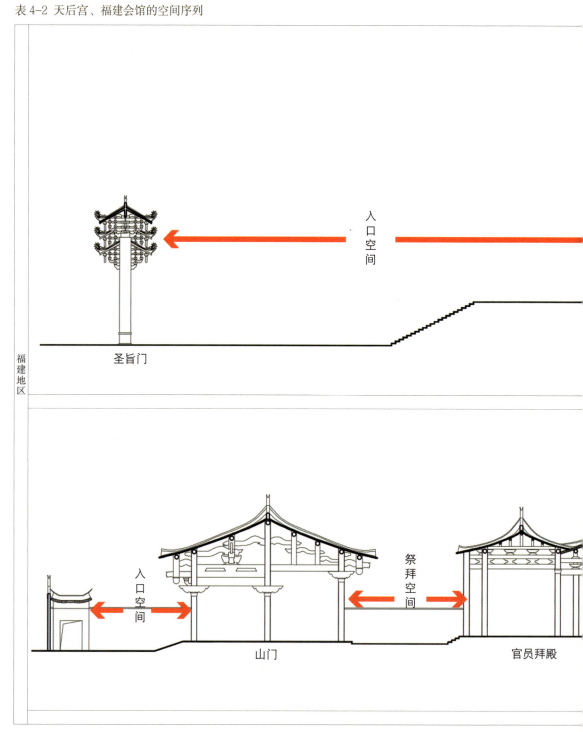

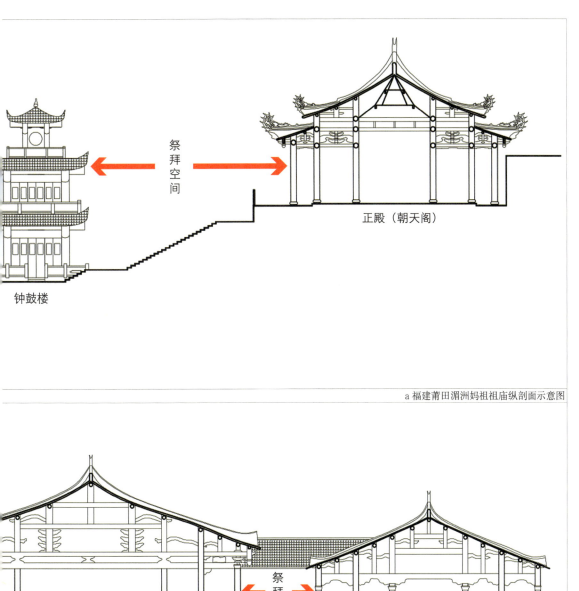

a 福建莆田湄洲妈祖祖庙纵剖面示意图

b 福建莆田贤良港天后祖祠纵剖面示意图

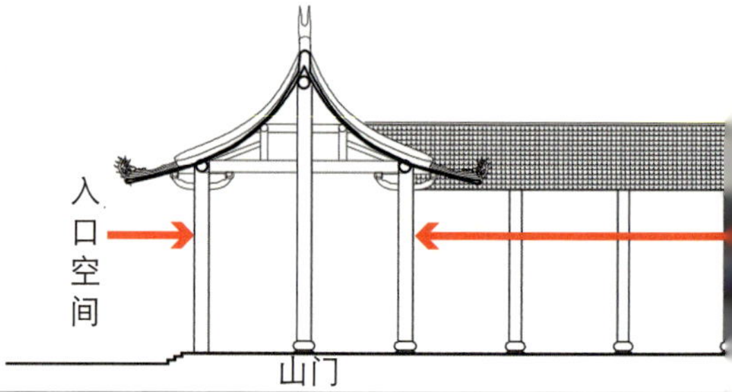

福建地区

入口空间 → 山门

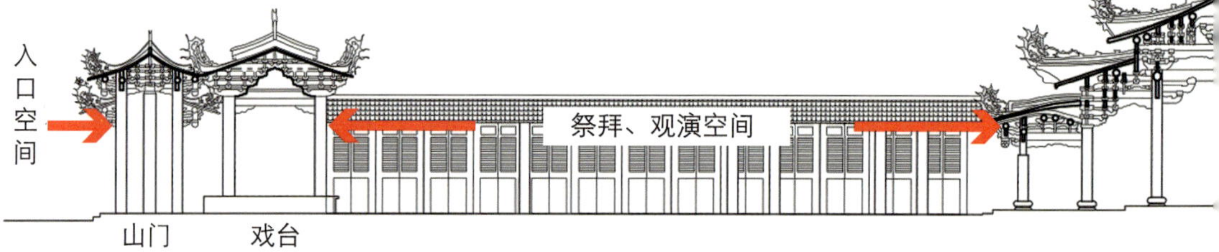

入口空间 → 山门 戏台 ← 祭拜、观演空间 →

c 福建莆田平海天后宫纵剖面示意图

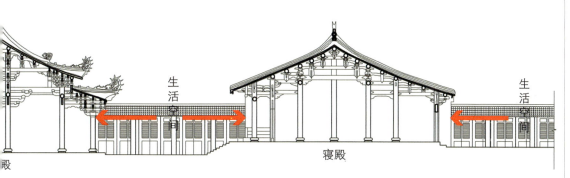

d 福建泉州天后宫纵剖面示意图

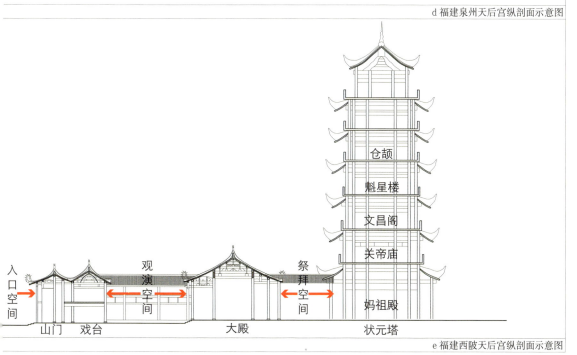

e 福建西陂天后宫纵剖面示意图

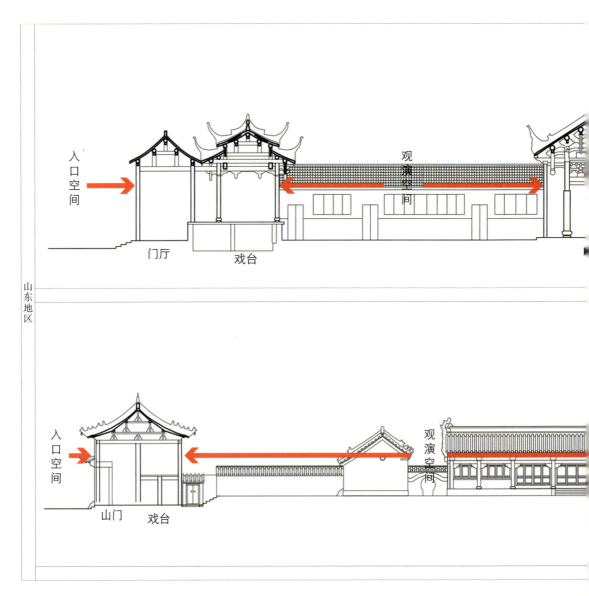

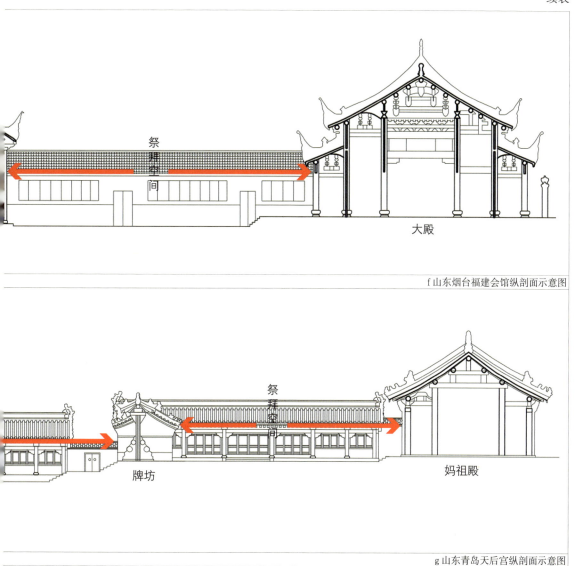

f 山东烟台福建会馆纵剖面示意图

g 山东青岛天后宫纵剖面示意图

续表

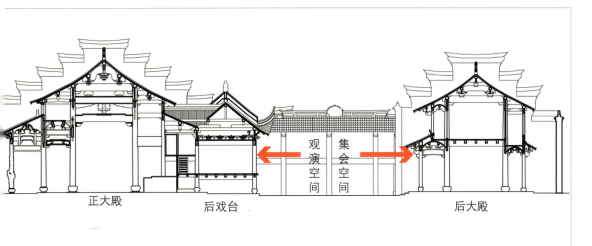

h 浙江庆安会馆纵剖面示意图

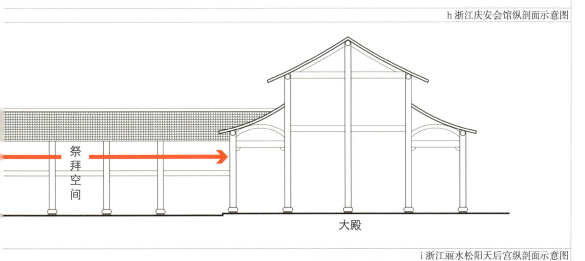

i 浙江丽水松阳天后宫纵剖面示意图

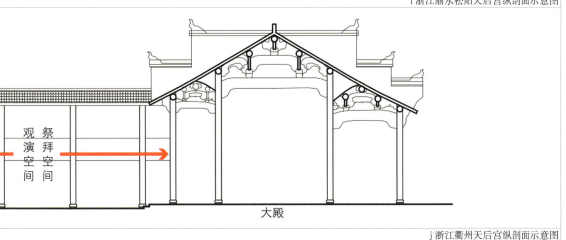

j 浙江衢州天后宫纵剖面示意图

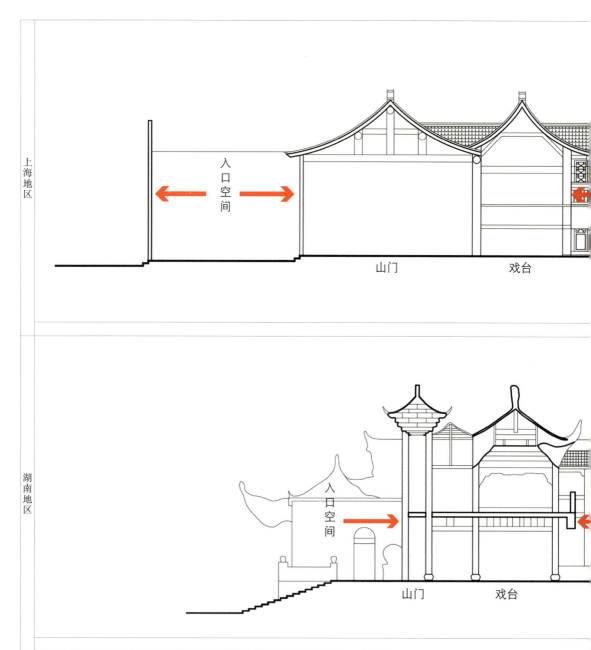

续表

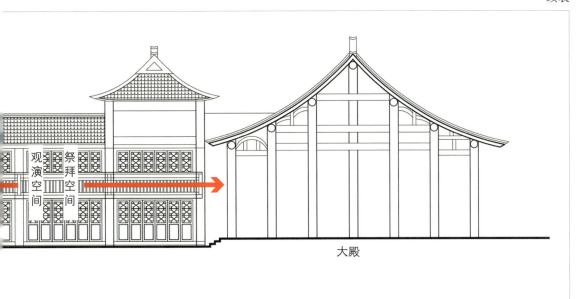

k 上海三山会馆纵剖面示意图

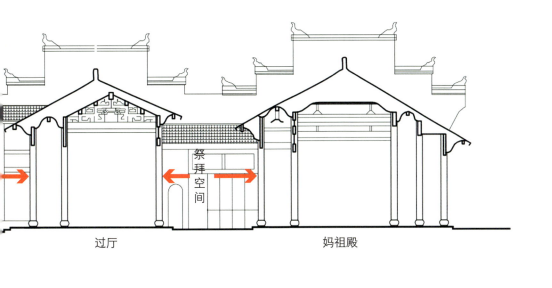

l 湖南芷江天后宫纵剖面示意图

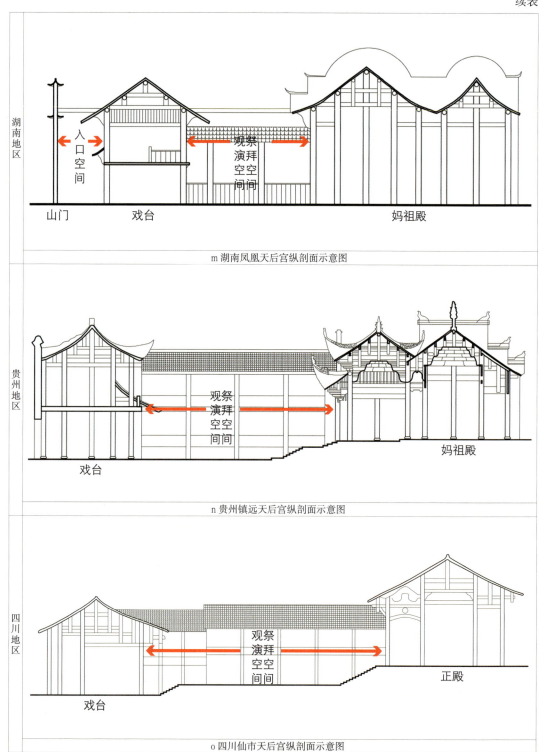

m 湖南凤凰天后宫纵剖面示意图

n 贵州镇远天后宫纵剖面示意图

o 四川仙市天后宫纵剖面示意图

院落是中国传统建筑中非常重要的空间形式，体现了中国建筑中的内向性格，具有防御和包容的特性。这一特性非常适用于天后宫、福建会馆中祭祀、观演等需要人员"聚集"的场所氛围。天后宫、福建会馆中的院落分为两种形式：一是由戏台和正殿围合而成的公共空间，可作为观众观看表演的室外空间，亦可作为祭祀空间的延伸，为举行大型祭祀活动使用．二是私密性院落空间。如泉州天后宫（图4-6），共有三进院落，一进院落由戏台、正殿和两边厢房围合而成，为举行祭祀活动或表演而用的公共院楼空间；后两进院落主要由寝殿、梳妆楼等较为私密的建筑组成，其院落空间也相对私密。总而言之，天后宫、福建会馆中都沿用了中国传统建筑中所共有的组织形式，以单座建筑为基本元素，再围以院落，进而组成各式各样的建筑组群。

天后宫、福建会馆中单个庭院的设计根据建筑规模和使用功能而有所不同。传统建筑中常见的围合方式有四围合院落和三围合院落，天后宫、福建会馆以四围合院落为主，其中与轴线相交的两个面布置主要建筑，另外两面多为附属配套建筑。最典型的庭院空间是大殿与戏台相对布置，两侧为两层廊道（图4-7）。也有一些天后宫建筑没有戏台，如贤良港天后祖祠（图4-8），庭院由山门和正殿及两边围墙围合而成。天后宫、福建会馆的规模和尺度影响了建筑庭院的布局形式，使得天后宫、福建会馆的院落格局多种多样（图4-9）。

天后宫、福建会馆一般是由多进院落组合而成的建筑群，建筑的选址、功能和多个建筑之间的间距决定了院落的规模和尺度。以福建会馆为例，建筑群中的几个院落，与戏台相对的院落规模最大，以提供足够的场地来满足看戏观众的需求。此外，庭院的铺装也有说法：戏台或大殿前的庭院多作为观演空间和祭拜空间使用，所以铺装以硬质铺地为主；以祭祀为主的庭院空间非常强调仪式感，所以庭院在中轴线上的铺装材质与其他空间会有所区别；而以生活为主的庭院，多以绿化为主。

（4）功能

从天后宫到福建会馆，建筑功能由单一的祭祀功能转变为祭祀和集会的双重功能，这是两者之间最本质的区别。针对这样的功能需求，就有了天后宫、福建会馆两种既相似又不同的建筑形式存在。本节以祭祀和集会两大功能为背景，对两类建筑进行更细致的功能分析。先从福建会馆说起，福建会馆是福建人在异地的集会场所，以观演空间为主体功能。对于观演建筑而言，如何合理安排表演者

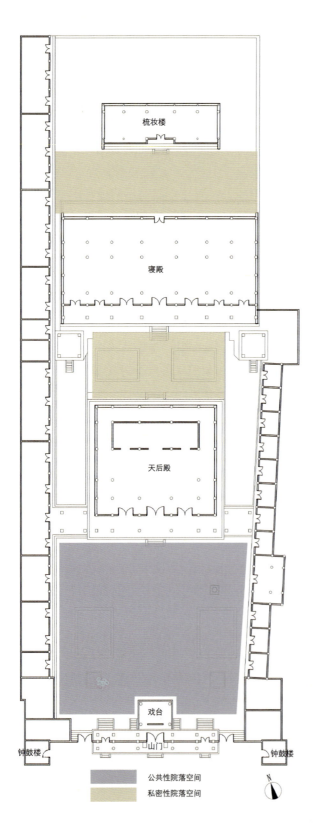
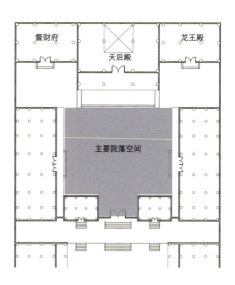
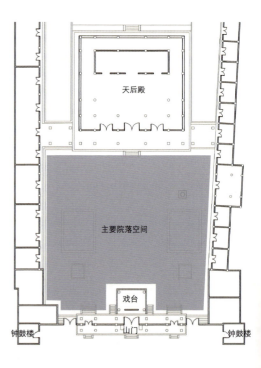

◄ 图 4-6 泉州天后宫院落空间示意图
↓ 图 4-7 泉州天后宫主要院落
↘ 图 4-8 贤良港天后祖祠主要院落
↑ 图 4-9 青岛天后宫主要院落

和观众是整个建筑中最重要的功能组织。表演者除了需要戏台表演空间外,还需要表演前的准备空间,福建会馆的戏台两侧角落里都设有可供表演者准备的耳房。同时,看表演的观众需要有遮蔽的看戏空间,故与戏台垂直的两侧多设有廊道或者厢房。建筑一般为两层,以容纳更多的观众,且两者的地坪高度一般高于观演院落,满足观众观看表演的视线需求。看楼多为开敞的廊道,可以使观众获得更好的观看视角(图4-10~图4-12)。

→图 4-10 芷江天后宫戏台及观演区
↓图 4-11 浙江衢州天后宫戏台及观演区
↓图 4-12 上海三山会馆戏台及观演区

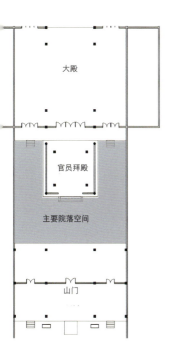

　　天后宫、福建会馆都具有祭祀妈祖的功能，妈祖像设置在天后殿中供人祭拜，故天后殿（也称"正殿""大殿"）是天后宫、福建会馆中最重要的建筑形式。天后殿的规模大小根据天后宫、福建会馆的祭祀需求以及重要性来决定（图4-13、图4-14）。相对而言，天后宫中的天后殿比福建会馆中的规模要大，也更华丽。其中，贤良港天后祖祠因受官方祭拜，加入了官员拜庭这一建筑形式，形成了大殿和拜殿合二为一的祭拜空间。除了规模上的差别外，也有部分天后宫、福建会馆中并不只祭祀妈祖（图4-15），这种情况主要缘于天后宫、福建会馆传入外地后受当地风俗习惯的影响。

　　天后宫区别于福建会馆的主要功能为集会、观演，但从天后宫的布局中仍然发现，很多天后宫中也有戏台这一观演空间的存在，只是两者的戏台在使用上和功能布局上存在明显的差别。例如，相

◀ 图 4-13 福建莆田平海天后宫
◀ 图 4-14 浙江丽水松阳天后宫
▶ 图 4-15 天后宫中分布有其他庙宇
▼ 图 4-16 福建泉州天后宫戏台

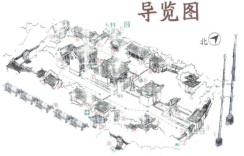

导览图

①幡杆 ②售票处 ③山门（入口）④牌坊 ⑤鼓楼 ⑥钟楼 ⑦前殿
⑧妈祖泉 ⑨正殿 ⑩药王殿 ⑪台湾殿 ⑫凤尾殿 ⑬藏经阁 ⑭关帝殿
⑮北侧影壁 ⑯卫生间 ⑰紧急出口 ⑱元辰殿 ⑲启圣祠
⑳游客服务中心 ㉑医务室 ㉒南侧影壁 ㉓财神殿 ㉔碧霞元君殿
㉕王三奶奶殿 ㉖碑廊 ㉗山门 ㉘办公区 ㉙良缘阁
㉚十八坊 ㉛后门（出口）

对福建会馆来说，泉州天后宫的戏台建筑（图4-16）更为简单。首先，它只有一个戏台，没有任何附属功能；其次，其围合的院落空间主要以祭祀活动为主，戏台为祭祀和妈祖表演活动服务。可见，无论是天后宫还是福建会馆，建筑功能决定了建筑的布局。

天后宫、福建会馆建筑群除主要功能外，还有很多附属功能组成，如生活功能，这与建筑规模、选址是分不开的。一般情况下，天后宫、福建会馆的山门位于中轴线上，且与戏台连为一体。有一些天后宫会拉伸整个建筑群的轴线，在山门后设有仪门，或在山门前设有门厅等。另外，建筑群中还有一些小型建筑物的存在，如凉亭、廊道等。这些小型建筑将大型体量的建筑串联起来，形成风雨无阻的连续交通系统，体现出古代匠人超高的建筑设计理念和水平（图4-17）。

（5）朝向

天后宫、福建会馆的建筑朝向主要受天后宫、福建会馆建筑形成的原因的影响。天后宫、福建会馆都是祭拜妈祖的，妈祖又为海神，所以天后宫、福建会馆并没有像其他古代大型建筑一样一定坐北朝南，而是因其与水的关系较为密切，靠近大海，朝向港口码头的出海口，为出海打鱼的人祈求平安以及返航时祭拜妈祖提供便利（图4-18～图4-20）。另有一些福建会馆的建筑形制与周边的地形地貌相关，如一些建于山地上的福建会馆，建筑轴线是与山体的等高线垂直布置的。

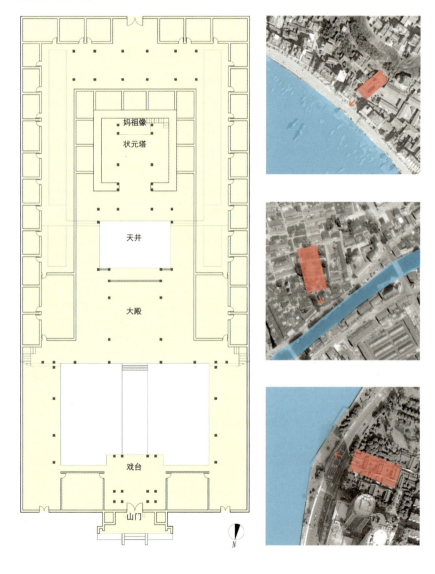

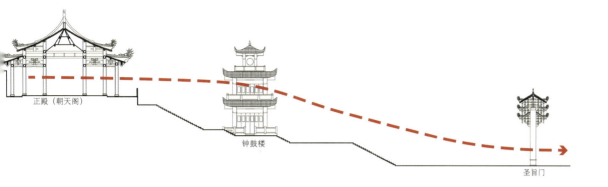

- 图 4-17 福建西陂天后宫建筑围合示意图
- 图 4-18 福建平海天后宫朝向示意图
- 图 4-19 江苏太仓浏河天后宫朝向示意图
- 图 4-20 浙江庆安会馆朝向示意图
- 图 4-21 湄洲妈祖祖庙高差示意图
- 图 4-22 贵州镇远天后宫入口台阶

　　为增强建筑的序列感，天后宫、福建会馆往往会对建筑做高差处理，尤其是对于中轴线上的建筑。建筑沿着中轴线层层升高，在地形高差较大的地区，这一走势更为明显。如湄洲妈祖祖庙，从其纵剖面示意图（图 4-21）可以完整地反映出建筑层层抬高的走势。又如贵州镇远天后宫依山而建，沿大门前的石阶拾级而上，抬头可见山门（图 4-22），山门与大殿之间相差十余级台阶。虽然因为地形较为局促，镇远天后宫的大殿与戏台相对，山门位于其东侧，但是从戏台到大殿的纵剖面示意图（图 4-23）中，仍可以看出地势逐步抬高的趋势。再如在四川地区，福建会馆多建于地形高差大的地方，戏台一般位于地势较低处，正殿居于高处，围合的院落形成层层抬高的观演空间，与地形完美结合（图 4-24）。高差的另一处运用便是在戏台的处理上。在调研过程中发现，戏台多为二层建筑，一层为过廊，二层为表演空间，也有一些是稍有抬高，这样的做法是为了给观众营造更好的观演体验。

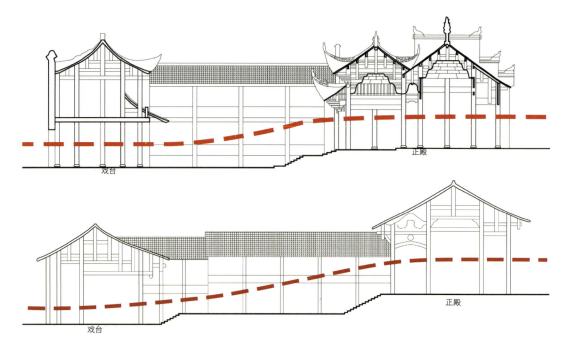

▲图 4-23 贵州镇远天后宫高差示意图
▲图 4-24 四川仙市天后宫高差示意

4.1.2.2 天后宫、福建会馆的空间分析

（1）入口空间

天后宫、福建会馆有别于中国古代传统建筑中的民居、官衙等，属于大型公共建筑。公共建筑的入口空间由整个建筑群的标志性建筑组成，也是整个建筑精神文化的象征，因此一般都比较高大，标志性强。从笔者调研过的天后宫、福建会馆来看，除湄洲妈祖祖庙相对开放外，大部分天后宫、福建会馆都相对封闭，入口空间起分隔天后宫内外空间的作用。

入口空间一般是整个建筑群中轴线的起点，大部分入口空间通常与戏台背靠背而立，形成门楼倒座的形式，如泉州天后宫（图 4-25、图 4-26）。若建筑群为多轴线布局，入口则处于主轴线上，如芷江天后宫（图 4-27、图 4-28）。因天后宫与福建会馆功能上的区别，也有少部分天后宫没有戏台，入口空间就起到连接内外空间的作用，一般为半室外空间，如福建贤良港天后祖祠（图 4-29、图 4-30）。前导空间同样受天后宫选址环境的影响，如镇远天后宫（图 4-22），因其地势险要，空间局促，将入口空间脱离主轴线，置于戏台东侧，门前 88 级台阶直铺至山门。

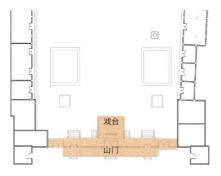

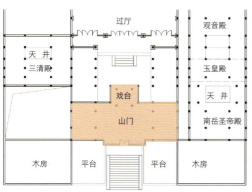

▲图 4-25 福建泉州天后宫入口空间示意图　　▲图 4-26 福建泉州天后宫前导空间
▲图 4-27 湖南芷江天后宫入口空间示意图　　▲图 4-28 湖南芷江天后宫前导空间
▼图 4-29 福建贤良港天后祖祠入口空间示意图　▼图 4-30 福建贤良港天后祖祠前导空间

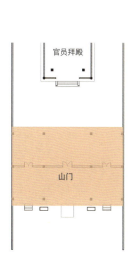

（2）观演空间

戏曲表演是中国古代民间最喜闻乐见的一项娱乐活动，在古代建筑中，特别是庙宇、会馆建筑中，戏台是其中必不可少的建筑物之一。福建会馆的戏台尤其充当了至关重要的角色，天后宫中也有少部分存在戏台。本小节以福建会馆中的戏台为例，来详细探讨观演空间的营造。

福建会馆中的戏台往往是抬升一层楼，一层为通道，二层是最为核心的表演空间。观演空间的营造主要分为三个层次，除主要的表演空间外，戏台连接两侧的过渡空间设有做化妆和道具之用的耳房。耳房靠近表演空间的两侧，分"出将"和"入相"，即戏曲舞台上所说的"上场门"和"下场门"。表演开始，锣鼓声响起时，表演者从"出将"那扇门出来，表演结束后，表演者再从"入相"那扇门回去。这里借用"将""相"，有盼成大器的意思，出则将军，入则丞相（图4-31、图4-32）。再有，观看空间也是观演空间中非常重要的一部分。观看空间除戏台两侧的厢房外，还包括三者围合而成的庭院空间。观看空间两侧厢房的处理往往灵活巧妙，有多种形式。一种为一层廊道，如湖南凤凰天后宫（图4-33）；另一种为二层建筑，如上海三山会馆（图4-34），二层空间一般为廊道，方便观众在此观看表演。

↓图4-31 湖南芷江天后宫戏台平面示意图
↘图4-32 湖南芷江天后宫观演空间
↗图4-33 湖南凤凰天后宫观演空间
→图4-34 上海三山会馆观演空间

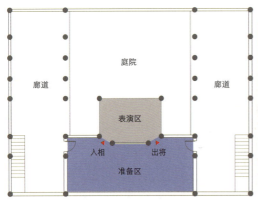

4 天后宫、福建会馆的建筑形态 \ 087

（3）祭拜空间

正殿是天后宫、福建会馆中最主要的建筑，为祭拜妈祖的空间。通常情况下，正殿空间比较开敞，是整个天后宫中最重要也是最庄严肃穆的空间组成。从整体建筑空间营造上来说，大部分福建会馆中祭拜空间和观演空间之间通过庭院过渡，庭院在这里既是观戏交往空间，也是祭祀的先导空间，如浙江衢州天后宫、上海三山会馆、四川仙市天后宫、浙江庆安会馆等。也有的天后宫或福建会馆在大殿与戏楼之间多加一个层次，如牌楼、仪门、山门抑或过厅等（图4-35、图4-36），通常增大大殿的先导空间，并使得戏楼与大殿的庭院空间分隔开来，互不影响。更为特别的是贤良港天后祖祠中，因其受官方祭祀，特别在与大殿相连处加入官员拜庭这一建筑，使得祭拜空间更加庄重肃穆（图4-37）。另外，笔者在调研过程中发现，在

↓ 图4-35 山东青岛天后宫祭拜空间
↘ 图4-36 湖南芷江天后宫祭拜空间
↓ 图4-37 福建贤良港天后祖祠祭拜空间
↘ 图4-38 山东荣成成山头天后宫

沿海地区也存在小型的天后宫，仅由祭拜空间组成，如山东荣成的成山头天后宫（图4-38）、上海松江天后宫（图4-39）、福建龙海市埭美古村天后宫（图4-40）等。

（4）生活空间

生活空间是天后宫、福建会馆特有的空间形态，这是天后宫、福建会馆祭祀对象妈祖女性特征在建筑中的体现。这里的生活空间是指与妈祖密切相关的后殿（一般为寝殿、梳妆楼或父母殿等）为主要建筑要素的第二进院落。从调研成果来看，目前现存的天后宫、福建会馆中，大部分的生活空间已被破坏，只有少部分保存相对完整。保存最为完好的当属泉州天后宫，泉州天后宫不仅保留有寝殿，还遗存了天后宫建筑中为妈祖女神所建的梳妆楼所组成的第三进院落。虽是后建，但基本格局还在，这在现存的天后宫中实属少见，更显珍贵（图4-41、图4-42）。

◀ 图4-39 上海松江天后宫
▼ 图4-40 福建龙海市埭美古村天后
◀ 图4-41 福建泉州天后宫寝殿
▼ 图4-42 福建泉州天后宫梳妆楼

4.2 天后宫、福建会馆的建筑与构造

4.2.1 天后宫、福建会馆的建筑特征

天后宫、福建会馆的建筑主要包括山门、戏台、正殿、寝殿、梳妆楼、厢房等基本构成元素，但基于各天后宫、福建会馆自身建造条件不同，建筑单体也会有所差别。本节将对天后宫、福建会馆中较为重要的建筑构成元素进行详细的论述，探讨天后宫与福建会馆的共性特征。

4.2.1.1 山门

天后宫、福建会馆的山门类型多种多样，可归纳总结为独立式山门、连体式山门两类，其中独立式山门又包括门洞式、牌坊式，连体式山门包含牌坊与戏台合一和山门与戏台合一两种类型。从调研成果中发现，山门类型并无规律可循，多受环境和功能等多方面的影响。而从建筑风格上可以看出，福建地区的山门有明显的闽南建筑特色，如燕尾脊、红砖墙体、艳丽的颜色，将妈祖这一女性特征发挥得淋漓尽致。到了北方地区，建筑特色又与其本土建筑文化相结合。而内陆地区，如芷江、镇远等地，则是另一番景象，山门多为牌坊式，形象更加高大，与当地的建筑特色相得益彰。从中不难看出天后宫、福建会馆之间的传承与演变关系（表4-3）。

4.2.1.2 戏台

戏台多存在于福建会馆中，供福建商人聚会娱乐、酬神唱戏，使用频率较高。而天后宫中的戏台是为祭祀而建，只在举行祭祀活动时使用，使用频率很低。从戏台的建造形式上可看出两者的分别。福建会馆的戏台一般与山门相结合，为两层建筑，一层为通道，二层为表演空间，戏台的形式有凸形戏台和平口戏台两种。其中，凸形戏台是最常见的戏台形式，戏台的整个表演空间突出，形成三面镂空，以达到更好的观演效果。平口戏台，即表演空间与耳房相平，表演空间只有一面面对观众，比凸形戏台略有局限性。从大小上分，又可将福建会馆的戏台分为一开间、三开间两种。相较于福建会馆的戏台，天后宫的戏台相对简单，是古时祠庙建筑中的露台的变形，作为烘托场所气氛的重要空间存在。这种戏台都是直接落地式，规模也较小，没有附属的耳房或者观看表演的厢房（表4-4）。

表 4-3 山门形式

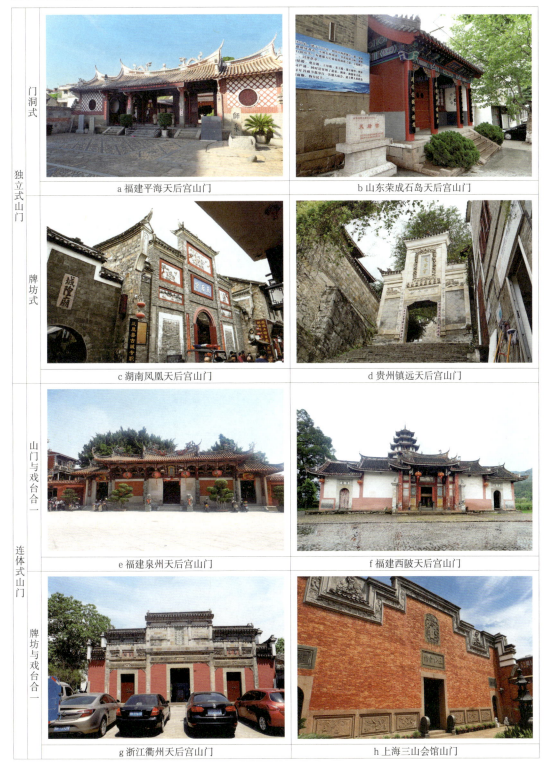

独立式山门	门洞式	a 福建平海天后宫山门	b 山东荣成石岛天后宫山门
	牌坊式	c 湖南凤凰天后宫山门	d 贵州镇远天后宫山门
连体式山门	山门与戏台合一	e 福建泉州天后宫山门	f 福建西陂天后宫山门
	牌坊与戏台合一	g 浙江衢州天后宫山门	h 上海三山会馆山门

表4-4 戏台形式

落地戏台	a 福建泉州天后宫戏台	b 山东烟台福建会馆戏台
凸形戏台	c 上海三山会馆戏台	d 湖南芷江天后宫戏台
平口戏台	e 浙江衢州天后宫戏台	f 福建西陂天后宫戏台

4.2.1.3 钟鼓楼

钟鼓楼建筑在我国古代形成了自己独立的发展历史，主要分为两种形式：一种为独立存在，位于城镇的中心，作用是按时敲钟鸣鼓，为城中居民报时；另一种一般位于寺庙道观建筑中，为祭神及迎接神社之用，或用于安排僧人或道士的作息起居。天后宫的原型属于寺庙建筑，因此钟鼓楼是其必不可少的建筑。但在福建会馆中，建筑性质发生转变，并没有设置钟鼓楼。钟鼓楼在天后宫中的位置有所不同，有的钟鼓楼位于山门前，分设两侧，如泉州天后宫；有的钟鼓楼位于山门内侧，分布两侧，如天津天后宫；山东青岛天后宫的钟鼓楼则设置在山门两边，与山门对齐。虽然钟鼓楼在整个建筑群中的位置不同，但建筑形式基本一致（表4-5）。

表 4-5 钟鼓楼形式

钟鼓楼形式	a 湄洲妈祖祖庙钟鼓楼	b 泉州天后宫钟鼓楼
	c 青岛天后宫钟鼓楼	d 天津天后宫钟鼓楼

  钟鼓楼一般沿主轴线对称布置，钟楼和鼓楼相向而坐，钟楼在东侧，鼓楼在西侧。钟楼和鼓楼的建筑形态基本相同，平面皆为方形，一般为两层。其中，第一层多为砖结构，内有楼梯可达二层，二层多为木结构，是整个建筑的主体，一般采用重檐歇山顶。从建筑风格来看，不同地域的钟鼓楼呈现了不同地域的建筑特色。

4.2.1.4 正殿

  正殿是天后宫、福建会馆中最重要的建筑，也称大殿、天后殿、妈祖殿等，即供奉妈祖的殿堂。正殿一般位于整个建筑群中轴线最核心的位置，置于观演空间之后，面向戏台，且一般位于月台之上，比庭院的基地高度要高，或是处于地坪高差最高的地方。从建筑规模来看，正殿是整个建筑群中规模最大的建筑，而不同的天后宫、福建会馆中，正殿的规模又不尽相同。正殿一般为三开间，也有少数为五开间或七开间，屋顶形式多采用歇山、悬山、硬山、卷棚等。正殿多为独立的建筑形式，也有少部分是两栋或多栋建筑连在一起的连体建筑，如泉州天后宫正殿只有独立一栋建筑，而镇远天后宫的正殿由两栋建筑组成，湄洲妈祖祖庙的天后殿则由两栋建筑围合的建筑群组成（表 4-6）。

表 4-6 天后宫、福建会馆正殿

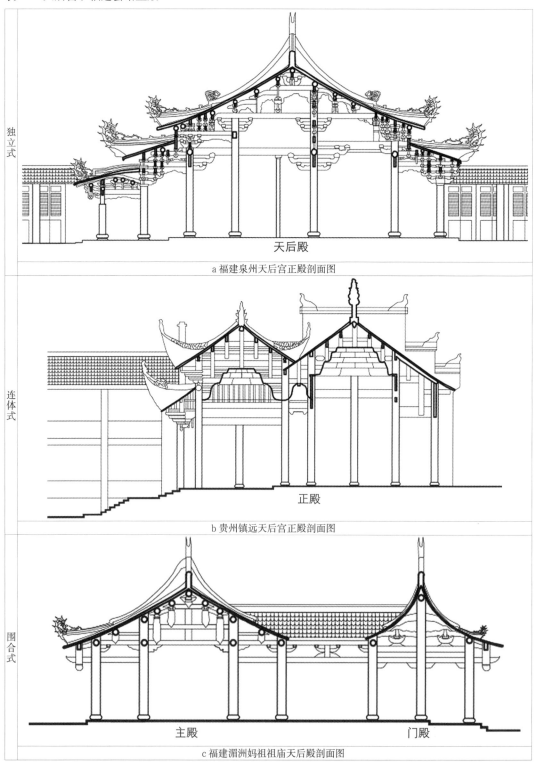

a 福建泉州天后宫正殿剖面图

b 贵州镇远天后宫正殿剖面图

c 福建湄洲妈祖祖庙天后殿剖面图

4.2.1.5 配殿

地方的本土化影响,决定了在除福建省以外地区的天后宫和福建会馆中还供奉除妈祖以外的其他神灵。这里所说的配殿包括两方面的内容。其一,天后宫、福建会馆中除戏台、正殿、钟鼓楼等主要建筑外大多为等级较低、分设于主轴线两侧的廊道、厢房等附属建筑,这些建筑一般规模较小,多采用悬山、硬山等屋顶形式,且区分并不明显。其中,廊道一般为观演空间,位于戏台两侧,不设隔断;厢房一般为生活空间,供使用者或来访者起居。其二,部分天后宫、福建会馆中有祭祀其他神灵的配殿。有一些配殿一般和次要房间一样,设于主轴线两侧,如芷江天后宫、凤凰天后宫;有一些配殿则与天后殿并列设置,如山东青岛天后宫中天后殿旁分设有督财府、龙王殿。配殿的位置与配殿地位等级相关,设于正殿两侧的配殿建筑等级相对较高(表4-7)。

表4-7 天后宫、福建会馆配殿

a 山东青岛天后宫配殿

b 天津天后宫配殿

c 湖南芷江天后宫配殿

d 湖南凤凰天后宫配殿

4.2.1.6 后殿

天后宫、福建会馆的尽端一般设有后殿,后殿根据其使用功能不同又有很多别称。这里的后殿指极具妈祖女性特征的寝殿、梳妆楼和供奉妈祖父母的父母殿等。如贤良港天后祖祠的后殿是供奉妈祖父母的殿宇,因此又称作父母殿;而庆安会馆中因其特殊的馆庙合一的布局方式,后殿是士绅聚会、祭祀、观演的场所;另有泉州天后宫尽端的后殿是妈祖休息之所,又称寝殿,同时还配有梳妆楼,是妈祖作为女神所特有的建筑;福建长汀天后宫中保有梳妆楼这一建筑形式,但规模相对较小(表4-8)。

4.2.2 天后宫、福建会馆的构造特征

天后宫、福建会馆遍布全国,带来的不仅仅是对妈祖文化的传播,更是将福建地区的建筑特色、建造工艺带到了全国各地,并与各地本土建筑文化相融合,形成了天后宫、福建会馆特有的建筑构造特征。本节结合笔者调研过的天后宫和福建会馆,对其构造特征进行阐述,因其规模较大,无法对整个建筑群一一阐明,所以,本节涉及的构造特征以天后宫、福建会馆中最重要的正殿建筑为例说明。

4.2.2.1 插梁坐梁式构架

插梁坐梁式构架[1]是闽南大型建筑中常用的大木构架形式,是抬梁式和穿斗式相结合的结构体系,既满足了建筑中较大功能空间的需求,又具有良好的稳定性。插梁坐梁式构架常见于大型天后宫、福建会馆的正殿中,并随着天后宫、福建会馆的发展,传播到全国各地(表4-9)。构架分为三通五瓜和二通三瓜式,其中,"三通五瓜"的结构以大通、二通、三通承五架梁,古时梁栿称为"通",大通代表清代构架中的七架梁,二通代表五架梁,三通即三架梁。大通、二通、三通上通过束木相互联系。束木是指梁架上相邻两根檩条之间起连接作用的弯枋构件,形如弯月,又称"束仔""弯弓""弯

[1] 曹春平. 闽南传统建筑[M]. 厦门:厦门大学出版社,2006.

表4-8 天后宫、福建会馆后殿

a 福建贤良港天后祖祠父母殿	b 福建长汀天后宫父母殿	c 福建长汀天后宫寝殿

表 4-9 天后宫、福建会馆结构体系

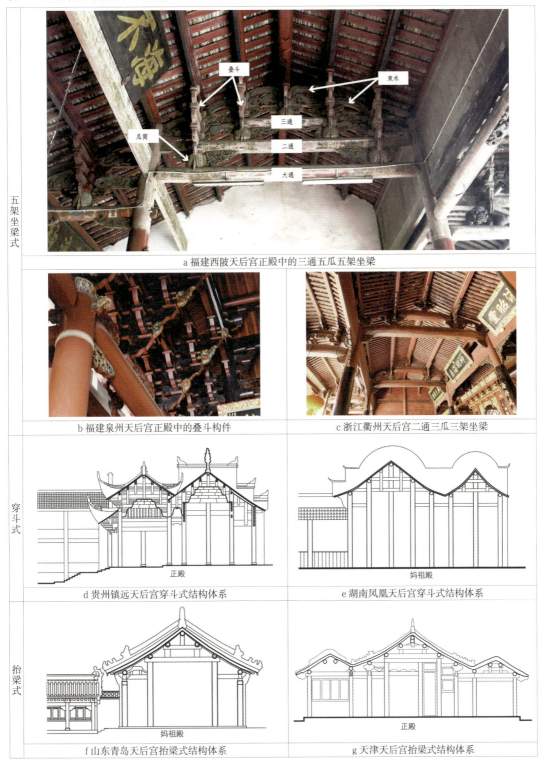

五架坐梁式	a 福建西陂天后宫正殿中的三通五瓜五架坐梁	
	b 福建泉州天后宫正殿中的叠斗构件	c 浙江衢州天后宫二通三瓜三架坐梁
穿斗式	d 贵州镇远天后宫穿斗式结构体系	e 湖南凤凰天后宫穿斗式结构体系
抬梁式	f 山东青岛天后宫抬梁式结构体系	g 天津天后宫抬梁式结构体系

插""虾尾插"。从整体构架体系来看,"插梁坐梁"直接通过檐柱、金柱承托檩条,或采用叠斗的形式斗上承接檩条,通梁、束木等构件直接穿入或穿过柱身,这是穿斗式结构的特征;而为增加室内跨度,前后金柱设大通梁,通梁以上瓜柱等构件之间坐于大通上,以承托二通、三通,这又体现了抬梁式的构架体系。插梁坐梁式构架的另一大特点为在梁柱上多用叠斗,如在福建泉州天后宫、西陂天后宫中都可以看到这样的做法。

小型天后宫、福建会馆的结构形式多受其传入地的地域建筑特色影响,北方的天后宫、福建会馆多采用抬梁式结构体系,如山东青岛天后宫,南方的天后宫、福建会馆多采用穿斗式结构体系,如贵州镇远天后宫。

4.2.2.2 斗拱

在天后宫、福建会馆的构架体系中,斗拱的运用非常普遍。起初,斗拱是在横梁和立柱之间挑出以承重的构件,将屋檐的荷载传递到立柱,解决了大面积挑空屋顶的受力问题。随着建造技术的发展,斗拱的形式由基本的垫托和挑檐构件转变为连梁。再进一步发展,斗拱的存在是为了保证建筑木构架的完整,主要承载天花板以及挑檐的受力。在木构架结构异常复杂、整体性也更好后,斗拱的承重功能逐渐减弱,形式也越发轻巧,排列更加密集,装饰功能尤为凸显(表4-10)。

从调研过的天后宫、福建会馆来看,斗拱所表现的海洋文化特征尤为突出。它不像宗教寺庙建筑的斗拱那般严肃工整,也不像一般官式建筑的斗拱那般严守法则,而是拟物象形,斗拱的部分构件直接做成云朵、浪花的形式,表现出丰富的文化传统和对于海神妈祖乘风破浪、云游于云端的想象,掺加进了当地民众对于海神文化的理解层次和表达形式,具有鲜明的海洋特性。

4.2.2.3 屋顶

不同地区的天后宫、福建会馆的屋顶形式带有各自的地方特色。妈祖的起源地福建地区多台风,所以福建地区小型天后宫的屋顶样式多采用硬山顶,以防止台风侵袭,而规模等级较高的天后宫则采用重檐歇山顶。福建地区的天后宫屋顶形式较为高耸,两端起翘,正脊生起明显,采用大弧度曲线,形成了非常丰富的天际轮廓线,充盈着活力和美感,具有典型的女性特征。其他地域的天后宫、福建会馆受当地建筑风格的影响,呈现不同的屋顶形式。山东地区的天后宫,屋顶正脊生起幅度较小,屋角基本无生起,采用的是山东的地方构架做法,明显区别于福建地区天后宫屋顶的普遍做法。贵州镇远天后宫,正殿屋顶砌筑为九脊重檐四面落水的歇山式,屋面

表4-10 天后宫、福建会馆斗拱形式

a 福建泉州天后宫山门斗拱

b 福建长汀天后宫正殿斗拱

c 浙江宁波庆安会馆戏台斗拱

d 贵州镇远天后宫正殿斗拱

e 湖南芷江天后宫戏台斗拱

f 山东青岛天后宫山门斗拱

起翘，是与苗族侗族建筑形式结合而成。"凤尾呈现向外伸展和蜷曲形状，彩色的五彩瓷在两端做成双龙戏珠形，四面的岔脊组合成一幅凤凰的图案，对应大龙脊形成龙凤呈祥。"[1]

当然，福建会馆也有受闽南建筑风格的影响，烟台福建会馆因由福建人建造，原形为泉州天后宫，所以其屋顶形式呈现鲜明的南方建筑地域特征。其大殿屋顶是重檐歇山顶，琉璃瓦屋面，屋顶正脊两端升起幅度大，屋脊起翘如燕尾，灵动而充满朝气，脊身上雕饰有鱼、荷花等水族动植物，与妈祖海神身份相符。正脊中间是一个太阳饰物，脊尾上置有两条龙，体形庞大，相对而望。整个屋顶轻巧灵动，富有美感（表4-11）。

[1] 黄贵武. 中国苗疆古城：镇远历史研究[M]. 镇远县史志办公室, 2004.

表 4-11 天后宫、福建会馆屋顶形式

a 湄洲妈祖祖庙重檐歇山顶

b 福建贤良港天后祖祠单檐歇山顶

c 福建西陂天后宫单檐歇山顶

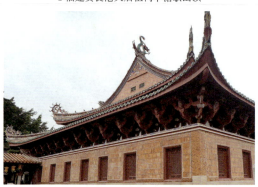
d 福建泉州天后宫重檐歇山顶

e 山东烟台福建会馆重檐歇山顶

f 贵州镇远天后宫重檐歇山顶

g 福建龙海埭美古村天后宫硬山顶

h 山东青岛天后宫硬山顶

i 山东荣成石岛天后宫硬山顶

[1] 赵素菊. 山东妈祖建筑初探[D]. 青岛: 青岛理工大学, 2008.

4.2.2.4 卷棚顶

闽南谚语说"庙歇神兴、膺斜人贫",意思是庙宇建筑的屋面坡度要陡斜才能显现巍峨,神仙的香火才能旺盛。但在中国古建筑构造中,脊檩、金檩、檐檩的生起值都非常有限,所以,很多重要的寺庙、祠堂建筑为了获得陡峭的屋面形式,常常将屋脊加高,增加脊部的陡峭形象,再在室内做相应处理,降低室内高度[1]。因此,在天后宫、福建会馆中便引入了可以达到这一效果的结构形式——"轩",即卷棚。卷棚顶一般用在正殿的前檐位置,以此降低室内高度,也起到由室外空间到祭拜空间的过渡作用。在内陆地区的一些福建会馆中,建筑内部的吊顶形式延续了这种构造方式,如贵州镇远天后宫就采用了这种形式(表4-12)。

表4-12 天后宫、福建会馆卷棚顶

a 山东青岛天后宫卷棚顶

b 浙江宁波庆安会馆卷棚顶

c 四川仙市天后宫卷棚顶

d 上海三山会馆卷棚顶

e 贵州镇远天后宫卷棚顶

f 湖南芷江天后宫卷棚顶

4.2.2.5 减柱造和移柱造

天后宫、福建会馆的正殿结构多采用减柱的形式，以创造相对开敞的祭拜空间。除正殿外，福建会馆中的戏台建筑因需要开敞的表演空间，多采用减柱和移柱的构造形式（表4-13）。福建西陂天后宫、芷江天后宫的戏台为减少柱子对表演者的干扰和遮挡，在二层的表演空间减去了两根金柱和中柱，为了增加对荷载的承受能力，保留底层的两根柱子。上海三山会馆、湖南凤凰天后宫的戏台，通过明间的四根中柱构成六边形平面，次间的两根中柱与明间的两根金柱之间砌墙，形成戏台的入口与出口，整个舞台的后侧塑造出一个向外扩散的空间。在调研的过程中也发现，若戏台面阔较大时，

表4-13 天后宫、福建会馆戏台构造形式

戏台就不需要采用减柱造或移柱造的形式，如衢州天后宫的戏台表演空间为三开间，足以满足表演的需求，无须做减柱处理。

4.3 天后宫、福建会馆的装饰与细部

4.3.1 装饰艺术

因天后宫、福建会馆供奉妈祖女神，所以其建筑装饰最直接地反映了妈祖文化的海洋性和女性特征，不仅精雕细琢，而且色彩艳丽，雕梁画栋。从天后宫、福建会馆的建筑装饰中可见妈祖信众对妈祖文化的追溯和赞颂。本节主要从装饰的题材和手法两个方面进行阐述。

4.3.1.1 装饰题材

天后宫、福建会馆的装饰题材丰富，多采用龙、凤、花鸟、戏文等内容，色彩艳丽，也有的雕刻鱼、虾等象征"水族朝圣"的内容，为海神信仰所特有。

（1）动物装饰

天后宫、福建会馆中的动物装饰多以龙、凤、麒麟等传说中的动物和具有美好寓意的蝙蝠、喜鹊等为主，这也是宫殿、庙宇、会馆等大型古建筑中极为常见的装饰题材（表4-14）。

表4-14 天后宫、福建会馆动物装饰

a 山东烟台福建会馆的凤	b 湖南芷江天后宫的龙凤

c 浙江宁波庆安会馆的凤	d 湄洲妈祖祖庙的龙

凤作为古代社会最高贵女性的代表，在天后宫、福建会馆中得到了广泛运用。如在山东烟台福建会馆山门的垂柱、斗拱、斜撑和云墩上雕有形态各异的凤凰，好似凤凰王国。除此之外，妈祖文化的重要特征是海洋性，装饰题材中可以看到很多象征海洋的鱼、虾、贝等动物。天后宫、福建会馆的建筑装饰多将各种珍奇异兽和海洋动物的形象抽象出来，提炼其主要特征，用来传达吉祥寓意，反映出不同建筑自身所要表达的文化特质。

（2）植物装饰

天后宫、福建会馆中的植物装饰多以能体现妈祖女性特征的牡丹、月季、荷花等为主。在天后宫、福建会馆中，植物的装饰形态非常丰富，有十分具象的牡丹雕刻，也有抽象的卷草纹样等，还有与中国传统建筑中类似的题材，如花中"四君子"——梅、兰、竹、菊。天后宫、福建会馆的植物装饰体现了古代社会所提倡的人的高贵品德，同时也是建造者地位的象征（表4-15）。

表4-15 天后宫、福建会馆植物装饰

a 浙江宁波庆安会馆的花草石雕	b 山东烟台福建会馆的花草木雕

c 福建长汀天后宫的花草木雕	d 福建西陂天后宫的花草木雕

（3）情景装饰

戏曲内容、历史深化故事、民间传说等装饰题材也经常被应用到天后宫、福建会馆中，如民间流传经久不衰的八仙，在烟台福建会馆、芷江天后宫、宁波庆安会馆等建筑中都可以看到。烟台福建会馆的山门上雕刻了长坂坡、华容道等有关三国故事的木雕图案，芷江天后宫宫门雕刻了仙翁弈棋、王子求仙等民间传说石雕作品，庆安会馆中刻画了渔樵耕读等人物故事，这些无不体现了装饰题材中深厚的文化底蕴（表4-16）。

（4）建筑场景

以建筑场景为装饰题材是天后宫、福建会馆建筑的另一大特色。在湖南芷江天后宫、浙江宁波庆安会馆建筑中，我们可以看到很多以建筑场景为装饰内容的石雕题材。芷江天后宫的宫门北侧次间上额板位置刻有一幅"武汉三镇"图，图中江涛滚滚，江中千帆竞发，江边店铺层层叠叠，店铺前设旗杆细如脚蚁，码头边楼阁耸然。之

表4-16 天后宫、福建会馆情景装饰

a 山东烟台福建会馆人物装饰

b 浙江宁波庆安会馆人物装饰

c 浙江宁波庆安会馆人物装饰

d 湖南芷江天后宫人物装饰

所以在此处天后宫的宫门上雕刻武汉江景，这与武汉当时的交通和商业地位有关。武汉素有九省通衢之称，是长江中游的商业大镇，水路交通四通八达，各地货物都到此集散，对四周地区有非常强大的影响力，湖南省就在其影响范围之内。而芷江又临舞水河，是沅江的支流，也是商业重镇，故其与武汉的关系非常紧密，湖南西部地区货物要经沅江运往武汉再转销各地，湘西所需货物要自武汉买入转至沅江再到各个城镇。可见，"武汉三镇"图是当时芷江生活的真实写照。与"武汉三镇"相对的是"洛阳桥"图。洛阳桥位于福建泉州，是古代泉州的标志性建筑物。在此刻"洛阳桥"，是客居异地的福建人思念故土的情感表达。这两幅图从侧面反映了当时我国商业繁荣发展的景象，也说明了福建和武汉对芷江的重要意义（图4-43）。

图4-43 浙江庆安会馆石雕　　　　左：武汉三镇 右：洛阳桥

（5）文字装饰

中国文字博大精深，文字类装饰题材是最具中国代表性的装饰形式，这一装饰题材最常见的形式是匾联。在天后宫、福建会馆中，匾联一般悬挂在建筑门楣的上方或挂于正殿中，以建筑群的中轴线呈中心对称布置。匾联上的文字多为皇帝御笔或文人墨客亲题，体现了历代皇帝对妈祖文化的高度关注。匾联所书内容，除"天后宫"外，多是对妈祖功德无量的最高赞誉，包含"神昭海表""弘慈普济""泽施四海""水德扬灵""庇国护民"等等（表4-17）。

4.3.1.2 装饰手法

天后宫、福建会馆建筑装饰运用了各种传统制作工艺，包括有木雕、石雕、砖雕和灰塑等。

（1）木雕

天后宫、福建会馆建筑装饰中的木雕工艺源远流长，雕刻技术超群。木雕雕刻在建筑的木构件上，经过雕刻技术的加工，原本生硬的建筑木构件变得轻巧精美，其中最普遍的木雕装饰构件有屋檐、梁

表 4-17 天后宫、福建会馆文字装饰

a 福建莆田湄洲妈祖祖庙天后殿牌匾

b 福建莆田贤良港天后祖祠山门牌匾

c 贵州镇远天后宫牌匾

d 湖南芷江天后宫牌匾

柱、垂花、门楼等。对于建筑不同部位的木雕，雕刻技术有所不同，通常有浮雕、镂雕、平雕、线雕等多种工艺手法，房间的隔断、门窗多采用镂雕的工艺，而梁架、柱头多采用浮雕等手法。此外木雕的装饰内容丰富多样，除了中国传统古建筑中常用的龙凤、蝙蝠、麒麟、花鸟、瑞兽等，还有很多体现天后宫、福建会馆独特海洋文化特征的装饰内容，如鱼、虾等海洋动物以及海草等水生植物的装饰纹样。一些木雕工艺上还施以彩绘、贴金等附加工序，塑造出丰富多彩的颜色，体现了天后宫、福建会馆建筑装饰中的女性特征。总之，木雕技术是天后宫、福建会馆中运用最广泛的装饰手法，木雕装饰有简有繁，使得整个天后宫、福建会馆的装饰韵味十足（表 4-18）。

（2）石雕

在天后宫、福建会馆中，大部分建筑都采用了极为精致的石雕工艺。石雕艺术在我国有着悠久的历史，其中闽南的石雕技术更是闽南民俗工艺的精髓，尤以惠安石雕闻名于世。闽南地区的石雕技术囊括了多元文化，选材非常广阔，最为人称道的当属蟠龙柱。蟠龙柱多

表4-18 天后宫、福建会馆木雕

a 浙江衢州天后宫木雕

b 上海三山会馆木雕

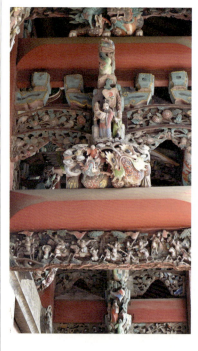

c 山东烟台福建会馆木雕

d 浙江丽水松阳天后宫木雕

见于正殿和山门的柱子上，集闽南地区高超的石雕工艺之大成。闽南的石雕工艺往往不拘泥于传统的创作手法，通过不断的学习和借鉴优秀的技艺和方法，取众家之长。而且闽南石雕技术来源于民间，并不是少数大师的独门秘籍，而是大规模群众性的创作活动，这为石雕技术能够跟随福建会馆传入外地提供了有利的条件。如烟台福建会馆建筑的山门、山墙顶部、门框、门槛、抱鼓石、柱础等建筑的装饰部位，雕满了飞禽走兽、花草、人物等各种精妙雅致的图案（表4-19）。

表4-19 天后宫、福建会馆石雕

a 福建泉州天后宫石雕	b 宁波庆安会馆石雕
c 湖南芷江天后宫石雕	d 上海三山会馆石雕

（3）砖雕

相较于石雕工艺，砖雕装饰设计常用在天后宫、福建会馆的照壁、牌坊、墙檐、门窗等建筑体积大、装饰较为明显的外墙中。砖雕多刻在青砖上，一般会保留砖的本色。青砖对选择材料、成型、烧制等工序要求非常严格，所以成品坚实且细腻，非常适合雕刻。在中国大型古建筑的装饰中，砖雕是极为重要的一种艺术形式，其装饰内容多以民间故事为主。庆安会馆中的宫门及大殿的墙面上刻有不少砖雕艺术品，有关于妈祖的传说，有民间戏剧中的人物事迹，还有反映沿海居民生活的渔樵农耕等故事情景。砖雕的装饰手法不仅丰富了天后宫、福建会馆中的建筑装饰，也体现了福建人在当时当地的影响力，成为建造者身份的象征（表4-20）。

（4）灰塑

灰塑也称彩塑、泥塑，是闽南地区在屋顶建筑装饰中常用的一种装饰手法。灰塑主要采用以石灰为主的材料，制作出形态各异、色彩绚丽的花卉鸟兽图案，呈现出较为立体的装饰效果，经常用在屋脊的脊垛、山墙的翘尾上。灰塑的装饰主体多为蕴含着吉祥如意的装饰图案，如"福禄寿""年年有余""千孙百子""岁岁平安"等。福建地区的灰塑以彩色为主，颜色较为艳丽，这也是闽南建筑特色的一种体现。其他地区的灰塑装饰较为古朴典雅，如庆安会馆、镇远天后宫、仙市天后宫等。这说明了不同地域的福建会馆中闽南建筑风格与本土建筑风格相融合（表4-21）。

天后宫、福建会馆的建筑装饰，无不透露出人们对妈祖的依赖、信奉和渴望妈祖庇佑的心理。建筑中的装饰造型充分反映了妈祖文

表4-20 天后宫、福建会馆砖雕

a 浙江宁波庆安会馆砖雕

b 浙江宁波庆安会馆砖雕

c 浙江衢州天后宫砖雕

化的内涵和特征,突出了妈祖文化中最典型的海洋性特征和妈祖的女性特征,进而充分印证了天后宫、福建会馆是妈祖文化的物质载体这一事实。天后宫、福建会馆的建筑装饰被赋予了深刻的教育意义和思想内涵,就像有了神圣的灵魂和强大的生命力一样,这也是妈祖文化得以传播的最直接有效的推动力。

表4-21 天后宫、福建会馆灰塑

a 浙江宁波庆安会馆灰塑　　b 贵州镇远天后宫灰塑
c 四川仙市天后宫灰塑　　d 福建西陂天后宫灰塑
e 福建泉州天后宫灰塑　　f 福建长汀天后宫灰塑

4.3.2 细部特点

4.3.2.1 蟠龙柱

天后宫、福建会馆的石雕中最具代表性的便是蟠龙柱。蟠龙柱大多分为 3 段：柱础为石基，中间为雕刻的石柱，顶部为木柱。蟠龙柱最精彩的部分当属中间雕刻有蟠龙的石柱部分，雕工十分传神，每一根石柱上盘着呈"S"形的石龙，龙头昂起，与对面的石龙对称而四目相对，呼之欲出，气韵生动，工艺精湛，体现了闽南工匠技艺超群的建造工艺。蟠龙柱是天后宫、福建会馆中最具保存价值的工艺品之一，具有极高的历史价值和艺术价值，这些雕刻精美的石柱象征了天后至高无上的地位。蟠龙柱多用在天后宫、福建会馆的山门、正殿，一般两两相对，龙的姿态基本相似，头上尾下，多为激荡雨浪、腾空而起直上九天的形象，称为"海龙"。龙柱上经常配以云纹、水纹或一些虾、蟹等水生动物，将龙的形象与妈祖文化的"海洋性"结合在一起（表4-22）。

4.3.2.2 柱础

柱础俗称磉磴或柱础石，是承受屋柱压力的垫基石。木架结构房屋的柱子上一般都有柱础，一是为防止屋内的柱子潮湿腐烂，二是为加强柱基的承压能力。

随着手工业的发展，柱础的形式开始丰富起来，且多雕刻精美的图案。天后宫、福建会馆的柱础多种多样，有简单的无雕琢的鼓式，也有雕刻精美的花盆形、瓶形、葫芦形，有常见的方形、圆形，亦有少见的八边形。柱础大小基本相同，尺度宜人。鼓形柱础是天后宫、福建会馆中比较常见的柱础形式，整个柱础呈鼓的形状，烟台福建会馆、宁波庆安会馆等福建会馆中都有这一形式的柱础。组合式柱础也是福建会馆中常见的柱础形式，宁波庆安会馆大殿外檐柱采用的就是组合式，下层为六边形、圆形，上层多为鼓形。还有一些更为复杂的柱础形式，底部为八角形，上置莲瓣覆盆，或者在柱座上放置一个圆盘形石质。大型的天后宫、福建会馆中的柱础上多雕刻各式各样的装饰图案，庆安会馆的柱础上雕刻建筑的剪影，还有一些雕刻花草的图案（表4-23）。

表4-22 天后宫、福建会馆蟠龙柱

a 福建湄洲祖祖庙蟠龙柱

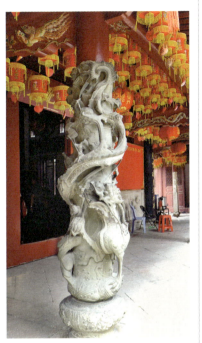

b 福建泉州天后宫蟠龙柱

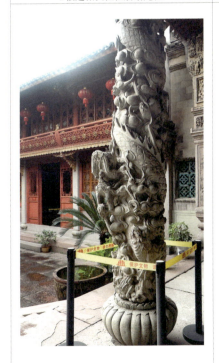

c 福建宁波庆安会馆蟠龙柱

d 山东烟台福建会馆蟠龙柱

表 4-23 天后宫、福建会馆柱础

	a 宁波庆安会馆柱础	

b 上海三山会馆柱础	d 四川仙市天后宫柱础	

c 泉州天后宫正殿柱础	e 山东烟台福建会馆柱础	f 贵州镇远天后宫柱础

4.3.2.3 藻井

天后宫、福建会馆的戏台是在重大纪念活动时表演节目的场所，几乎每一座戏台内都有一个重要的构件——藻井。藻井位于戏台顶部的中央，底部多为圆形或正六边形、正八边形，其结构体系通过木构件层层叠起，最后汇聚于一点而形成。藻井除具有很强的装饰性以外，最大的作用在于它的"扩音效果"，藻井可以将表演空间的声音很快地吸收到屋顶内，起到拢音的效果，并将声音清晰地传到观演空间的每个角落，起到扩音的作用。

藻井是天后宫、福建会馆中重要的装饰部位。它是中国传统宫庙建筑中最为独特的部分，其主要结构由烦琐的木构件组合而成，而主要装饰围绕着木构件展开。通常情况下，藻井为向上隆起的井形装饰，呈圆形和正多边形，周围施以彩绘、雕刻、纹样等。除设置在戏台外，藻井也存在于一些天后宫的主殿中，如湄洲妈祖祖庙中的大殿就有藻井装饰（表 4-24）。

表 4-24 天后宫、福建会馆藻井

a 福建湄洲妈祖祖庙藻井

b 浙江宁波庆安会馆藻井

c 福建泉州天后宫藻井

d 上海三山会馆藻井

e 福建西陂天后宫藻井

f 福建芷江天后宫藻井

4.3.2.4 外墙的红砖艺术

红砖墙体是闽南建筑中最具特色的装饰手法，常见于建筑的正身墙和山墙部位。在福建，色彩艳丽的红砖已经不仅仅作为建筑材料使用，更成为一种装饰特色，在天后宫、福建会馆中得到了广泛的应用。如泉州天后宫的山门、正殿采用了红砖墙面，由红砖组成的图案丰富多样。闽南建筑中绚丽的红砖红瓦，不仅体现了妈祖文化对其的深远影响，更体现了妈祖的女性特征。因此，红砖墙体随着妈祖文化被带入其他地域，如烟台福建会馆山门的山墙位置使用了红砖装饰，上海三山会馆的山门也由红砖建造（表4-25）。

4.3.2.5 屋脊

闽南大型传统建筑非常强调屋脊起翘，且起翘多显著，使得正脊弯曲很大，从而让屋顶看起来更加灵动。屋顶正脊两端起翘呈尖脊，样子似燕尾，且两端末端分叉为二，俗称"燕尾脊"。燕尾起源于中国宫廷建筑的鸱尾，燕尾屋顶代表了神圣不可侵犯的意义[1]。燕尾有单曲和双曲之分，顶部较高耸，两端多镶嵌色彩斑斓的花鸟虫鱼瓷雕等，再加上屋脊曲线的强调处理，形成丰富的天际轮廓线。随着福建会馆的建立，"燕尾脊"也传播到各个地区（表4-26）。

[1] 许勇铁. 燕脊红瓦，岁月留痕——闽南红砖大厝的装饰艺术探微[J]. 建筑知识，2004(6)：5-8.

表4-25 天后宫、福建会馆红砖墙体

a 福建贤良港天后祖祠父母殿

b 福建长汀天后宫父母殿

c 福建长汀天后宫寝殿

表 4-26 天后宫、福建会馆燕尾脊

a 福建湄洲妈祖祖庙燕尾脊

b 福建泉州天后宫燕尾脊

c 福建平海天后宫燕尾脊

d 山东烟台福建会馆燕尾脊

e 浙江宁波庆安会馆燕尾脊

f 上海三山会馆燕尾脊

本章小结

本章具体分析了天后宫、福建会馆在建筑形态上的共性，是本书的重要内容。

本章首先从天后宫、福建会馆的选址、布局入手，寻找天后宫、福建会馆在整体格局上的共性特征；随后深入到建筑层次，分析了天后宫、福建会馆的各个单体建筑及构造特征；最后深入到细部，对天后宫、福建会馆的装饰艺术及细部特征进行详细阐述。本章涉及的天后宫、福建会馆，均经过笔者的实地调研，因为时间和能力所限，可能还有部分天后宫、福建会馆无法涉及。但以调研资料为依托，探寻天后宫、福建会馆之间的传承与演变，为本书的观点论述提供了广泛的基础资料。

本章从实地考察调研的 30 座天后宫、福建会馆中,选取了 10 个典型案例,其中基本涵盖了全国大陆地区天后宫、福建会馆中的全国重点和省级文物保护单位,这 10 座天后宫和福建会馆因各自不同的建造原因、所处不同的地域环境而各具特色,又因为妈祖文化联系在了一起。本章是对天后宫、福建会馆的个案研究,详细论述不同时期天后宫、福建会馆建筑的建筑形态特征,在时间纵轴上展现天后宫、福建会馆建筑与所在地域的文化状态、演变特征及其内在动因。

5 天后宫、福建会馆建筑实例分析

5.1 宋代天后宫建筑实例分析

宋代是天后宫的萌芽期，天后宫的分布多集中在福建地区，由福建商人、渔民等建造。这一时期的天后宫在建筑形制上较多地呈现为寺庙建筑特征，由山门、天后殿、寝殿、梳妆楼、钟鼓楼等建筑组成，主要功能为祭祀妈祖，是福建地区民众精神寄托的场所。

5.1.1 福建莆田湄洲妈祖祖庙

湄洲妈祖祖庙建筑群是目前世界上规模最大的妈祖庙建筑群，位于福建省莆田市湄洲岛上，依山傍海，是所有天后宫、福建会馆的祖庙。很多天后宫、福建会馆祭拜的妈祖像都是由此分灵出去的（图5-1）。

5.1.1.1 历史沿革

湄洲妈祖祖庙于北宋雍熙四年（987年）建立，最初叫"神女祠"，庙宇较小，供奉"通贤灵女"，即妈祖。没过多久海商三宝第一次扩建，至北宋仁宗天圣年间（1023—1032年）又增建廊庑。福建两司官捐楮币万缗于开庆元年（1259年）助修，泉州卫指挥周坐于明洪武七年（1374年）重建寝殿，又建香亭、钟鼓楼、山门。又有张指挥创建一座朝天阁，祖庙逐步完善。后郑和先后三次来湄洲，由朝廷和郑和共同出资，对祖庙进行全面整修扩建。

图5-1 湄洲妈祖祖庙

清康熙二十二年（1683年），朝廷命兴化海防厅张同、兴化府同知林升将原朝天阁改建为正殿，与钟鼓楼、山门同属一条轴线，并在轴线末端另建朝天阁。施琅在朝天阁旁又捐建一座梳妆楼。后在光绪三年（1877年）、民国三十六年（1947年）进行过重修。目前，湄洲妈祖祖庙是我国重要的旅游胜地，同时也是全国重点文物保护单位，来自世界各地的参观和朝拜的人络绎不绝。

5.1.1.2 建筑现状

（1）平面布局

现存的湄洲妈祖祖庙依山势而建，以正殿为主要轴线，纵深300多米，高差40多米。由山脚而上，要经过长廊、山门、圣旨门再到正殿，共有320步台阶。正殿前广场两侧分布着钟楼、鼓楼，穿过正殿继续向上是朝天阁（图5-2）。

目前，祖庙建筑群中的正殿和天后殿中都供奉妈祖。天后殿（寝殿）是祖庙建筑群中最核心的建筑，殿前有大片空地，为主要祭祀广场。现在的天后殿是在北宋雍熙四年（987年）修建妈祖庙的基础上多次翻新修建的，其中供奉着"出巡妈祖""宋代千年樟木妈祖金身神像""镇殿妈祖"三尊妈祖神像，以及妈祖水阙仙班部下和多个属神、协侍神。主殿正梁悬挂的《神昭海表》匾额是清雍正皇帝御笔，内部的立柱上还对称地题有"四海恩波颂莆海""五湖香火祖湄洲"两句楹联。

（2）空间结构

① 圣旨门

圣旨门也称"仪门"，始建于清代，台湾大甲镇澜宫董事会捐资于1989年重建。因历朝历代统治者36次都在这里颁布褒封妈祖的"圣旨"，故被称为"圣旨门"。圣旨门为三重檐三开间进制，竖匾悬挂正中上书金碧辉煌的"圣旨"二字。古时的圣旨门神圣而威严，有通过此门时"文武百官下轿下马"的说法。仪门背面书有歌颂妈祖懿德普天的对联："历代褒封崇懿德，环球利涉赖慈航"（图5-3）。

② 钟鼓楼

钟鼓楼是中国寺庙建筑中的标配，天后宫中也常常设有钟鼓楼。祖庙中的钟鼓楼建于清代，1989年重修。钟鼓楼原为佛教寺中早晚报时之用，祖庙中也是如此，即日出敲钟，日落打鼓，昭示在妈祖保佑下风调雨顺，物阜民丰。祖庙钟鼓的敲打时间是清晨（春夏5:00、秋冬5:30）及傍晚（春夏17:00、秋冬17:30），均为钟一声，鼓两响，交替进行，一共钟36声，鼓72响（图5-4）。

图 5-2 湄洲妈祖祖庙平面示意图

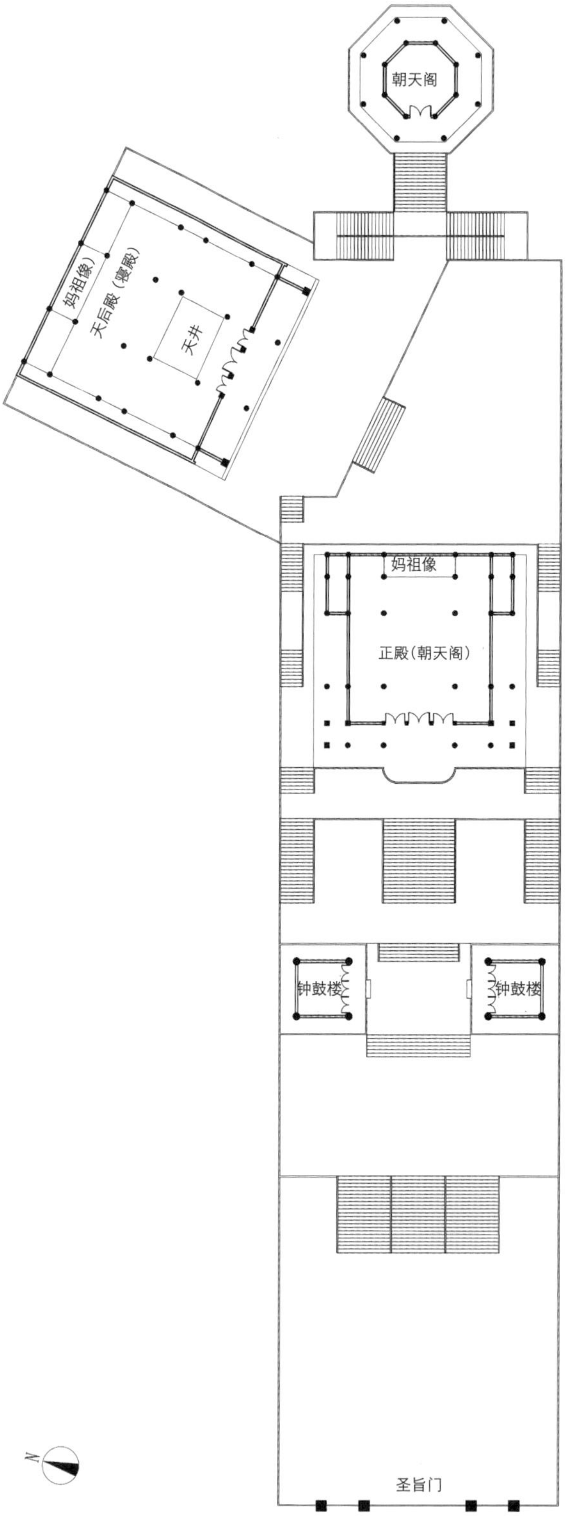

→图 5-3 圣旨门
↘图 5-4 钟鼓楼
↓图 5-5 正殿（朝天阁）

③ 正殿（朝天阁）

正殿于明成祖元年（1403 年）三宝太监奉旨派官员建造，原为朝天阁。清康熙二十二年（1683 年），福建总督姚启圣将原朝天阁改为正殿，从而使祖庙的所有建筑保持在同一轴线上。因姚启圣加太子太保，在民间被敬称"太子公"，所以正殿又称"太子殿"。正殿仍保有清代建筑风格，为三开间一进深的抬梁式结构建筑，屋顶为重檐歇山顶，殿内供奉有妈祖及仙班（图 5-5）。

图 5-6 天后殿（寝殿）及祭祀广场

④ 天后殿（寝殿）

天后殿是妈祖祖庙中最重要的殿堂之一，始建于宋雍熙四年（987年），民间又称"寝殿"。天后殿坐北朝南，占地面积238平方米，于明洪武七年（1374年）由泉州卫指挥周坐重新修建，永乐初和宣德六年（1431年）郑和、康熙二十二年（1683年）太子公姚启圣、康熙二十三年（1684年）靖海侯施琅分别对寝殿加以翻新修建，目前存在的建筑是民国年间再度重修的。天后殿仍保有明代布局和清代的风格，部分构件为清代遗存。整个天后殿由门殿、主殿和两庑构成，主殿规制为三开间、五进深，主体结构形式为抬梁式，屋顶为单檐歇山顶（图5-6）。

湄洲妈祖祖庙顺应山势而建，空间层次丰富，在一个序列上有圣旨门、钟鼓楼、正殿、天后殿、朝天阁（图5-7）等建筑物，建筑单体之间通过广场连接，整个建筑群依山傍海，气势恢宏（图5-8～图5-10）。

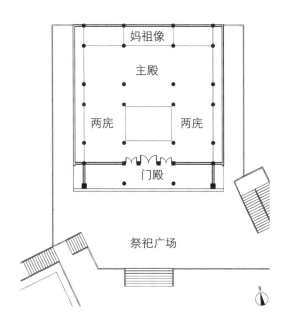

▼ 图 5-7 朝天阁
↗ 图 5-8 湄洲妈祖祖庙天后殿平面示意
↓ 图 5-9 湄洲妈祖祖庙纵剖面示意图
↓ 图 5-10 湄洲妈祖祖庙天后殿纵剖面示意图

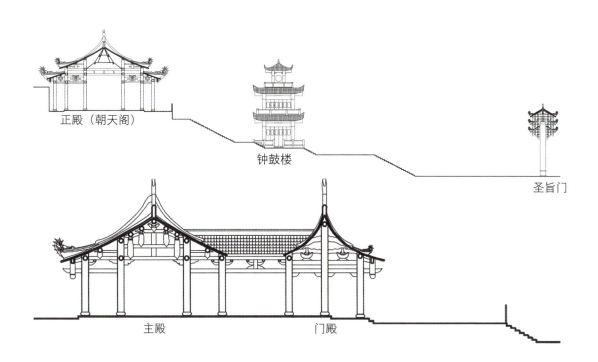

(3)装饰艺术

我国古代建筑带有强烈的地域性色彩，湄洲妈祖祖庙也继承了福建当地的建筑特色。福建地区的传统建筑最主要的特色在于屋顶，非常强调屋顶的曲线。相较于其他地区，其正脊显得高耸异常，有高高扬起的燕尾式屋脊，整个建筑的屋顶线条流畅，使得建筑看上去更加灵动（图5-11）。燕尾脊具有丰富美观的装饰性，同时也蕴含了"燕子归巢"的含义，寄托了亲人盼望外出劳作的家人平安归来的美好愿景。

湄洲妈祖祖庙的另一大特色是正殿中的藻井（图5-12），藻井采用正方形和八边形组合的建造形式，共有4层。第一层为正方形，由12个弧形木架分割成米字形的两层木质栅格组成。第二层为正八边形，由斗拱平均划分为8份，支撑起第三层的木骨架，每个斗拱的节点上还雕刻着飞天造型的神像。最后一层是用木头做成的太极八卦图。藻井采用正八边形和太极八卦，象征着妈祖保佑天地八方平安吉祥、去除天地八方灾难、享受天地八方福分的神性。整个藻井的建造不用一钉一铆，工艺精湛巧妙。

福建地区的传统装饰工艺非常精美，湄洲妈祖祖庙正殿的蟠龙柱（图5-13）即是装饰艺术中最具历史价值和艺术价值的工艺品。在妈祖祖庙中还可以看到大量木雕、石雕、砖雕和灰塑等装饰手法，如正殿室内装饰的石雕柱础和立柱梁架，它们已经不仅是承重体系，还是重要的装饰构件，用来传达文化和寓意（图5-14～图5-17）。

5.1.2 福建莆田贤良港天后祖祠

贤良港天后祖祠坐落于福建省莆田秀屿区忠门镇，与妈祖祖庙仅一海之隔。天后祖祠原为最早的林氏宗祠，逐渐转变为百姓祭祀妈祖的场所，是最早的妈祖祖祠之一（图5-18）。

5.1.2.1 历史沿革

北宋起，妈祖信仰就传入贤良港，并立庙祭祀妈祖。贤良港和湄洲岛隔海相望，又是湄洲岛往返大陆必经的渡口码头，所以湄洲岛在妈祖羽化后兴建妈祖庙对贤良港立即产生影响，很快贤良港渡口码头也兴建起妈祖庙。到了南宋时期，朝廷褒封妈祖父母后，贤良港又在林氏祖祠内供奉妈祖先祖和妈祖父母像。这就是最初的妈祖祖祠、天后祖祠。贤良港天后祖祠历经多次迁徙、整修，逐渐形成现在的规模。今祠内仍保存着宋代妈祖像、清乾隆石刻碑记及临近的"妈祖故居""受符井""八封井""连础面柱"等宋代文物。

▲图 5-11 正殿屋脊　　　　　　▲图 5-12 藻井
▼图 5-14 妈祖神龛装饰　　　　▼图 5-13 蟠龙柱
▼图 5-16 正殿梁架上木雕　　　↘图 5-15 垂花木雕
　　　　　　　　　　　　　　　▼图 5-17 正殿梁架上木雕

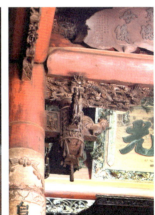

贤良港天后祖祠1989年辟为"莆田县贤良港天后祖祠游区",1991年列入省级文物保护单位。

5.1.2.2 建筑现状

（1）平面布局

天后祖祠坐北朝南，依山傍水，是一座封闭式的较为完整的院落式建筑。建筑的整体布局与中国传统建筑布局相似：左右对称，主次分明，整个建筑群呈中轴对称，轴线上由山门、官员拜庭、正殿、后殿4部分组成（图5-19、图5-20）。其中，正殿为砖木结构，三开间、三进深，总建筑面积580.56平方米，长47.8米、宽11.56米。正殿与官员拜庭相连，官员拜庭布置天后祖祠中最为独特的建筑。据载，乾隆五十三年（1788年）圣旨谕天后本籍祠，令地方官春秋二祭，此拜庭即供地方官祭拜之用，这也是天后祖祠中独具特色的建筑物（图5-21～图5-24）。

天后祖祠背山面水，与周边环境相互融合，根据地形的高低，因势而建，层次分明，体现了人与自然和谐相处的建造理念。

（2）空间结构

相较于其他天后宫，贤良港天后祖祠的建筑较为古朴，其结构类型以抬梁式为主。与湄洲妈祖祖庙不同，贤良港天后祖祠整个建筑群周围设有墙垣，形成相对封闭的空间环境，从山门进入整个建筑群之前还设有一道门。正殿是天后祖祠最高大的建筑物，为单檐歇山式，燕尾脊，垂脊装饰简朴。正殿与官员拜庭相连，遮光，更显得神秘。妈祖神像居暖阁内正位，为宋代艺术作品。后殿为开敞式，未筑大门，单檐硬山顶，殿内供奉妈祖父母像，也称"父母殿"，是天后祖祠的主要建筑特色之一（图5-25）。

（3）装饰艺术

相较于湄洲妈祖祖庙，贤良港天后祖祠略显古朴。福建当地的建筑特色在贤良港天后祖祠也有所体现，如屋顶形式仍能看到燕尾脊的标志性特征，福建人擅长的木雕在天后祖祠中也随处可见（图5-26～图5-29）。

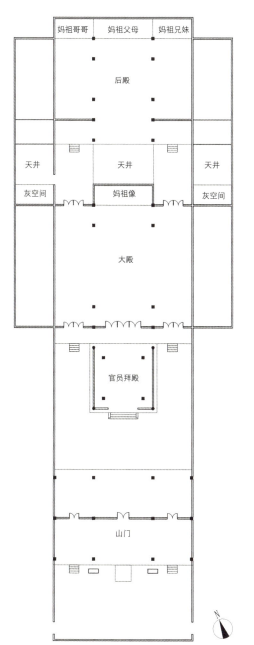

↑ 图 5-18 贤良港天后祖祠
↓ 图 5-19 贤良港天后祖祠总平面图
← 图 5-20 贤良港天后祖祠平面示意图

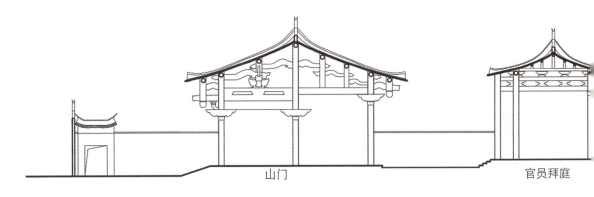

山门　　　　　　　官员拜庭

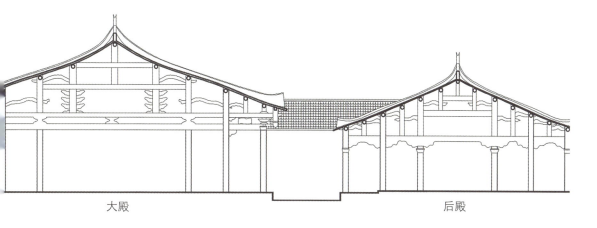

大殿　　　　　　　　　　　　　　　　　　后殿

◀ 图 5-21 官员拜庭
◢ 图 5-22 正殿供奉的宋代妈祖像
◣ 图 5-23 后殿
◣ 图 5-24 正殿与后殿之间的天井
▼ 图 5-27 透雕
▲ 图 5-25 贤良港天后祖祠纵剖面示意图
▼ 图 5-26 燕尾脊
▼ 图 5-28 木穿梁结构装饰
◤ 图 5-29 大殿结构体系

图 5-30 泉州天后宫

5.1.3 福建泉州天后宫

泉州天后宫（图 5-30）位于福建省泉州市鲤城区南门天后路。宋元时期，泉州是我国最大的海外贸易港口，因漕运及海外贸易的发展，妈祖由此向更远的地域传播。泉州天后宫在海内外天后宫、福建会馆建筑中礼制规格最高，是大陆天后宫中第一座全国重点文物保护单位（1987 年）。

5.1.3.1 历史沿革

泉州天后宫原为"顺济宫"，始建于宋庆元二年（1196 年）。宋代和元代，泉州成为世界商贸港口之一。元至元十八年（1281 年），为发展海上贸易，元文宗下诏"加泉州海神曰护国庇民明著天妃"，在泉州天后宫举办祭祀和褒封妈祖的典礼。明永乐五年（1407 年）郑和奏令福建镇守官重新翻修此庙。永乐十三年（1415 年），少监张谦出使渤泥（今加里曼丹岛文莱一带），从泉州浯江（顺济桥一带称浯江）出发，出发前再次重修并改为"天妃宫"。清康熙二十三年（1684 年）施琅平定台湾，皇帝敕封妈祖为"护国庇民妙灵昭应仁慈天后"，更宫名为"天后宫"。康熙二十四年（1685 年），礼部郎中雅虎到天后宫祭拜。雍正元年（1723 年）御书牌匾"神昭海表"悬挂于殿中。泉州天后宫后经历朝历代的修复，现存的建筑群仍保存有宋代和明清时期的一些构件。

5.1.3.2 建筑现状

（1）平面布局

泉州天后宫总建筑面积1 200多平方米，坐北朝南。总体布局大致是：沿中轴线由南向北布置山门、戏台、正殿（天后殿）、寝殿、梳妆楼，中轴线两侧依次设有东西阙、东西廊、东西轩、四凉亭、两斋馆等。其中正殿、凉亭和廊轩为明清时构件保留至今。

泉州天后宫属于寺庙建筑，所以建筑布局以祭祀功能的天后殿为中心，沿南北向前后展开，且山门两边设有钟鼓楼。天后殿规模较大，采用廊院式，前面设有一重门殿，门殿后为供奉妈祖的正殿，殿前与戏台共同形成天后宫中重要的祭祀与观演空间。正殿前院落宽敞，其后还有两进较为私密的院落，院落两边布置廊道及凉亭等附属建筑，建筑群的周围设有墙垣及角楼。泉州天后宫是现存天后宫中少有保留梳妆楼的天后宫之一（图5-31、图5-32）。

（2）空间结构

① 山门

泉州天后宫原山门、马戏台因筑公路被拆毁，今山门移用清代晋江县学横星门，面阔五开间23.23米，檐廊深3.93米，高9.42米。前檐石柱为蟠龙柱，两侧有石雕麒麟，螭虎窗。屋顶为重檐四坡顶，角脊犹如凤尾伸展，线条优美，颜色艳丽。

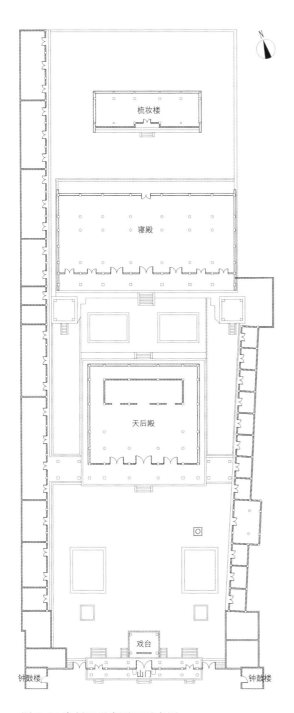

图5-31 泉州天后宫平面示意图

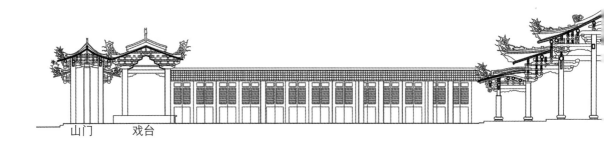

建筑结构为雕花漆绘木构斗拱,华丽而壮观(图5-33)。

② 戏台

戏台与山门相连,面向正殿,坐南朝北。戏台台高1.3米,宽6.4米,深5.15米,总高8米。室内顶部结构形式为木构斗拱及藻井,并施以彩绘、雕饰,具有典型的闽南建筑特色。从戏台的功能来说,泉州天后宫的戏台为正殿服务,在举行祭祀妈祖活动时供演戏酬神用,因此使用频率不高,故戏台等级较低,规模较小(图5-34)。

③ 天后殿

泉州天后宫天后殿即正殿,是天后宫中明清木构建筑保存较为完好的建筑之一。天后殿高12米,进深25.6米,面阔24.6米,占地面积635.5平方米,殿前有专为祭祀活动所用的场所空间。天后殿周围设有高出地面1米的由花岗岩砌筑的台基。与其他天后宫有所不同,泉州天后宫天后殿在结构上增设拜廊,也称檐廊,使得进深大于开间,增大了祭拜空间。天后殿屋顶采用重檐歇山顶,整个建筑高大挺拔,象征了妈祖崇高的地位。天后殿是泉州天后宫中装饰最为华丽的建筑之一,屋顶以灰塑为主,多以龙、凤为装饰内容,梁、柱、枋等木构件上也多有彩绘、雕刻,使整个建筑色彩明亮,对比强烈(图5-35)。

④ 寝殿

寝殿为明代大木构建筑,屋顶为悬山顶,没有过多华丽的装饰,更显质朴(图5-36)。其地坪比天后殿高出1米多,两侧有翼亭、斋馆。寝殿前的院落比天后殿前狭小,是天后宫中相对私密的院落

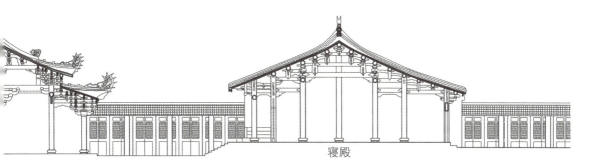

↑ 图 5-32 泉州天后宫纵剖面示意图
↓ 图 5-33 山门
↓ 图 5-34 戏台

↑ 图 5-35 天后殿
→ 图 5-36 天后殿供奉妈祖像
↘ 图 5-37 寝殿
↘ 图 5-38 梳妆楼

空间。寝殿后为梳妆楼，原为木构牌楼式建筑，楼前有长廊扶栏。现梳妆楼为新建建筑，并作为宿舍使用（图 5-37、图 5-38）。

（3）装饰艺术

泉州天后宫的建筑很好地体现了福建当地的建筑特色。建筑结构采用了福建当地建筑经典的木结构和红砖白石墙体组合，建筑造型包含具有闽南特色的燕尾脊（图 5-39）以及富有宗教文化特色的石雕构件蟠龙柱等。木雕、石雕、砖雕是天后宫中最具代表的装饰手法，在泉州天后宫建筑的山墙、屋檐、入口、天井四周以及门框、门槛、抱鼓石、柱、梁、勒角、台阶、柱础、栏杆等建筑装饰部位上，随处可见飞禽走兽、花草、人物等各类雕刻精美的图案（图5-40～图5-48）。

值得一提的是，泉州天后宫的寝殿保留了一对十六面青石雕元代印度教寺庙石柱，属国家木构建筑之瑰宝。其石础为花岗岩质的圆形仰莲瓣的浮雕，石柱之上再接2/3木柱，上刻有一副楹联："神功护海国，水德配乾坤"。

5.2 元明时期天后宫、福建会馆建筑实例分析

元明时期，天后宫的发展得到进一步扩张，天后宫随着漕运的发展由南方扩大到北方沿海地区。元明时期的天后宫打破了宋代较为单一的模式和规范，形式愈加多样，又因其传播范围之广，建筑风格各异，展现了与传入地地域特色相融合的建筑形态。明后期，会馆建筑产生，福建会馆成为福建人在异地"联乡谊、诉乡情"的场所，天后宫的主要功能也由单一的祭祀功能向兼具集会功能转变。

5.2.1 山东青岛天后宫

青岛天后宫位于青岛市太平路19号，是青岛市区现存最古老的明清砖木结构建筑群，也是北方最具代表的天后宫之一。1982年公布为市级文物保护单位，2006年山东省人民政府将其列入省级文物保护单位（图5-49）。

图5-39 燕尾脊

↑图 5-40 山门蟠龙柱
↗图 5-41 正殿蟠龙柱
➘图 5-42 寝殿石柱

↑图 5-40 戏台藻井
↗图 5-44 砖雕浮雕
➘图 5-45 红砖墙体

↑图 5-46 贴金及彩绘装饰
↗图 5-47 木雕装饰
➘图 5-48 斗拱

图 5-49 青岛天后宫

5.2.1.1 历史沿革

青岛原为滨海渔村,归即墨管辖。明万历年间开放了青岛海口,从此有了"青岛口"。青岛口被辟为港口后,大力发展海运事业,吸引了大量商人、旅客聚集于此(图 5-50)。青岛天后宫于明成化三年(1467 年)建造,原名"天妃宫",清康熙二十三年(1684 年)改名"天后宫"。据《太清宫志》记载,天后宫由青岛村胡氏家族捐地建庙,后历经明崇祯十七年(1644 年)、清雍正十一年(1733 年)、同治四年(1865 年)、同治十三年(1874 年)、光绪二十四年(1898 年)及民国二十八年(1939 年)多次维修扩建,形成规模,有殿宇 16 间,建筑面积约 1 200 平方米(图 5-51、图 5-52)。

5.2.1.2 建筑现状

(1)平面布局

青岛天后宫在平面布局上延续了天后宫的特征,沿轴线呈中心对称布局,共有 2 进院落(图 5-53)。青岛天后宫沿轴线分布有戏台、牌坊、正殿,两旁分设钟鼓楼、厢房等。与其他天后宫不同的是,青岛天后宫融入其他神像的祭祀,在轴线两边另分布有药王庙、送子娘娘庙、督财府、龙王殿等配殿(图 5-54)。

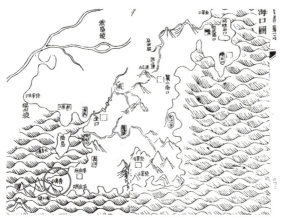
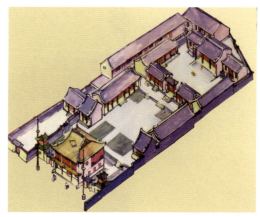

↑图5-50 清同治《即墨县志》海口图 图片来源：作者根据《即墨县志》改绘
↗图5-51 天后宫旧影
↓图5-52 晚清时期天后宫戏楼
↓图5-53 青岛天后宫总平面图 图片来源：摄于青岛天后宫

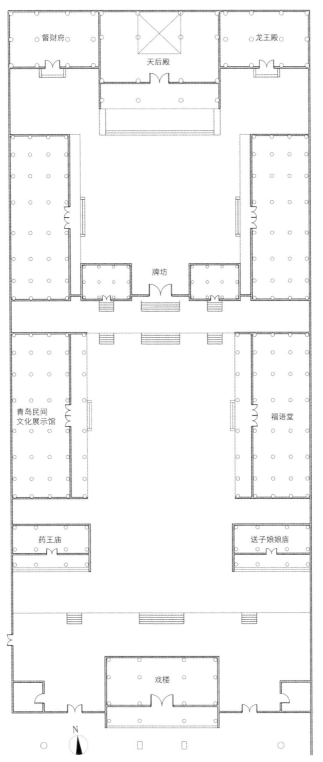

图 5-54 青岛天后宫平面示意图

(2)空间结构

① 戏台

戏台是根据1996年的戏楼相片等资料修建复原的以清官式建筑风格为主的楼阁建筑。戏台与山门合二为一，即一层为山门，形成入口空间，二层为表演空间。整体为凸字形平面，面阔三间。一层三面加腰檐，二层为庑殿顶，采用黄琉璃加绿琉璃剪边，屋架为直梁抬梁式结构，梁枋上施苏式彩绘（图5-55）。戏台两侧置钟鼓楼（图5-56）。

② 牌坊

与其他天后宫不同，青岛天后宫戏台正对着牌坊，牌坊于1996年重建，正中悬挂"神明默佑"牌匾。牌坊后两侧有两块碑石，刻录了清同治四年（1865年）和清同治十三年（1874年）重修天后宫的事迹（图5-57）。

③ 正殿

牌坊正对面为正殿，也称"天后殿"。正殿面阔三间，宽10.4米，深6.6米。主体结构形式为抬梁式，屋顶为硬山式，且屋面无起翘，采用了典型的北方屋面做法。正殿前檐采用卷棚顶，为南方建筑中用来降低室内空间的做法，也是天后宫建筑中最常见的一种构造做法。此处的卷棚顶是1996年正殿维修时重新设计的（图5-58）。正殿两侧设配殿督财府、龙王殿（图5-59、图5-60）。

↖图5-57 牌坊　　↗图5-55 戏台
↖图5-58 正殿　　↘图5-56 钟鼓楼
↘图5-59 龙王殿　　↓图5-60 青岛天后宫纵剖面图

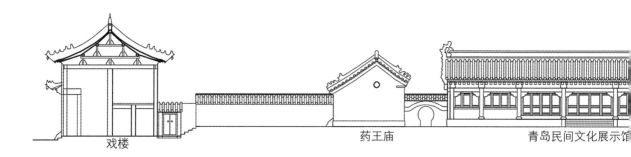

5 天后宫、福建会馆建筑实例分析 \ 143

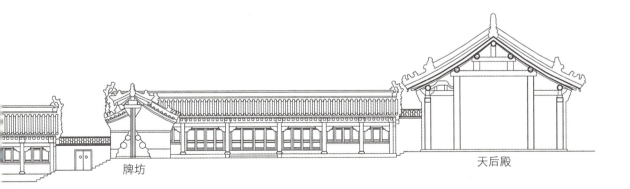

牌坊　　　　　　　　　　　　　　　　　　　　　　　天后殿

（3）装饰艺术

青岛位于我国北方沿海，一方面，青岛天后宫的传入虽然受到海洋文化的影响，但呈现出与福建地区的天后宫不同的建筑风格，更多地体现了北方的建筑样式而显得质朴。另一方面，青岛天后宫作为妈祖文化的物质载体，在装饰特色上仍可以看到许多代表妈祖文化的部分。如山门前檐上的斗拱多为"云朵""浪花"的形状，极具海洋特色。另外，青岛天后宫中的彩绘艺术在青岛地区的古建筑中可谓首屈一指，如戏楼大梁上的包袱画绘有金陵十二钗等红楼人物以及春秋故事"吹箫引凤图""敦煌飞天图"等（图5-61～图5-64）。

▲图5-61 屋顶形式
▶图5-62 斗拱、彩绘
▼图5-63 彩绘1
▼图5-64 彩绘2

5.2.2 福建西陂天后宫

西陂天后宫坐落于福建省龙岩市永定区高陂镇西陂村，位于鲜水塘边上，是全国少见的塔式天后宫建筑。西陂天后宫于2006年5月被列入第6批全国重点文物保护单位（图5-65）。

5.2.2.1 历史沿革

西陂天后宫始建于明嘉靖二十一年（1542年），是由七世祖贡山公太牵头，因养子林大钦于明嘉靖十一年（1532年）高中状元奉旨建造。建筑主体为塔形楼阁结构，也是天后宫中最早建成的建筑。后由十三世祖昇峻公牵头兴建了戏台、山门，整座建筑群历时100年，于清乾隆年间建成，故有"西陂天后宫七代人马建成功"之佳传。

西陂天后宫建成后共经历了三次大修，分别为：清乾隆二十五年（1760年）壬辰岁，公举十三代昇峻公为总理，对天后宫进行了全面的扩建和维修；清同治二年（1863年），瓦面和部分雕塑、粉墙被全面检修；民国二十四年（1935年），林可垣为经理，请廖先鹏等工匠加固葫芦顶并检修瓦面和装饰等。目前看到的天后宫建筑是1986—2003年全面维修过后的。

5.2.2.2 建筑现状

（1）平面布局

西陂天后宫坐南朝北，占地6 435平方米，状元塔通高40米，属楼阁式建筑类型。与其他天后宫类似，建筑整体布局中轴对称，中轴线上自北向南依次为山门、戏台、大殿、状元塔等，两侧分布酒楼、厢房等，作为演戏时饮酒观戏的场所（图5-66）。状元塔是西陂天后宫最具特色的建筑物，主塔共7层，底层为主殿，供奉妈祖，二层供奉关帝，三层祀文昌帝君，四层祀魁星尊神，五楼祀仓颉先师（图5-67）。

（2）空间结构

① 山门

天后宫山门用青石作门框，高2.6米，宽2米，镂刻有繁密花纹等装饰，两边门墙塑像甚多（图5-68）。

◄ 图 5-65 西陂天后宫
↙ 图 5-66 鸟瞰图
► 图 5-67 西陂天后宫平面示意图

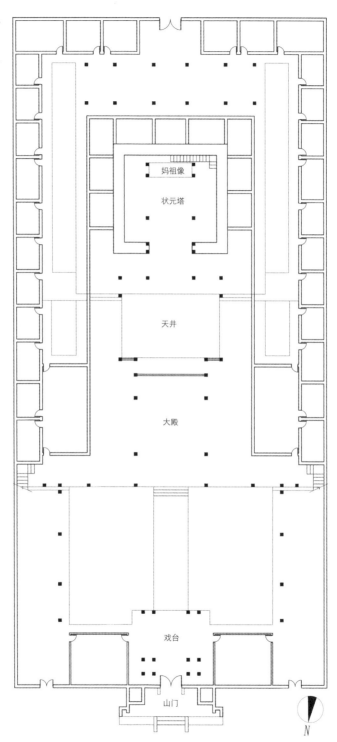

② 戏台

西陂天后宫戏台为纯木质结构，十分典雅。戏台室内顶部为藻井，呈半圆穹隆形，嵌镶有立体图形，构造巧妙，具有杰出的聚声效果，也被称为"雷公棚"。台口书写有"一派是西河，潺潺声杂管弦曲；七层朝北斗，叠叠影随文武班"的对联，横额为"鸾凤和鸣"，戏台中堂横额为"钧天雅奏"。戏台两侧有供表演者化妆和住宿的场所（图5-69）。

③ 大殿

大殿位于西陂天后宫中观演空间和祭拜空间的过渡区。大殿为抬梁式木构架，重檐歇山顶，面阔11.20米，进深13.55米，高7米。大殿中间立四根大柱为四点金，上架、扛梁、横梁、斗拱，雕刻有

▼ 图5-68 山门
▼ 图5-69 戏台

雄狮彩凤、山水花鸟以及人物典故，装饰精致，栩栩如生（图5-70）。

④ 状元塔

状元塔即七层宝塔，是西陂天后宫中的标志性建筑物。宝塔高40米，一到三层为四方形，建筑分内外两层墙，平面上呈"回字形"。其中，内墙约厚1米，是塔基墙，外墙约厚40厘米。宝塔二、三层设有走马廊。四层以上转为八角形。整个宝塔一至三层为四方形土木结构，四、五层是八角形砖木结构，六、七层是纯木构造，顶层外围八角立柱，数十根方木条向八方辐射成车轮状。塔顶采用景德镇特制圆缸制作而成的葫芦状，用8毫米粗的铁索拴牢，颜色有红、黄、蓝、白、青等（图5-71、图5-72）。

↓ 图5-70 大殿
↓ 图5-71 状元塔

（3）装饰艺术

西陂天后宫的装饰艺术充分体现了福建地区的建筑风格，如大殿中各装饰构件上雕刻精美的木雕。壁画、石刻、雕塑等做工也非常精美，从山水美景、花卉走兽到神话故事、人物典故无不栩栩如生，如戏台中屏绘制的"仕女牡丹""福禄寿喜"图等（图5-73~图5-81）。

▲ 图5-72 西陂天后宫纵剖面图
↘ 图5-73 藻井
↘ 图5-74 戏台壁画
↓ 图5-75 木雕

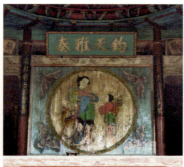

◀ 图5-76 燕尾脊
◢ 图5-75 彩绘
◢ 图5-78 贴金装饰
◢ 图5-79 木雕装饰

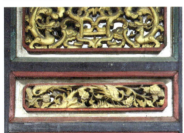

▶ 图5-80 木雕及彩绘
◀ 图5-81 木雕

5.2.3 贵州镇远天后宫

镇远天后宫又称福建会馆，位于贵州镇远县舞阳镇新中街，南临舞阳河，北靠石屏山，地势高耸险峻，故极具山地建筑特点。1985年，镇远天后宫被列为贵州省文物保护单位（图5-82）。

5.2.3.1 历史沿革

镇远古城古为黔东地区的政治、经济、文化中心和重要的水陆交通枢纽，是沅江上游的水运起点，也是黔东"舍舟登陆"之地，在古代交通上占据了举足轻重的地位。故来自各地的商人在镇远古城内建造会馆，至今仍保留有万寿宫、天后宫等会馆建筑。

镇远天后宫由福建商人为纪念妈祖和作为福建同乡会馆而建，始建于明代，原称"天妃庙"，位于城中玄妙观内。后又在府城西门附近建天后宫，但于咸丰年间毁于大火。清同治十二年（1873年）镇远知县福建人林品南募资重建天后宫，历时4年建成，呈现了今日的镇远天后宫格局。

5.2.3.2 建筑现状

（1）平面布局

镇远天后宫占地面积2 372平方米，建筑面积1 200平方米，坐北朝南，背山面水，门临大街。镇远天后宫地势较高，门前直铺88级宽石台阶。其主要建筑有：山门、戏台、正殿、东西两厢房、耳房、后厢房等。建筑均为穿斗式木结构，屋面以青瓦覆盖。殿内供奉"海神"妈祖。镇远天后宫是所有天后宫中与地形地势结合最为密切的天后宫，呈现出鲜明的山地建筑特色，这也是导致其与其他天后宫的平面布局不太相同的原因。

镇远天后宫位于山体的一块平地上，地形局促，尤其是纵深方向无法实现一条完整的轴线空间。因此，天后宫的建造者依托场地的地势来权衡建筑形体，使之适应于山地地形，营造出建筑的整体气势。山门与戏台和正殿平铺展开，从路边拾级而上，由山门进入天后宫后，看到的是正殿前空地。正殿与戏台相对而设，再与两侧厢房和廊庑围合成方整的院落空间，构成整个建筑群的中心区域，不仅满足天后宫中同乡集会和观看表演的需求，也为游客提供观看大殿更广阔的视角（图5-83）。

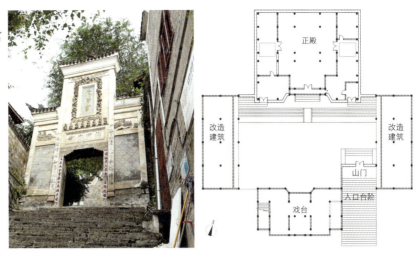

图 5-82 镇远天后宫
图 5-83 镇远天后宫平面示意图

（2）空间结构

① 山门

天后宫山门为石板牌楼式，屋顶为歇山顶。山门面阔三间，中间设门扇，两边砌砖墙，中间门扇面阔约 3.6 米，通高 9 米。山门中依稀还有一些石雕工艺存在。如中央顶部斗拱下砌有"双凤"，再下有门额"天后宫"，周边施以双龙戏水浮雕。柱子两侧题字，中间写横联。左右两边有古建筑全景的砖雕。跨过山门还有一栋起过渡空间的木结构门楼，"门楼檐柱和山门之间的穿枋伸出檐柱一步架，起到挑梁的作用，承挑檐下的吊瓜柱和挑檐檩，属于硬出挑"[1]。这种出挑方式和"吊瓜柱"的做法都与镇远当地的民居做法相似，体现了当时镇远民居的建造技艺。

② 正殿

正殿位于庭院 9 级台阶之上，高 11 米，面阔三间，进深七间，位于戏台后方。建筑包含前殿、后殿及前厅东西别院，墙体和前殿抱厦两侧墙相连，从而将整栋建筑围合起来。前殿面阔五间，为重檐歇山顶，厅内有藻井顶，屋檐四周由如意斗拱撑起。后殿即是正殿的主体，供奉妈祖神像，屋顶为封火山墙式硬山顶，正脊饰有"双龙夺宝"。东西别院各有一个天井，以接雨水（图 5-84 ~ 图 5-86）。

[1] 陆元鼎，潘安. 中国传统民居营造与技术[M]. 广州：华南理工大学出版社，2002：104.

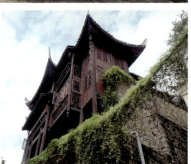

◀ 图 5-84 正殿
◀ 图 5-85 封火山墙
◀ 图 5-86 正殿内藻井
▶ 图 5-87 戏台
▼ 图 5-88 戏台吊脚楼形式

③ 戏台

戏台高 8 米，宽 13.5 米，出挑屋檐 1.5 米，为穿斗式结构，重檐顶。戏台共有两层，一层作为餐饮使用，二层为表演空间。戏台的规模相对其他福建会馆较大，二层两侧有独立的化妆室和休息室。戏台为苗族吊脚楼形式，因特殊的地理位置，外部柱基落在了高约 5 米的府城墙石基上（图 5-87 ~ 图 5-89）。

（3）装饰艺术

镇远天后宫中的木雕、石雕、砖雕、灰塑等装饰工艺技术高超。其中，木雕主要体现在大殿的隔扇门窗上，尤以透雕为主，做工精美。石雕、砖雕主要表现在山门上，造型相对简洁、线条流畅，给人一种朴素无华的感觉。装饰中最为精美的当属正殿屋顶正脊上的彩色灰塑，正脊脊背高耸，宝顶突出，两端起翘，形如乘风破浪的海船，生动形象。屋脊上彩塑有游龙夺宝，富丽堂皇。在镇远古镇建筑中，镇远天后宫的木雕和灰塑可谓其中的佼佼者（图 5-90 ~ 图 5-92）。

图 5-89 镇远天后宫纵剖面示意图
图 5-90 门窗上木雕
图 5-91 山门上石雕
图 5-92 屋顶灰塑

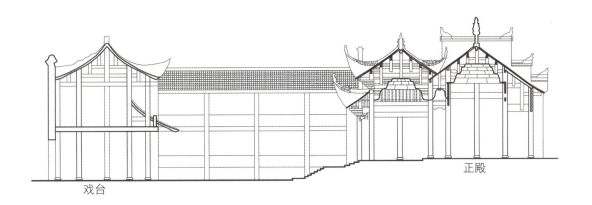

戏台　　　　　　　　　　　　　　　　正殿

5.3 清代福建会馆建筑实例分析

福建会馆在清代的发展达到了鼎盛时期,随着商品经济的高速发展和移民的热潮,遍布了内陆地区的各大商埠和大小城镇。馆内供奉的妈祖的"海神"身份逐渐减弱,祭祀功能也逐渐衰退。建筑拥有了更具规范的形制,主要由山门、戏台、正殿、后殿及东西廊庑组成,其中戏台代替正殿,成为福建会馆建筑群中最重要的建筑物。

5.3.1 湖南芷江天后宫

湖南芷江天后宫,位于湖南省芷江侗族自治县县城㵲水河西岸。由福建客民所建,也称"福建会馆"。芷江天后宫距今已有250多年的历史,是内陆地区最大的天后宫,尤以山门上的青石浮雕著称,2013年被列为全国重点文物保护单位(图5-93)。

5.3.1.1 历史沿革

芷江天后宫坐落于㵲水河流域,其形成与明清时期的闽粤籍移民有关。芷江西临㵲水河,三面平原,古时亦属"五溪蛮地","据楚上游,滇南贵州之往来其途,若门户之必由",其境内原有福建客商200多户。芷江天后宫建于清乾隆十三年(1748年),由福建商人创建,至嘉庆、道光年间总面积达6532平方米,规模庞大。咸丰十一年(1861年),太平天国运动途径芷江,天后宫毁于大火,仅宫前石牌坊被保留下来。同治十三年(1874年)福建各地商人捐资重建天后宫,并保存至今。"文革"后天后宫归道教协会管理,现已扩展为当地的道教庙宇。

5.3.1.2 建筑现状

(1)平面布局

芷江天后宫坐西朝东,现存建筑面积1970平方米。共分3条

图 5-93 湖南芷江天后宫

图 5-94 湖南芷江天后宫平面示意图

轴线，中间轴线上依次为山门、戏台、过厅、正殿。南线分布有三清殿，北线依次有观音殿、玉皇殿、南岳圣帝殿等偏殿。建筑均为木质穿斗构架。

芷江天后宫最具代表性，也最为精美壮观的装饰特色当属山门的青石浮雕。山门为重檐歇山顶，两侧雄狮蹲踞，石鼓对峙。屋顶飞檐斗拱，屋脊上饰十二金鲤，葫芦攒尖。山门两边以石质栏杆围之，施以双龙、大象、金瓜等饰物。山门前塑有177级青石台阶，使山门更显高大、雄伟（图5-94）。

（2）空间结构

① 山门（也称"门坊"）

天后宫山门为四柱三门式门坊建筑，高11米、宽6.3米，共有4根石柱和90余幅青石浮雕画屏。其中最大画幅2.62平方米，最小0.09平方米。画屏雕刻技艺精湛，装饰题材丰富，人物狮象更是活灵活现。山门内为青石砖砌，屋顶为庑殿顶，檐角高高翘起，外封檐板，正脊

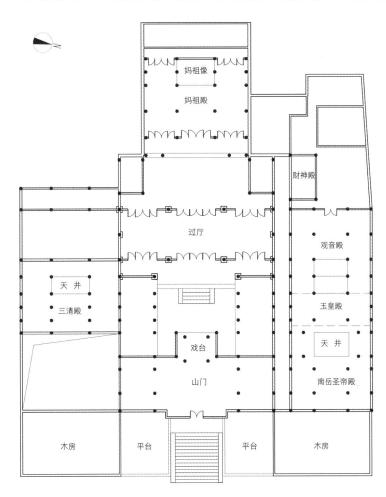

施以宝瓶装饰，鸱尾和戗脊尾均呈鱼龙状。山门正中为天后宫入口，门头装饰有半圆拱券，上方雕刻有天后宫匾额，四周为双龙石雕。山门两侧是砖砌的院落，这些砖都特制而成，砖面还印有"天后宫""道光丙午年造"等字样。此山门集建筑、石雕、绘画艺术于一身，是我国同类石刻工艺中的精品，具有极高的研究价值（图5-95）。

② 戏台

戏台与山门相连，一层为过道，二层为表演空间。戏台的两侧连接二层廊道，有供表演者化妆、休息的场所。戏台屋顶为歇山顶，檐角高翘，角部封檐板。戏台室内顶部为藻井装饰，相比其他福建会馆，天后宫藻井相对简单，这是由于戏台近期曾经大修。檐下的网形科已经简化成了在一片板下钉上斗拱，再通过几层叠加的样式得到现在的藻井效果，显然藻井已经成为戏台简单的装饰品了（图5-96）。

③ 过厅

过厅面阔三间，硬山屋面，前后檐为雀宿檐。当心间开间尺寸6.6米，整体结构近似抬梁式，即两正间屋架不用中柱，构架形式别具一格，既起到了结构作用，又起到装饰的作用。过厅前廊道采用卷棚顶，金柱和檐柱间连以斜枋，是清末芷江当地厅堂建筑的常用做法。从前后檐的出檐可以看出，屋面为板椽和冷摊瓦（图5-97）。

④ 妈祖殿

相对于其他地区的天后宫、福建会馆，芷江天后宫中的妈祖殿规模较小，面阔三间，当心间进深四间，前有轩廊。金柱和檐柱间连以斜枋，前后檐柱下有斜撑挑檐，主要起装饰作用（图5-98、图5-99）。

（3）装饰艺术

芷江天后宫中的青石浮雕最为人称道，是其最具代表性的文物。山门正间自上而下分别是琴棋书画、"天后宫"、八王巡天、二龙戏珠、丹凤朝阳、魁星点斗，其中"天后宫"字牌位于正间的中心，由康熙亲题，五龙拱圣环绕。两侧分列文臣和武将，文臣上下的四字榜题为"现身说法""金滩浪静"，武将上下为"护国佑民""玉烛辉扬"两处四字榜题。左侧次间自下而上分别为虎鼎、鱼草、孤桐劲竹、仙翁弈棋、洛阳桥、春华秋实，右侧次间自下而上为虎鼎、鲢鱼喜草、古松灵芝、王子求仙、武汉三镇、喜鹊含梅。仿木结构的斗拱上则分别雕刻着耕读为本、渔樵唱和。正间两侧的石柱自上而下雕刻有相对应的麻姑献寿、寿星献桃、连升三级、唱戏图、祝寿图，以及阳刻对联"宠锡天章德泽宏敷闽海，重新庙貌威灵远振潭阳"。左右两根石柱上下则分别雕刻一对悬狮戏球和两两相对的八仙[1]（图5-100～图5-108）。

[1] 刘树老. 芷江天后宫门坊石雕图像的妈祖文化隐喻[J]. 装饰, 2016（1）: 116-117.

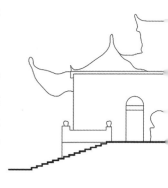

▲ 图 5-95 山门（门坊）
▼ 图 5-96 戏台
▲ 图 5-97 过厅
▲ 图 5-98 妈祖殿
▼ 图 5-99 芷江天后宫纵剖面示意图

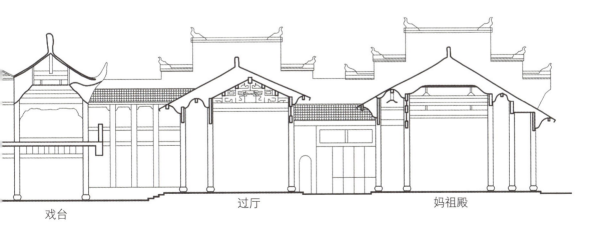

戏台　　　　过厅　　　　妈祖殿

↖ 图 5-100 八王巡天、二龙戏珠
↗ 图 5-101 春华秋实、洛阳桥、仙翁弈棋
↖ 图 5-102 喜鹊含梅、武汉三镇、王子求仙
↗ 图 5-103 琴棋书画、五龙拱圣
↘ 图 5-104 耕读为本
↗ 图 5-105 渔樵唱和
← 图 5-108 八仙图

▲ 图 5-106 唱戏图、祝寿图
▼ 图 5-107 麻姑献寿、寿星献桃

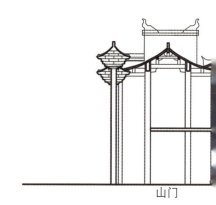

山门

5.3.2 浙江衢州天后宫

衢州天后宫又称"天妃宫""福建会馆",位于浙江省衢州市玉皇巷靠近新河沿的路口,是衢州地区传播妈祖文化的重要载体,也是浙江地区保存完好的天后宫建筑之一。2011年1月,衢州天后宫被列入省级文物保护单位(图5-109、图5-110)。

5.3.2.1 历史沿革

衢州位于钱塘江上游,南与福建南平相接,西与江西上饶、景德镇相连,北与安徽黄山相邻,东与金华市、丽水市、杭州市相交,素有"四省通衢""五路总头""控闽赣、通徽睦、襟山带水"之称。古时候,衢州水运发达,商贾云集,各地商人在衢州建的会馆有福建会馆、徽州会馆、宁绍会馆、江西会馆等。据民国《衢县志》载:原有老天后宫又称天妃宫,在县治西正义坊,朝京门之南,为明时军卫漕艘吏卒所建[1]。现存的衢州天后宫于清嘉庆年间由福建商人筹建,故亦称福建会馆。

5.3.2.2 建筑现状

(1)平面布局

衢州天后宫是福建商人、船员祭祀和集会的场所。此天后宫原有建筑面积2 052.9平方米,现仅存665.3平方米。原规模为三进二明堂,现仅保留有两进。建筑布局仍延续天后宫的普遍特征,呈中轴对称。现存建筑在轴线上依次为山门、戏台、大殿,两侧为厢房。整体建筑为封闭式院落布局,大殿与戏台相对而建,并与两边厢房围合成院落,供祭祀和观演使用(图5-111)。

---

[1] 金召卫. 衢县志[M]. 北京:方志出版社,2002.

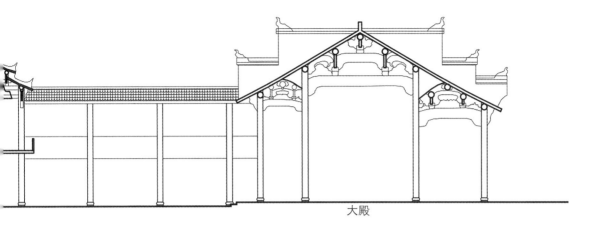

▼ 图 5-109 衢州天后宫
▲ 图 5-110 衢州天后宫纵剖面图
▼ 图 5-111 衢州天后宫平面示意图

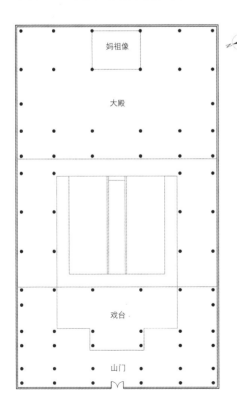

（2）空间结构

① 山门（前殿）。山门面阔五间，进深三间，为硬山顶，梢间上有两个小屋顶，紧靠次间屋顶之侧，从外面看上去有三个屋顶。山门竖石牌坊，牌坊上饰有砖雕，刻有人物、禽兽、树石、风景等图案，中间书"天后宫"石匾额。

② 戏台。戏台为重檐顶，上铺筒瓦，正脊两端饰有龙吻，呈"S"形上翘，檐下各桁枋饰以蟠龙木雕，非常精巧。两旁书"风流千古铜琶铁板传泗水，日近西安鸾翔凤翥伴天妃"。目前，衢州婺剧团、西河越剧团等经常在此处演出（图5-112～图5-114）。

③ 大殿。大殿三开间五进深，封火山墙式，硬山顶。殿内的斗拱、雀替、托脚等多处木构架上刻有各式各样的雕花，雕花细碎繁缛，涂金描彩，不仅是妈祖文化在建筑中的体现，也是浙闽两地建筑风格相互融合的例证（图5-115）。

（3）装饰艺术

除前文提到的山门雕刻技术以及大殿、戏台等木构架上的装饰外，在前殿、正殿山墙上均绘有"助风退寇""祷雨济民""化草救商""澎湖助战"等反映妈祖事迹的壁画（图5-116～图5-119）。

↑图5-112 戏台
↰图5-113 戏台屋顶形式
↖图5-114 戏台藻井
↗图5-115 大殿

▶图5-116 木雕
↗图5-117 砖雕
◀图5-118 石雕
◀图5-119 石雕、木雕

5.3.3 浙江宁波庆安会馆

庆安会馆位于宁波市区三江口东岸，也称"甬东天后宫"，是江浙唯一现存天后宫与会馆集于一体的古建筑群，2001年被列入第五批全国重点文物保护单位。建筑装饰中所采用的砖雕、石雕和朱金木雕等宁波传统工艺手法，堪称"浙东一绝"，具有非常重要的历史价值和艺术文化价值（图5-120）。

5.3.3.1 历史沿革

浙江东部地区是除福建省外最早接纳妈祖文化的地区之一。特别是宁波，处于东海之滨、河运和海运联运之地，成为官方首次敕封妈祖为"天后"的所在地，见证了妈祖从民间的海神上升到官方海神的重要转折点。宁波海运贸易的发展和航运商帮会馆的兴起，促使会馆多与天后宫建筑连为一体，形成了极具地域特色的浙东妈祖文化景观。

庆安会馆修建历时3年，从清道光三十年（1850年）起到咸丰三年（1853年）止。它既是祭拜妈祖的庙宇，也是船商娱乐聚会的场所。清代海禁废弛后，宁波港的海运非常发达，舟楫所至，北达燕、鲁，南抵闽、粤，而西延川、鄂、皖、赣诸省之物产，亦由甬（宁波）埠集散，且仿元人成法，重兴海运，故宁波南北号（时称经营南方贸易的为"南号"，经营北方贸易的为"北号"）盛极一时[1]。庆安会馆由宁波的商业船商修建，因宁波商业船帮分为南北号，都信奉妈祖，故并排建造两座福建会馆，即庆安会馆和安澜会馆。其中庆安会馆为"北号"商帮会馆，安澜会馆为"南号"商帮会馆，两者规模大致相同，其中庆安会馆建筑装饰更加精美，富丽堂皇。

[1] 丁洁雯. 大运河（宁波段）与海上丝绸之路的重要衔接——论庆安会馆的起源、价值与保护对策[J]. 宁波大学学报 人文版, 2016, 29(4): 15-19.

图5-120 庆安会馆

5.3.3.2 建筑现状

（1）平面布局

庆安会馆建筑体量庞大，坐东朝西，占地面积约12亩，是我国现存的宫馆合一建筑的实例。庆安会馆呈中轴对称，沿中轴线上由西到东分别为山门、仪门、前戏台、前大殿、后戏台、后大殿等建筑，轴线两侧有前后厢房等建筑。其最为特殊之处当属会馆内建有前后两个戏台，前戏台为祭祀妈祖而用，后戏台为行业聚会时演戏用（图5-121）。安澜会馆与其相似，也呈中轴对称，沿中轴线上由西到东分别为山门、前戏台、大殿、后戏台、后殿等建筑，轴线两侧有前后厢房等建筑。本节主要以庆安会馆为例进行说明。

（2）空间结构

① 山门

会馆山门始建于清咸丰三年（1853年），1998年修复。门楣上装饰有14幅砖雕和仿木砖雕斗拱，手法细腻。正中嵌双龙戏珠圣旨牌形竖匾，上书"天后宫"三个大字，颇显威仪。整个宫门采用鸳鸯式卷棚顶，抬梁上装饰有悬空花篮，梁、枋上雕刻有山水人物、花卉鸟兽等图案，蔚为可观（图5-122）。

② 仪门

仪门是会馆的二门，始建于清咸丰三年（1853年），后被拆除，于2001年重建。建筑为五开间，重檐四马头硬山顶，四马头封火山墙，檐侧有石作八字式墙头，上面刻有耕织图案。建筑前檐为重檐卷棚顶，有蟠龙柱6根，大门共分3道，正门前有抱鼓石一对，上置门当、匾额。进门后有8扇素面屏风，与戏台相连（图5-123）。

③ 前戏台

前戏台用于举行祭祀活动。建筑为歇山顶造型，屋面雕饰有人物、瑞兽等形象，活灵活现，屋顶选用筒瓦覆盖。戏台内顶为藻井，呈穹隆式，也称作"鸡笼顶"，藻井由16条斜昂螺旋式盘索与顶相接，3条圈梁下有立体透雕"双龙戏珠"托枋。梁的侧面装饰朱金木雕，有戏曲人物、花鸟等图案。戏台三边围有摺锦拱形栏杆（吴王靠），俗称"火栏杆"。戏台内侧有精美的屏风八扇，两侧各有一门，是演员演出的进出通道（图5-124）。

④ 前大殿

前大殿是庆安会馆的核心建筑。面阔23米，进深9.8米，脊梁高12.5米。为五开间抬梁式重檐仿歇山顶，殿前有4根檐柱，蟠龙柱2根，另2根雕刻有凤凰，神态飘然，栩栩如生。大殿两侧的八

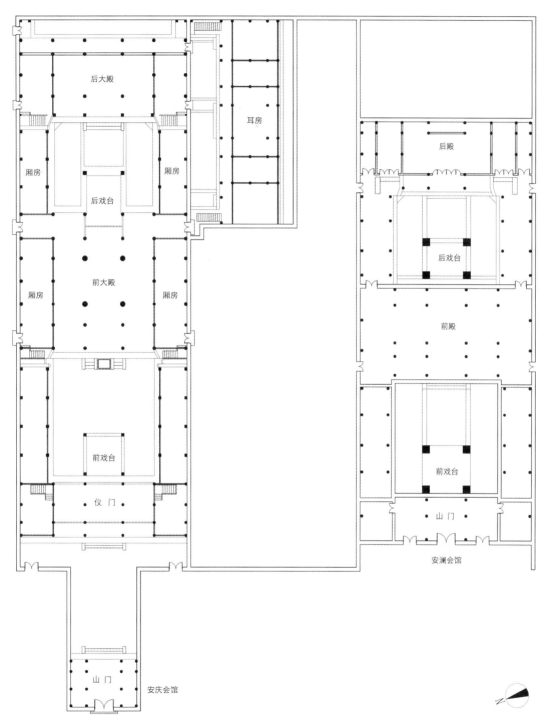

图 5-121 庆安会馆、安澜会馆平面示意图

◀ 图 5-122 山门
◀ 图 5-123 仪门
▼ 图 5-124 前戏台
▶ 图 5-125 前大殿
◣ 图 5-126 后戏台
◤ 图 5-127 后大殿

字墙面施以砖石浮雕，雕刻精美。梁、枋上的朱金木雕更是金碧辉煌。殿内供奉妈祖神像，是祭祀妈祖的主要殿堂（图 5-125）。

⑤ 后戏台

后戏台为会馆同行庆典、演戏佳处，曾遭毁坏，2001 年秋修复。与前戏台相同，同为歇山顶建筑，穹隆（鸡笼）顶藻井，由 16 条 21 圈吊拱、花板拼接而成，有拢音的作用，做工精巧。梁、枋构件上施以朱金木雕，金碧辉煌、美轮美奂，与前戏台和谐为一体，前后照应，双璧交辉，无出其右（图 5-126）。

⑥ 后大殿

后殿是会馆祭祀、同乡聚会、看戏、休息之地，2001 年秋重修。为五开间抬梁式重檐硬山顶建筑，正脊正面装饰"双龙戏珠"，背面装饰"双凤朝阳"，有四马头山墙（图 5-127、图 5-128）。

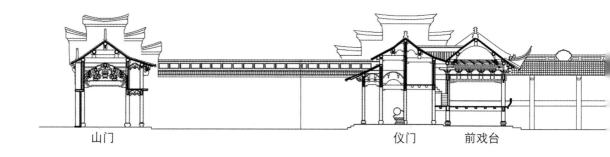

山门　　　　　　　　　　　仪门　　前戏台

（3）装饰艺术

庆安会馆建筑尤以砖雕、石雕和朱金木雕而闻名于世，它们极具特点、形象生动、内涵丰富，是宁波乃至浙东区域雕刻艺术和装饰艺术的典范。

① 朱金木雕

朱金木雕又名"漆金木雕"，是源于汉代的一种集木雕、彩绘、镶嵌和贴金为一体的传统工艺。它以木雕制品为前提，用朱砂色作底，上面覆上金箔或施以金粉。宁波是中国朱金木雕的主产地之一，故庆安会馆中的朱金木雕非常丰富，大量分布在建筑的木构件上，使庆安会馆更显富丽堂皇，也充分体现了妈祖作为"女神"的女性特征。朱金木雕的雕刻题材非常丰富，建筑的梁、枋、撑拱、装板以民间故事"云游仙境""教子升天""三英战吕布"等为主，雀替、挂落、戏台藻井、栏杆节子等多以"凤报春花""龙凤呈祥""富贵牡丹"等飞禽走兽、奇花异草为主。雕刻技法涵盖了透雕、浮雕等。整个木构件雕刻层次丰富，艺术效果完美（图5-129～图5-131）。

② 石雕

石雕源于旧石器时代中期。庆安会馆的石雕中最为精美的当属前大殿上的蟠龙柱和凤凰牡丹石柱，柱高4米多，采用了高浮雕和镂空雕结合的雕刻技术，造型逼真，别具一格，柱础上雕刻有精致的建筑场景，为国内稀有的石雕工艺精品。在大殿的八字墙上也有各式精美的石雕工艺品，如两块梅园石浅条屏，采用了非常高超的

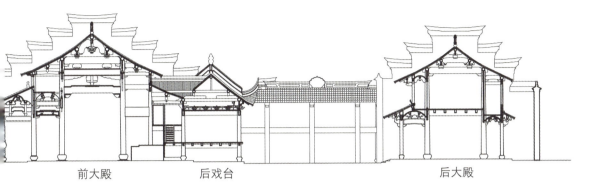

前大殿　　　　　后戏台　　　　　　　　　　后大殿

↑图 5-128 庆安会馆纵剖面图
↓图 5-129 梁、枋上的朱金木雕
↙图 5-130 藻井
↖图 5-131 朱金木雕

浮雕工艺。会馆内的台阶御路、须弥座台基、抱鼓石、柱础、内墙勒脚等石构件，或高浮雕历史故事，或浅雕蟠龙、耕织图案，或线刻花草动物等（图5-132～图5-136）。

③砖雕

砖雕是在特制的质地细密的土砖上雕刻物象和花纹的工艺，由东周瓦当、空心砖和汉代画像砖发展而来，多用在建筑构件和大门、墙面上。庆安会馆的砖雕多分布在宫门和马头墙垛头上，题材丰富，刀法精细。如庆安会馆的门楼均由砖雕组成，最上一层是仿木斗拱，承托屋顶；中间嵌"双龙戏珠"竖匾额，书"天后宫"贴金大字，左右为采用高浮雕技术雕刻的人物、花卉、鸟兽等；再下一层是浅浮雕博古图案。建筑内部的砖雕则以民间传说及戏剧故事为主，少部分为动植物和几何图案（图5-137、图5-138）。

➷ 图 5-132 蟠龙柱
➘ 图 5-133 凤凰牡丹石柱
➚ 图 5-134 门头石雕
➚ 图 5-135 石刻浮雕
➚ 图 5-136 石雕
➙ 图 5-137 砖雕
➘ 图 5-138 门楼上的砖雕

5.3.4 山东烟台福建会馆

烟台福建会馆位于烟台市中心，由福建船帮商贾集资修建，具有典型的闽南建筑风格。1996年，烟台福建会馆被列入全国重点文物保护单位（图5-139）。

5.3.4.1 历史沿革

烟台位于山东半岛东部，为京津地区的海上门户。烟台作为我国北方最著名的商埠，吸引了大量海商来此发展贸易。清光绪十年（1884年），福建人为加深南北方贸易往来，在烟台修建福建会馆。会馆历时22年建成，修建会馆所需银两均由福建船帮筹备，建筑所需的木、石构件全部在泉州采办并雕刻后，再由海运运往烟台组建完成，是地道的闽南风格的古建筑群。后随着历代的修复，又与北方建筑特色相融合，呈现出独具特色的会馆建筑风格。

5.3.4.2 建筑现状

（1）平面布局

烟台福建会馆坐南朝北，秉承天后宫的平面布局形式，南北长92米，东西宽39米，占地3 500平方米，建筑面积1 459平方米。现今的会馆是由门厅和戏台、山门、大殿围合成的二进围院式建筑群（图5-140、图5-141）。

（2）空间结构

① 戏台

戏台为正方形亭式建筑，表演空间被抬高1米多，下筑架空台基，由两侧台阶而上，重檐歇山顶，后檐与门厅相连。戏台共有4柱，下端为方形石柱，上端开抄手卯口嵌入木梁用以穿梁枋。石柱下为二层柱础，呈八边形和方形。屋面坡度较为缓和，只在正脊和檐口有较大起翘。除临近门厅一侧外，其他三侧外檐下都以垂莲柱为装饰，已达到较为精致的立面效果（图5-142）。

② 山门

山门为穿斗式结构，面阔五间，进深五架，前后三柱。整个建筑下部为石作，起主要的支撑作用，上部为木构体系，两侧尽间砌筑山墙，墙下部分辅以花岗岩勒脚。山门的木作结构极具福建地区特色。建筑前后开敞，只中间设置隔墙和门开启扇，中间为歇山顶，屋顶较高，两边为硬山顶，较矮，形成一高两低、一主两次的格局。山门中的木石构件雕刻精美，多以中国古代的历史故事和民间传说为主要装饰题材，其中尤以两根蟠龙柱最富神韵（图5-143）。

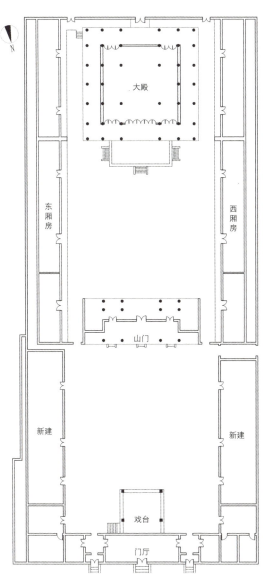

▲ 图 5-139 烟台福建会馆

◀ 图 5-140 烟台福建会馆鸟瞰图

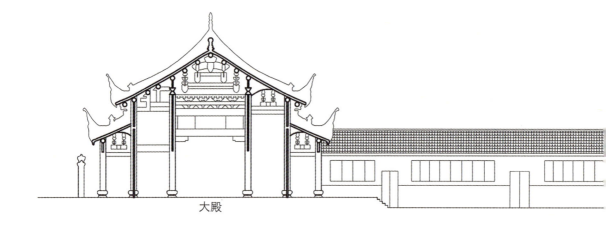

大殿

③ 大殿

大殿是福建会馆中规模最大的建筑，采用穿斗与抬梁相结合的构造形式，面阔五间，进深十九架，为重檐歇山顶琉璃瓦屋面。正殿共有40根柱子，形成内中外三层柱网，最外圈柱为建筑的外廊，中间圈柱直达上层屋檐，柱子间设隔墙、门扇，分隔室内外空间，柱子的上半部分与内柱通过穿枋或轩梁相连。四根内柱形成了大殿的核心区域，供人们在此祭拜妈祖。整个屋架为井字框架，枋木、雀替、隔扇等构件上雕刻祥禽、瑞兽、花卉、人物等装饰图案（图5-144、图5-145）。

◀ 图 5-141 烟台福建会馆平面示意图
↗ 图 5-142 戏台
↘ 图 5-143 山门
→ 图 5-144 大殿
↑ 图 5-145 烟台福建会馆纵剖面示意图

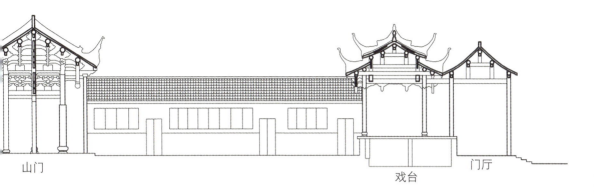

山门　　　　　　　　　　　　　　　戏台　门厅

（3）装饰艺术

烟台福建会馆的装饰艺术完美地继承了闽南建筑的建筑特色，其雕刻精美、内容丰富，是一座极具历史价值的会馆建筑。尤以山门的雕刻最为繁复，山门中的蟠龙石柱，将蟠龙凌空取势的姿态刻画得活灵活现；山门隔墙上的"米芾拜石""苏武牧羊"等石雕也栩栩如生；山门的梁坊、雀替等木构件则雕刻"八仙过海""刘海戏金蟾""赵子龙长坂坡救阿斗"等中国历史故事和神话传说。大殿重檐间的装饰多为琉璃雕，其色彩艳丽、精致细腻（图5-146～图5-152）。

↓ 图5-146 烟台福建会馆砖雕装饰"舜耕历山"
↓ 图5-147 烟台福建会馆山门上彩绘装饰

本章小结

本章对全国天后宫和福建会馆中较为重要的全国重点和省级文物保护单位进行分析。

本章案例分析对象都是作者实地调研、考察过的重要建筑，论述以时间线为依据展开，分析不同时期天后宫、福建会馆的建筑形态特征，通过对案例的历史沿革和平面布局、空间结构、装饰艺术等建筑现状的研究进一步说明天后宫、福建会馆之间的传承和演变关系。案例涉及福建、山东、浙江、湖南、贵州等地，基本可以代表几个重要时期、重要地域的天后宫、福建会馆的建筑形态特征。

↑ 图5-148 蟠龙柱
↓ 图5-149 山门上石雕
↘ 图5-150 木雕及彩绘
↗ 图5-151 大殿上木雕及彩绘装饰
↗ 图5-152 山门上木雕及彩绘装饰

天后宫、福建会馆的产生受3种文化的影响，一是福建地方文化，二是海洋文化，三是移民文化，这也对应了天后宫、福建会馆产生的原因。天后宫多是沿海城市受海洋文化的影响，为奉祀航海保护神妈祖所建的庙宇，一般由当地信众或地方官员兴建。福建会馆则是由福建商人在异地为"联乡谊"而建立的会馆建筑，是集聚会、祭祀功能为一体的建筑类型。

因此，天后宫、福建会馆必然存在一定的差异性。同时，不同的地域环境也造成天后宫、福建会馆在建筑形态上的差异。天后宫从福建起源，福建当地的天后宫建筑的闽南建筑特色非常突出；而向外省传播的天后宫，一种以天后宫的形式存在，受传入地建筑风格影响较重，另一种以福建会馆的形式存在，呈现出来的建筑风格融合了传入地和传出地两种建筑特色。本章节将针对以上方面，对天后宫、福建会馆进行分类比较研究，以期能更系统、准确地分析天后宫、福建会馆的传承与演变关系，并得出这一传承与演变关系的影响因素。

6 从天后宫到福建会馆的传承与演变

6.1 天后宫、福建会馆建筑形态特征比较

本节结合大量的调研资料，对天后宫、福建会馆进行分类。首先对三种不同文化影响下的天后宫、福建会馆进行分类比较：一是比较研究受地方文化影响的福建地区的天后宫，二是比较研究受海洋文化影响的天后宫，三是比较研究受移民文化影响的福建会馆。此外，一些沿海地区同时存在天后宫和福建会馆两种建筑形式，排除地域文化特征的不同，对同一地域的天后宫、福建会馆进行比较研究，将更有利于明确天后宫、福建会馆的传承与演变关系。

6.1.1 福建地区天后宫对比研究

福建地区的天后宫因其建造年代、背景的不同，呈现出不同的建筑特色。本节选取在调研过程中发现的具有鲜明特征且保存完好的湄洲妈祖祖庙、西陂天后宫作为研究案例。湄洲妈祖祖庙为天后宫的祖庙，福建当地的天后宫多以其为原型变异而来，西陂天后宫则是福建地区天后宫中最特别的一座。将两者放在一起比较是为了说明，在同一地域环境下，因建造背景不同，天后宫的建筑形态也存在着差异。

6.1.1.1 平面布局

表6-1直观地对两座建筑进行比较。从平面布局来看，两者都采取中轴对称的形式，因湄洲妈祖祖庙经过多次修建、扩建，所以现在看到的天后殿偏离轴线位置设置，这与湄洲岛的地形以及历朝历代的发展变化是分不开的。目前，湄洲妈祖祖庙的正殿、天后殿都供奉妈祖，但仍以天后殿为主。西陂天后宫是为林大钦高中状元而建，与妈祖祖庙不同，其主要建筑为一层供奉妈祖的状元塔，且多了戏台这一建筑类型，主要功能由祭祀转变为集会、观演。再者，西陂天后宫采用的是由建筑围合成院落的平面布局方式，第一进院落布置戏台、廊道，围合成观演空间。而妈祖祖庙则相对较为开放，主要由轴线上的建筑组成，围合性不强。这是受特定的地理环境所影响．妈祖祖庙四周环山，建筑随着高差一层层升高，且周边没有别的建筑需要划分界线，也不需要再通过围合式建筑增强防御性。而西陂天后宫地势平缓，因此需要封闭性的建筑来达到防御的效果。纵观调研过的天后宫、福建会馆，除妈祖祖庙外，都采用相对封闭的布局模式。

表 6-1 湄洲妈祖祖庙、西陂天后宫建筑形态比较

名称	湄洲妈祖祖庙	西陂天后宫
建造年代	北宋雍熙四年（987）	明嘉靖二十一年（1542）
建造背景	为祭祀妈祖，由湄洲岛当地渔民修建	七世祖贲山公太因林大钦高中状元而奉旨修建
总体布局		
建筑单体 山门		
建筑单体 天后殿		
建筑单体 戏台	—	

续表

名称		湄洲妈祖祖	西陂天后宫
装饰特色	装饰技术		
	蟠龙柱		—
	藻井		
	屋顶形式		

6.1.1.2 建筑单体

建筑单体的设置与建筑的功能是紧密关联的,因此,湄洲妈祖祖庙和西陂天后宫在建筑单体上存在着很大的不同。湄洲妈祖祖庙以祭祀妈祖为主,所有的建筑单体都是为祭祀妈祖准备,建筑单体与中国传统寺庙中的建筑单体不谋而合,包括山门、钟鼓楼、正殿、天后殿等。其中,尤以天后殿规模最大,祭拜空间也非常宽敞,充分体现了以祭祀妈祖为主的功能需求。西陂天后宫中的妈祖殿规模相较于湄洲妈祖祖庙就小了很多,且祭拜空间相对局促,观演空间所需建筑物才是西陂天后宫中最重要的一组建筑。西陂天后宫的建筑单体有山门、戏台、大殿、状元塔等,其中,戏台是整座建筑中最华丽的一个,由戏台、大殿、两边廊道组成的一进院落相较于第二进院落的祭祀空间要大很多。由此可见,建造意图对天后宫的影响之深远。

6.1.1.3 建筑装饰

地域特征影响着建筑的造型及装饰风格。因湄洲妈祖祖庙和西陂天后宫同属福建地区,因此两者在建筑造型上存在着诸多相似之处。福建地区的建筑装饰样式丰富,色彩艳丽,建筑墙体多采用红砖,屋顶多高高翘起,屋脊名为"燕尾脊"。这些特征在湄洲妈祖祖庙和西陂天后宫中都有体现。另外,福建地区建筑的装饰工艺技术非常娴熟,在两个天后宫中都可以看到雕刻着各式各样图案的木雕装饰。

综上所述,天后宫的建筑布局及单体由建筑功能所决定,而建筑造型及装饰则多受地域特征的影响。

6.1.2 不同地域天后宫对比研究

本节选取泉州天后宫与青岛天后宫进行比较研究,原因有二:其一,两者都位于港口地区,建造背景相同,都为祭祀妈祖而产生。其二,宋元时期,泉州是我国对外贸易的最大港口,妈祖也是在泉州确立了其海神的称谓,由泉州传播到世界各地。所以,泉州天后宫是其他外省份天后宫的原型,选择泉州天后宫与其他地区天后宫对比更具说服力。将两者放在一起比较是为了说明,在同一建造背景下,不同地域的天后宫在建筑形态存在差异性(表6-2)。

6.1.2.1 平面布局

泉州天后宫与青岛天后宫同属于以祭祀妈祖为主的建筑,都呈现为中国传统的建筑布局方式。两者同样采取了中轴对称的建筑布局形式,轴线上的主要建筑有山门、戏台、天后殿等建筑,山门两

表 6-2 泉州天后宫、青岛天后宫建筑形态比较

名称		泉州天后宫	青岛天后宫
建造年代		宋庆元二年（1196）	明成化三年（1467）
建造背景		推里人徐世昌为祭祀妈祖而建	为祭祀妈祖而建
总体布局			
建筑单体	山门		
	戏台		
	天后殿		

续表

名称		泉州天后宫	青岛天后宫
装饰技术		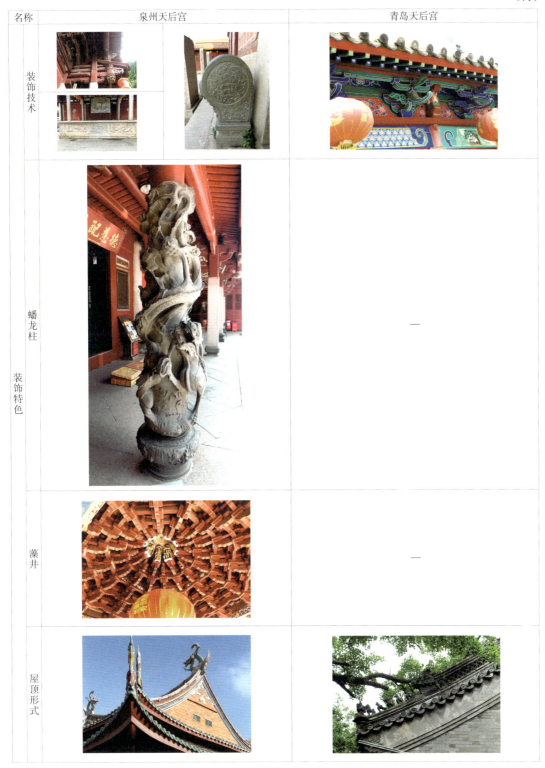	
装饰特色	蟠龙柱		—
	藻井		—
	屋顶形式		

侧布置钟鼓楼。不同的是，青岛天后宫轴线两侧还分布有供奉其他神灵的侧殿，这说明妈祖传入外省后，出现了多元文化融合的现象。

6.1.2.2 建筑单体

同平面布局一样，两个天后宫建筑单体在建筑功能上没有分别。两者与妈祖祖庙相比的特殊之处在于，都有戏台这一建筑单体。此处的戏台与西陂天后宫中的戏台有所不同，其主要功能是作为在举行妈祖祭祀活动时进行表演的场所。从建筑的形式可以看出，戏台并不经常使用，形式也相对单一，只有表演的空间，并没有后台等供表演者准备的附属空间。可见，戏台只是特定场所下的以为妈祖祭祀服务为主要功能的建筑单体。两座天后宫中，最重要的建筑单体同属天后殿，也是整个建筑群中规模最大的建筑单体，且祭祀空间相对开敞，充分体现了以祭祀为主的建筑特征。

6.1.2.3 建筑装饰

泉州天后宫、青岛天后宫一个位于我国南方福建地区，一个位于我国北方山东地区。南北方的建筑风格及装饰特征存在着明显的差异，因此，两座天后宫的建筑造型、装饰特征表现出诸多不同。主要表现在：泉州天后宫为典型的闽南建筑风格，有红砖墙体、燕尾脊、蟠龙柱及精美的木殿、石雕、砖雕等；青岛天后宫则带有强烈的北方建筑风格，屋顶多采用硬山顶，建筑装饰也较为简单，多采用彩画的装饰形式，颜色以青绿色为主。与泉州天后宫相比，青岛天后宫更显朴素、低调、沉稳。当然，两者也不无相同之处，两者都祭祀妈祖这一海神，建筑装饰上都使用了大量龙的图案以及代表海洋的"水浪"，同时妈祖又是女神，装饰图案中不乏代表女性特征的凤鸟、花草等。

综上所述，天后宫的建筑布局及单体在其建筑功能相同的情况下多多少少受到地域特征的影响，建筑造型和装饰受地域特征的影响同样存在。

6.1.3 不同地域福建会馆对比研究

福建会馆是明清时期区别于传统天后宫而新生出的一种建筑类型，是福建商人或移民在外省为同乡人"联乡谊"而建立的同乡会馆。其主要功能不仅用于祭祀家乡的神灵，还作为聚会的场所。因福建会馆由福建人所建，必然具有福建地方特色，又因建在外地，建筑风格势必受到当地建筑风格的影响。本节选取了调研过程中涵盖北方沿海城市、南方沿海城市和内陆地区三个迥然不同的地域的福建会馆进行比较研究，试图阐述福建会馆所表现出来的"原乡性"和"地域性"的双重特征（表6-3）。

表 6-3 宁波庆安会馆、烟台福建会馆、芷江天后宫建筑形态比较

名称	宁波庆安会馆	烟台福建会馆	芷江天后宫
建造年代	清道光三十年（1850）	清光绪十年（1884）	清乾隆十三年（1748）
建造背景	宁波船帮为祭祀妈祖、为船工提供娱乐聚会的场所而建	福建人为联乡谊、祭祀妈祖而建	福建商人为联乡谊、祭祀妈祖而建
总体布局			
建筑单体 - 山门			
建筑单体 - 戏台			
建筑单体 - 天后殿			

续表

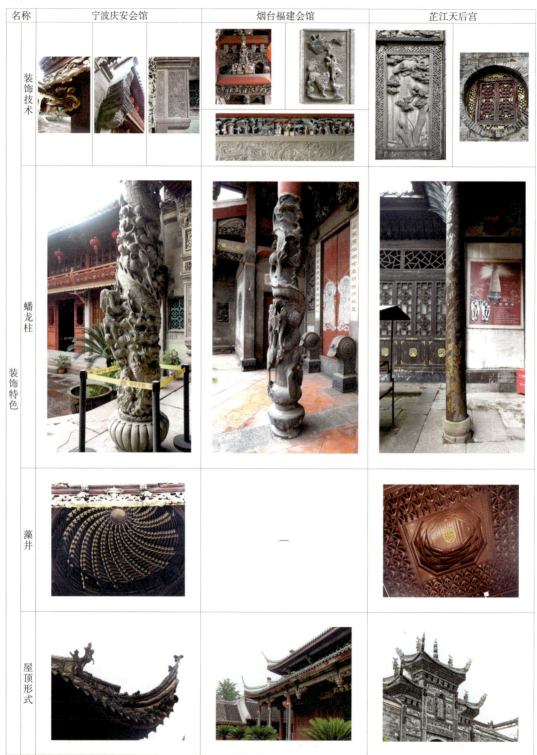

6.1.3.1 平面布局

福建会馆仍采用中轴对称的建筑布局，轴线上分布山门、戏台、正殿等建筑。但与天后宫不同，福建会馆的建筑布局方式更趋近于中国传统建筑中的宗祠建筑。值得一提的是，庆安会馆具有独特的建筑布局方式，成为福建会馆中最为特殊的一种建筑类型。究其原因，庆安会馆与其他福建会馆不同，由宁波船帮所建，是宁波船帮聚会、娱乐的场所。而宁波人祭祀妈祖是因为宁波作为沿海港口城市深受妈祖文化的影响，船帮尤为重视妈祖，因此在宁波的船帮会馆中才会有祭祀妈祖一说。庆安会馆的建筑形式集祭祀妈祖和聚会娱乐为一体，两者严格区分。在建筑布局中可以看到，庆安会馆分为前后两个戏台，前戏台为祭祀妈祖表演时所用，后戏台则为会馆举行庆典时所用。

6.1.3.2 建筑单体

从建筑单体形式上来看，三座福建会馆各具特色，反映出三座会馆功能侧重点不同。庆安会馆将祭祀功能与集会功能区分开，但前戏台相比后戏台的规模大，祭祀妈祖大殿的规模比较宏伟，从建筑单体的规模上看，祭祀仍然占据相对重要的地位。烟台福建会馆与庆安会馆所在地都是沿海城市，烟台福建会馆中祭祀功能也处于重要地位，戏台建筑相对规模较小。到了内陆地区的芷江天后宫，祭祀功能已经淡化，集会功能成为福建会馆中的重点，戏台相较于天后殿更加气派，且用作观演的庭院空间也较之祭祀空间更加宽敞。造成这一现象的原因是由于浙江宁波和山东烟台同属沿海城市，受妈祖文化的影响主要来自海洋文化，不仅福建人，当地百姓对妈祖的认可度也很高，所以祭祀妈祖呈现为一种普遍存在的现象；而湖南芷江属于内陆地区，对妈祖的认识完全由福建移民或商人带入，是受移民文化的影响，所以福建会馆更多的是联乡谊，作为同乡人聚会的场所，祭祀只是辅助功能。

6.1.3.3 建筑装饰

不同地域的福建会馆都以福建地区的天后宫为原型建造，势必带有闽南建筑的风格。如三座天后宫中都具有高高翘起的屋脊、蟠龙柱、藻井（烟台福建会馆没有）以及雕刻精美的木雕、砖雕、石雕和带有细部的花岗石窗框等闽南建筑特有的建筑特色。然而，通过对比不难发现，三座福建会馆各自特色鲜明，受到各自地域的建筑特色影响。如庆安会馆中的木雕多为朱金木雕，是宁波特有的雕刻手法；庆安会馆的围墙多采用南方建筑特有的马头墙作为封火墙的形式，这在芷江天后宫中也有体现；芷江天后宫中山门采用牌坊式，且相较于其他福建会馆更加高大，是受到了芷江所处的特定地理环境的影响；到了山东烟台地区，建筑则采用青砖青瓦的建造形式，体现为北方建筑的特色。

综上所述，不同地域的福建会馆受福建地区建筑风格和当地建筑风格的双重影响，是两种风格相互融合的结果，其孰轻孰重则又受到当地所信奉的文化影响。

6.1.4 相同地域天后宫、福建会馆对比研究

以上对天后宫、福建会馆分别进行分类对比，然而天后宫与福建会馆之间是否存在某种联系？本节排除地域特征的影响，选取山东地区的天后宫和福建会馆进行对比研究，以探讨天后宫、福建会馆建筑之间的相同点和差异（表6-4）。

6.1.4.1 平面布局

福建会馆区别于天后宫最本质的特征在于从以祭祀妈祖为主转变为以聚会为主，而同时存在天后宫、福建会馆的地域，必然是沿海城市。烟台福建会馆与青岛天后宫的主要不同之处在于烟台福建会馆由福建人所建，福建当地天后宫的特色被融入其中，而青岛天后宫由当地人为祭祀妈祖而建，属于寺庙建筑类型。烟台福建会馆以泉州天后宫为原型修建，中轴对称，主轴线上包括门厅、戏台、山门、大殿等建筑；青岛天后宫以寺庙建筑为原型建造，中轴对称，山门两边分设钟鼓楼，中轴线上依次有山门、戏台、牌坊、妈祖殿等建筑，两边还分设有祭祀其他神灵的庙宇，是完完全全的寺庙建筑群。

6.1.4.2 建筑单体

相较于青岛天后宫，烟台福建会馆中的天后殿规模更大，也更为突出。这说明妈祖在整个建筑群中占据核心地位，其他建筑单体都是为祭祀妈祖服务。而青岛天后宫中，妈祖殿虽然处于整个建筑群轴线的核心位置，但周边设置了其他神灵的庙宇，使得青岛天后宫成为主祭妈祖的寺庙建筑群。

6.1.4.3 建筑装饰

从建筑装饰及风格来看，两者之间既相似又有所不同。烟台福建会馆集闽南建筑风格与北方建筑风格于一体，既有北方建筑中常用的青砖青瓦，又有闽南建筑中的屋顶形式"燕尾脊"、颜色艳丽的木雕装饰等。而青岛天后宫完全体现为北方建筑风格，朴素、沉稳，没有太过华丽的装饰。

表6-4 烟台福建会馆、青岛天后宫建筑形态比较

名称	烟台福建会馆	青岛天后宫
建造年代	清光绪十年（1884）	明成化三年（1467）
建造背景	福建人为联乡谊、祭祀妈祖而建	为祭祀妈祖而建
总体布局		
建筑单体 / 山门		
建筑单体 / 戏台		
建筑单体 / 天后殿		

续表

名称		烟台福建会馆	青岛天后宫
装饰技术			
装饰特色	蟠龙柱		—
藻井		—	—
屋顶形式			

综上所述，建造者的不同对同一地域的天后宫、福建会馆产生深刻的影响。天后宫更多地受传播地建筑风格的影响，而福建会馆体现的则是诞生地与传播地两种建筑相融合的结果。即从天后宫到福建会馆，建筑所体现出来的传承特征已经从文化传承上升到文化与建筑技术的传承。

6.1.5 综述

从以上对天后宫、福建会馆的分类对比可见，天后宫作为祭祀妈祖的庙宇建筑多受福建当地文化和海洋文化的影响。福建天后宫与其他省份天后宫之间的相似性在于：其一，同属寺庙建筑类型，在平面布局上极为相似；其二，在建筑装饰上都反映了妈祖文化的"海洋性"和"女性"特质。不同点在于，建筑风格上都受所在地建筑风格的影响，不同地域的天后宫呈现出截然不同的建筑风格。福建会馆作为福建人在外地所建的会馆建筑，将建造技术也带入外地，这使得不同地域间的福建会馆存在很多相似之处，在建筑风格上都带上了闽南建筑特色，建筑功能、布局等也基本相同。不同点则表现为融合了当地自身的建筑特色。最后，天后宫、福建会馆之间因为"妈祖文化"而联系在一起，都是妈祖文化传播下的产物，福建会馆由天后宫演变而来，除传承了妈祖文化外，还加入对建造技术的传承。

6.2 福建会馆与其他省份会馆比较研究

会馆是一种客居、流寓外乡的官吏、商人或迁徙的移民群体为共同利益需要而建立的以地域同乡为纽带的民间组织形式。会馆建筑还包括山陕会馆、湖广会馆、江西会馆等，福建会馆仅是地方明清会馆中的一支。不同省份会馆之间的异同能够在一定程度上佐证此时期天后宫、福建会馆的传承与演变关系。故本节将对福建会馆与山陕会馆、福建会馆与湖广会馆、福建会馆与江西会馆进行较为概括性的比较研究。

6.2.1 与山陕会馆比较研究

山陕会馆是指明清时期山西、陕西商人在全国各地建立的会馆组织。下文将从历史沿革、命名方式、分布特征、建筑形制、构造装饰5个方面对福建会馆与山陕会馆进行对比研究。

6.2.1.1 历史沿革

山陕会馆的发展最重要的影响因素是山西、陕西商人的商业贸易发展。明清时期，山西、陕西两省形成的"晋商"和"秦商"是驰名天下的商帮，合称为"西商"，以其强大的经济实力称霸一方。随着秦晋商帮的发展，山陕会馆扩展到全国各地的商业贸易集镇和繁华集市，尤其是北方地区。例如，目前洛阳仍完整地保留有山陕商人建立的会馆，从其庞大的建筑规模和精美的装饰不难看出洛阳的山陕商人曾经的商业地位。清代的洛阳是晋商南下的必经之地，由流经洛阳的洛河乘船可入黄河，向东连京杭大运河而达江南苏杭地区，潞泽会馆就位于这条线路上。由此不难看出，山陕会馆的发展轨迹与山陕商人的商业发展轨迹密切相关。此外，明末清初的战乱促使大量人口发生迁移，山陕会馆与移民线路产生联系，与湖广会馆、江西会馆的移民线路相互交融，被带到四川、重庆、贵州、云南等西南地区。

福建会馆的前期发展是由于妈祖文化的传播，与山陕会馆的发展动因完全不同。随着商品经济的发展和移民活动，两者之间开始有所关联，如在四川境内可以看到各个省份的会馆建筑，这与商业发展和移民活动是分不开的。

6.2.1.2 命名方式

山陕会馆的命名方式非常多样。首先，与福建会馆被称为"天后宫"相同，因山陕会馆供奉的是关帝"关羽"，故也被称为"关帝庙""山陕庙""三义观""财神庙"等。其次，山陕会馆的命名中最为典型的是在"会馆"前加上"地名""行业名"或是其他别称。因山陕会馆由山西、陕西商人所建，多为合建，故也称为"山陕会馆""陕山会馆""秦晋会馆"。而"山""陕"的排序根据两个省份商人的势力和地位决定，在有甘肃商人加入后，山陕会馆被称为"山陕甘会馆"。也有单一省份建立的山陕会馆，如"山西会馆""全晋会馆""三晋会馆""陕西会馆""西秦会馆"等。山陕会馆或以州县命名，如陕西的"三原会馆""泾阳会馆"，山西的"太原会馆""临汾会馆"等。另有以行业名称命名，如甘肃兰州的"骊陕会馆"、陕西西安的"药材会馆"、湖南安化的"陕晋茶商会馆"、陕西龙驹寨的"船帮会馆""马帮会馆"等。综上，山陕会馆是四个省份会馆中命名方式最多样的，而福建会馆命名的最典型特征是根据历代皇帝对其的褒封而来，不如山陕会馆多样。

6.2.1.3 分布特征

山陕会馆与福建会馆相似，分布范围相当广泛，存在于全国的绝大部分省份，包括安徽、福建、甘肃、广东、贵州、河北、河南、黑龙江、湖北、湖南、吉林、江苏、江西、辽宁、青海、山东、山西、陕西、四川、台湾、云南、浙江22个省，广西壮族自治区、内蒙古自治区、宁夏回族自治区、西藏自治区、新疆维吾尔自治区5个自治区以及北京、天津、上海、重庆4个直辖市。山陕会馆最初多集中在北方地区的商贸重镇，如汉口、洛阳、开封等，还有一些分布于重要的交通要道，如社旗、亳州等，另有分布于河流沿线较为险峻之处，商人路经稍做停留之地，如鹿泉、泰安等。后随着商品经济的发展和移民热潮，山陕会馆的分布进一步扩大，出现在南方人口集中、交通便利、商业发达、规模庞大的重镇，如江苏徐州山陕会馆就处于徐州这个"五省通衢"之地。

6.2.1.4 建筑形制

山陕会馆区别于其他省份会馆，源于山陕会馆极具北方建筑特色。从总体布局来看，山陕会馆建筑群呈中轴对称，中轴线上依次由照壁、山门、戏台、牌楼、拜殿、大殿和春秋阁等重要建筑组成，其中照壁是北方建筑中常用到的建筑形式，照壁上多加以精美的雕刻装饰，它的重要性大多数情况下超过山门。此外，受北方建筑体系的影响，山陕会馆的防御性很强，主要表现在建筑入口处多以石墙为主，这种防御性反映了山陕商人在异地经商对外界的防备心理。春秋阁是山陕会馆中独特的建筑单体，是关帝祭祀的一个特点。春秋阁也称"春秋楼"，一般是体量高耸的楼阁建筑，因楼内供奉关羽夜读春秋图的神像而得名。以上是山陕会馆建筑形制中区别于其他省份会馆的部分。随着山陕会馆的传播，山陕会馆也与其他地区的建筑风格相结合，呈现出风格各异的建筑特色，体现出会馆建筑的"原乡性"和"地域性"（图6-1、图6-2）。

6.2.1.5 构造装饰

山陕会馆的构造形式与清代官式建筑一一对应。在山陕会馆中，斗拱的做法区别于其他省份会馆建筑，仍属于官式建筑的做法，主要表现在斗拱的运用上。清代的斗拱已从明代简约的建筑风格转为以装饰为主，风格多样。如社旗山陕会馆的斗拱大样图中既有方形高底大斗，又有圆形大斗浮雕花卉，圆形大斗四面起线。另有连续斗拱在山陕会馆中出现，且山陕会馆中的斗拱装饰非常丰富。山陕会馆在众多会馆建筑中规模最大，建筑的装饰、细部都非常繁复、精美。因山陕会馆祭拜的是"关羽"，所以其装饰题材以三国故事居多，主要通过描绘关羽生前的英雄事迹颂扬关公的品德和情操。此外，铁艺技术也是山陕会馆中独特的装饰特色，并成为展现清代陕西精湛的铁器铸造

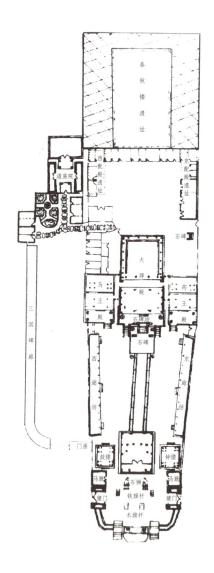

◀ 图6-1 社旗山陕会馆平面
图片来源：《山陕会馆与关帝庙》

▲ 图6-2 洛阳潞泽会馆原入口（上）、春秋阁（下）
图片来源：《山陕会馆与关帝庙》

技艺的重要组成部分。总之，山陕会馆是众多会馆建筑中最具北方特色，也是最为精美的会馆建筑（图6-3～图6-7）。

6.2.2 与湖广会馆比较研究

湖广会馆指由湖广籍官吏、商人和移民者建立的会馆组织。下文从历史沿革、命名方式、分布特征、建筑形制、构造装饰5个方面对福建会馆与湖广会馆进行对比研究。

6.2.2.1 历史沿革

湖广会馆的大规模建设源于"湖广填四川"的移民运动。湖广人远离家乡，迁居异地，为诉乡情、联乡谊、寻求内心的归属感而建立了湖广会馆这一民间组织，作为湖广人在外地娱乐集会的场所。

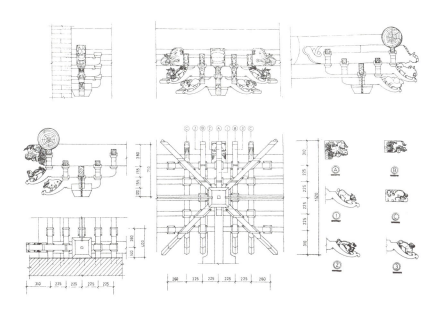

▲图6-3 社旗山陕会馆斗拱大样
　图片来源:《中国古代建筑·社旗山陕会馆》

▼图6-4 自贡西秦会馆斗拱

◣图6-5 自贡西秦会馆斗拱

图6-6 周口关帝庙飨亭、石牌、香炉

图6-7 关帝庙与山陕会馆中的情节装饰

图6-4～图6-7图片来源：《山陕会馆与关帝庙》

湖广会馆的建立与"湖广填四川"移民活动密切相关，它的发展与移民线路有着千丝万缕的联系。古时，湖广移民进入川地的交通主要有水路和陆路两种形式。水路集中在长江流域，由麻城县孝感乡出发，沿长江而上，途经随州、武汉、荆州一带，穿越三峡，进驻重庆、川东地区，再向西扩散。陆路是指由湘川古道入川，包括湖南的长沙、永州、郴州、衡阳以及广东、福建、江西各省的客家人等，由湘西入贵州，穿越黔西山区进入川南，或翻越大巴山进入涪陵地区，再向川中和川西迁移。福建会馆的发展除受移民活动的影响外，还与国家的政治事件以及海洋文化相关，相较于湖广会馆更加复杂。

6.2.2.2 命名方式

湖广会馆的命名方式与福建会馆类似。因湖广会馆多祭拜"大禹"，故也被称为"禹王宫""禹帝宫""禹王庙""禹帝庙"等。另有以出入地命名的方式存在，如黄州会馆、齐安公所等，这种会馆多祭拜圣人和先贤，也有称"帝主（亦称福主）"，故也经常被称为"帝主宫"，在湖北、四川、陕西等地比较常见。湖广会馆的命名方式还与历代皇帝对其的敕封相关，故命名方式更加多样。

6.2.2.3 分布特征

湖广会馆的分布与移民活动密切相关，在四川境内数量最多，其次在贵州、云南、陕西、湖北、河南等地也有相当数量的湖广会馆分布。湖广会馆在四川主要分布于以下几个区域：川东包括以重庆为中心的长江水系区，川西以成都为中心的成都平原地区，川南以犍为、自贡、宜宾为中心的区域，川北以阆中、南充、达州为中心的地区。湖广会馆得以在这些地区建立是因为：重庆市是长江流域的重要交通枢纽，也是湖广移民入川的必经之地；成都作为四川的政治中心，是移民的主要聚集地；以犍为、自贡、宜宾为首的川南地区物产丰富、商业繁荣，因依托沱江、岷江两大水系，交通便利，大量移民和商人前来定居；阆中、南充、达州等地因与陕西接壤，有大量陕西的移民前来。湖广会馆如此大规模地建造，这在四川以外的地区是不存在的。此外，在云南、贵州长江水系经过之地以及陕南地区的汉中府、兴安府和商州也分布有湖广会馆，另在湖北西南部的施南府、湘西、河南、北京等地也有少量湖广会馆存在。

从湖广会馆的分布特征不难看出其与移民活动的密切联系，少数湖广会馆依托商品经济的发展而分布于商业较为繁华的地带。福建会馆遍布全国各地，最远传播到海外地区，分布范围甚广，相比于福建会馆，湖广会馆的分布则更为集中。

6.2.2.4 建筑形制

湖广会馆多集中在四川地区，相较于福建会馆，建筑形制较为统一。平面布局仍沿用会馆建筑的统一布局，呈中轴对称，中轴线上分布山门、戏台、看厅、正殿等重要建筑，两边分设有厢房、廊庑等附属建筑，由多进院落围合而成，功能也主要包括集会和祭祀（图6-8、图6-9）。在建筑风格上，湖广会馆受四川地区多山环境的影响，多采取层层升高的空间序列。在湖广会馆的建筑单体中，还可以看到为顺应山势而采用的"吊脚楼"形式。如重庆湖广会馆建筑群面向长江、顺山势而建，其上下高差多达十余米，形成了丰富的空间层次。又如陕西蜀河的黄州会馆（图6-10），因其戏台与大殿之间高差较大，且距离较远，在两者之间设置逐层升高的台阶，形成了天然的观戏场所。除此以外，湖广会馆也有建于地势平缓的地区，如成都洛带古镇的湖广会馆（图6-11），因其空间开阔，采取了双轴线的布局方式。

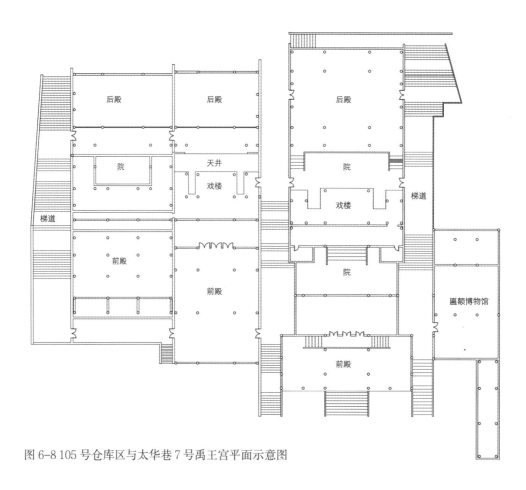

图6-8 105号仓库区与太华巷7号禹王宫平面示意图

↓图 6-9 105 号仓库区与太华巷 7 号禹王宫山门
↑图 6-10 洛带湖广会馆山门
↗图 6-11 陕西蜀河黄州会馆大殿前台阶
　图 6-8 ~图 6-11 图片来源：《明清"湖广填四川"移民通道上的湖广会馆建筑研究》

6.2.2.5 构造装饰

与福建会馆相似，湖广会馆的结构形式包括穿斗式、抬梁式和混合式（穿斗与抬梁相结合）。湖广会馆的斗拱一般作为结构构件承担出挑屋檐，通常采用挑枋与撑拱结合的方式，并与瓜柱一起形成三角形支架，使房架结构更加稳固（图6-12）。也有部分斗拱用于牌楼或入口处，多作为装饰，用材细小，数量较多（图6-13）。

在装饰方面，湖广会馆的装饰取材更加繁复。湖广会馆的装饰题材多以"水"为主题，这首先源于湖广会馆祭拜的是"大禹"，采用"水"作为主题表达了对大禹治水的敬仰，如重庆龙兴古镇禹王宫的戏楼栏板中的雕刻以水为主要元素（图6-14）。其次，湖广地区湖泊众多，水系发达，采用"水"作为主题反映了湖广移民对故乡的思念之情。湖广会馆的装饰艺术还表达出对本土文化的认同感，例如齐安公所的戏楼额枋下有描写杏花村场景的雕刻图案（图6-15），杏花村所指即麻城孝感乡，是湖广移民著名的集散地。

6.2.3 与江西会馆比较研究

江西会馆是由江西人在异地所建立的会馆组织，受"江西填湖广、湖广填四川"移民运动的影响，与湖广会馆相似。下文从历史沿革、命名方式、分布特征、建筑形制、构造装饰5个方面对江西会馆与福建会馆进行比较。

6.2.3.1 历史沿革

在"江西填湖广、湖广填四川"的移民运动中，江西人一部分选择在湖广地区定居，另一部分则继续随着湖广移民进入了四川、陕西等地。江西移民早期多为生活移民，受生计所迫，被动迁徙。到了清中后期，江西移民中出现了大量商人团体，移民的性质由生活移民转变为商业移民。与大多数省份移民相同，江西移民也在各地建造祠堂、会馆等建筑物，一则缅怀故土，二则增加同乡之间的情谊。因此，在湖广地区和四川等地建造了许多江西会馆。

6.2.3.2 命名方式

会馆建筑中都有自己祭拜的"乡神"，如福建会馆祭拜妈祖，山陕会馆祭拜关帝，湖广会馆祭拜大禹，江西会馆则祭拜乡神"许真君"。在江西，祭拜许真君的庙宇被称为万寿宫，故江西会馆也称"万寿宫"。除此之外，江西会馆的命名方式还有很多，如省级性质的多称为"江西庙""旌阳宫""真君宫""轩辕宫""五显庙""九皇宫"等。另有以独立个人姓氏或故乡来命名的江西会馆，如江西

▲图 6-12 重庆齐安公所看厅出挑
↗图 6-13 湖广会馆禹王宫牌楼龙头斗拱
↘图 6-14 重庆龙兴古镇禹王宫戏楼栏板雕刻
↘图 6-15 齐安公所的戏楼额枋下雕刻：左为重庆本地风光雕刻，右为杏花村图
　图 6-12~图 6-15 图片来源：《明清"湖广填四川"移民通道上的湖广会馆建筑研究》

抚州人在泸县、叙府、屏山县的"抚州馆",江西吉安人在成都、叙府等地建的"吉安公所""吉安公馆""萧公祠""昭武祠""二忠祠"等,江西南昌人建的"豫章会馆",江西吉州人氏建的"文公祠"等。由此可见,江西会馆同福建会馆一样,命名方式丰富杂乱。

6.2.3.3 分布特征

江西会馆的分布与"江西填湖广、湖广填四川"移民路线的分布大体相同。在川东、川中、川西、川北、川南与川西南各地皆有江西会馆。特别是长江流域沿线的成都平原、川中、川南等地,因商业繁荣,人口众多,吸引了大量江西商帮前来并兴建江西会馆。在贵州的黔北、黔东、黔中与黔南地区,特别是与四川交界的长江支流沿线,如习水、赤水、乌江等,都有江西会馆出现。在云南,江西会馆多集中在中部、北部和南部。

江西会馆从分布情况来看与湖广会馆的分布有很多重合之处,说明了两者移民路线的交融性。

6.2.3.4 建筑形制

江西会馆是四类会馆建筑中规模较小的一类,其建筑形制较为简单,一般为一进院落围合而成,主要建筑有山门、戏台、正殿等(图6-16)。江西会馆很好地体现了会馆建筑中"原乡性"和"地域性"的融合,其山门就极具故乡标识特征。江西会馆的山门多采用随墙式,即在建筑的围墙上开设入口,连同山墙面的封火山墙,做成"五花山墙"式,这种形式在江西民居、祠堂等建筑中非常普遍。随着江西会馆在西南地区的建立,这一形式也被带到了西南地区,如贵州复兴场万寿宫山门(图6-17),入口为三门形式,主入口位于正中央,与江西西山玉隆万寿宫山门如出一辙(图6-18)。另外封火山墙也是江西移民带到西南地区的一种建筑形式。

四川地区的江西会馆也受当地建筑特色的影响,呈现出"地域性"特征。这与前文提到的湖广会馆类似,在四川地区的江西会馆与在四川地区的湖广会馆在建筑风格上有着诸多相似之处。江西会馆通常受山地地形限制,只有一条轴线,轴线上依次有戏台、正殿、后殿等建筑物,两侧分布厢房、耳房等,整个建筑群高差较大(图6-19)。而建于开敞空间的江西会馆多采用多轴线的布局方式,如贵州石阡万寿宫等(图6-20)。

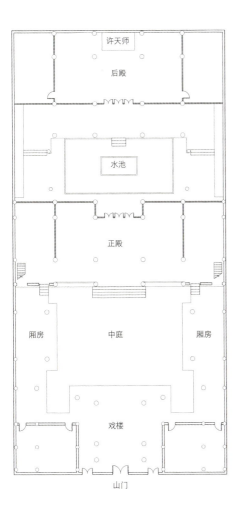

▲图 6-16 贵州复兴场万寿宫平面示意图
◤图 6-17 贵州复兴场万寿宫山门
◤图 6-18 江西西山玉隆万寿宫山门
➤图 6-19 贵州镇远万寿宫
➤图 6-20 贵州石阡万寿宫

6.2.3.5 构造装饰

在构造装饰方面，江西会馆与湖广会馆具有极大的相似性，尤其在结构形式和斗拱的运用上如出一辙。江西会馆也有其自身的特色，如江西会馆戏台的檐口较为平缓，不同于其他会馆的檐口高翘。且戗脊较长，正脊山墙两侧的收山明显，整体尽显端庄稳重。建筑的用材也相对较大，柱子粗壮，撑弓直径较大。江西会馆建筑一般较为朴实典雅，很少施金，色彩上多为黑色、红色。

6.3 天后宫与福建会馆传承与演变的影响因素

综合以上章节对天后宫、福建会馆的建筑形态比较研究发现，天后宫、福建会馆在自身之间的传承与演变以及两者之间的传承与演变中，有着极大的相似之处，同时也存在明显的差异。本节主要探讨产生其相似与不同的原因。

（1）地理环境的客观因素，使得天后宫、福建会馆在传承与演变过程中发生变化。

这里提到的地理环境是指天后宫、福建会馆建筑所在地的周边环境特征、地形地貌等，也就是我们现在所说的场地特征。一座建筑的形成与其周边的环境、场地关系密切，天后宫、福建会馆也不例外。例如，镇远天后宫居山地而建，因用地局促而形成了与众不同的平面布局形式，即山门脱离主要轴线设置，又因戏台临崖而建，戏台建造成山地建筑特有的吊脚楼形式。因此，地理环境的不同，必然带来天后宫、福建会馆在建筑形态上的差异。

（2）不同地区的地域特征和建筑文化使得天后宫、福建会馆呈现不同的建筑形态。

在天后宫、福建会馆不同地域的传承与演变中，妈祖是以两种身份存在的：一种以"海神"的身份存在，受海洋文化的影响，多表现在沿海地区的天后宫中；另一种则作为福建本地的"地方神"，受地方文化以及移民文化的影响，多表现在内陆地区的福建会馆中。沿海地区建立天后宫多是为了祭祀妈祖，保佑海上航行平安；而内陆地区的福建会馆多是福建人为了联络乡情、洽谈生意而建，祭祀妈祖是因为妈祖是他们的"地方神"。一些沿海地区同时受移民文化和海洋文化的影响，也就出现了天后宫和福建会馆同处一室的现象。根据当地对海洋文化的接受程度，福建会馆又呈现了三种不同的模式：一种为以祭祀妈祖为主、以集会功能为辅助作用的福建会馆，如烟台福建会馆，因烟台位于我国北方沿海，受海洋文化影响较大；

▲图 6-21 山东青岛天后宫
◤图 6-22 天津天后宫
▲图 6-23 江苏南京天妃宫
◤图 6-24 上海松江天后宫

另一种则是内陆地区以集会为主、以祭祀为辅的福建会馆，如芷江天后宫、镇远天后宫；还有一种则两者兼顾，如宁波庆安会馆。

（3）同为妈祖文化的物质载体，使得天后宫、福建会馆在建筑装饰上有着极大的相似之处。

从本次调研结果能明显地看出，不同地域环境中的天后宫的建筑形态与当地其他宗教建筑或民居建筑并没有明显的差别。如青岛天后宫（图6-21）和天津天后宫（图6-22）等都表现为明显的北方建筑风格，南方沿海地区的天后宫，如南京天妃宫（图6-23）、上海松江天后宫（图6-24），又有着明显的南方建筑特色。而将天后宫与当地其他建筑区分的方式主要体现在装饰细部上。因为妈祖是"天后级"的海神，所以几乎所有的天后宫在建筑装饰上都使用了大量与水相关的图案以及与水相关的动物、植物等装饰题材；同时，妈祖又是女神的代表，所以在装饰题材上不乏凤鸟、花草等象征女性的特征；再者，福建会馆本身由福建人所建，其建筑装饰上有关妈祖文化的体现就更加突出。总之，天后宫、福建会馆的建筑装饰相较于其他建筑而言都较为繁复、颜色艳丽且富丽堂皇。

（4）福建会馆中建筑技术的传承，使得会馆建筑具备"原乡性"和"地域性"的双重特征。

从调研成果来看，不同地域之间天后宫的相似特征并不明显，但福建会馆的建造模式却非常相似。究其原因在于，商业移民过程也成为建造技术传播的过程。如烟台福建会馆的主要建筑材料均来自闽南地区，建筑的构件也由闽南工匠建造后运至烟台组装，这同时反映了当时南方建筑的构造技术和雕刻工艺优于北方的状况；在烟台福建会馆中仍能够看到北方建筑的影子，这是闽南地区的建筑特色随着妈祖文化的传播传入北方后与北方沿海地区的建筑风格产生融合的结果。

总之，从天后宫到福建会馆，是将文化传承上升到了文化与技术的传承。天后宫、福建会馆并没有固定的建筑形制约束，不同地区的天后宫、福建会馆在传承、演变中呈现出不同的建筑形态，这也体现了建筑始终是服务于社会生活而产生的，是文化的一种物质载体。

6.4 天后宫与福建会馆传承与演变的现实意义

6.4.1 文化传承

天后宫、福建会馆是承载着多种文化的复合体，是同类型建筑中分布最广、数量最多的建筑群，也是承载着重要历史价值的实物史料。尤其是在特定历史条件下，中央政府对航运安全精神寄托了特殊要求，元代的海上漕运、明代的运河漕运和海上贸易的发展、清代的台湾统一以及对台湾的管理，这些国家大事都与天后宫的建立密切相关，天后宫的发展俨然一段中国历史的发展史。所以，天后宫所代表的妈祖文化，也是中国历史文化中非常重要的组成部分。随着"21世纪海上丝绸之路"的提出，妈祖文化更成为全人类尤其是海上丝绸之路沿线国家共属的精神财富。因此，推动妈祖文化的交流和传播，在当今社会仍然具有重大意义。

明清时期，在商业活动和移民热潮的带动下，福建会馆成为传播妈祖文化的主要媒介。福建会馆不再仅仅是祭祀妈祖的庙宇，还兼具集会和寄寓的功能，成为同乡人之间相互交际、联络感情的理想场所。福建会馆所映射出的文化在现代社会中具有凝聚情感、强化文化认同、充当人际沟通桥梁的作用。由此，妈祖文化不仅具有神缘文化的特质，还是民族文化的象征，传承妈祖文化，可以促进华侨与所在国人民之间的感情联络，充分增强21世纪海上丝绸之路沿线国家地区民众的凝聚力和创造力。

6.4.2 技术传承

技术传承主要体现在福建会馆的建造方面。福建会馆由福建人在外乡所建，在建筑的构造和营造上必将延续原乡的祖传的工艺，同时又受当地文化和地域特征的影响，因此在传入地便形成了两地文化交融的特色的建筑形式。可以说，福建会馆的建造技术体现出一定的时代性，在信息交流不够便捷的古代，建筑风格和技术上的许多方面，更多地体现为一种地域现象，这与当下提倡的地域建筑设计不谋而合。因此，探索天后宫、福建会馆建造技术的传承，是对中国传统建筑的地域性特征的提炼。而挖掘地域文化，将之运用到当下的建筑设计中，渗透一定的地域性特征，形成当地特有的文化特色，才能实现文化的传承。

本章小结

本章具体分析天后宫、福建会馆在建筑形态上的差异和影响其传承与演变的因素，将天后宫、福建会馆分为若干类，从建筑布局、建筑单体和装饰特色三方面详细论述，从而得出天后宫、福建会馆在建筑形态上的异同点，以及天后宫、福建会馆在传承与演变过程中的影响因素。最后，总结了天后宫、福建会馆的传承与演变在当下的现实意义，从而印证了建筑和文化的相互作用。妈祖文化是一个多元文化的复合体，由此产生出的天后宫、福建会馆也受多方因素的影响，呈现出风格迥异的建筑特色。

结 语

通过相关史料的阅读、网上资料的汇总,并结合实地调研考察,本书共整理出 862 座有史料记载的全国范围内的天后宫和福建会馆(附录一),以及 55 座我国大陆地区现存的天后宫和福建会馆(附录二)和 100 座港、澳、台地区现存的天后宫和福建会馆(附录三)。妈祖信仰是中国唯一一个仍然拥有相当数量信众的民间信仰,香火依然非常旺盛。尤其是在福建地区,仍有不少信众到湄洲岛妈祖祖庙进香、分灵。在中国大陆除福建省以外的地区,天后宫、福建会馆多作为旅游景点存在,如天津天后宫、青岛天后宫、镇远天后宫、宁波庆安会馆等,并没有人专程前来祭拜妈祖,这也是历史发展的必然结果。妈祖早期是福建人的地方神,由于河运、海运的发展才得益与兴盛,因此妈祖文化并没有深入到传播地的生活中去,只是与河运、海运有着密切的联系。铁路、公路等陆路交通出现后,其便捷性大大优于水路交通,所以对妈祖的"海神"信仰开始慢慢减弱,也使得天后宫、福建会馆趋于衰败。

天后宫、福建会馆区别于其他宫庙建筑的另一大特征是,妈祖文化随着海外贸易传入港、澳、台甚至海外地区。目前,闽台地区的天后宫、福建会馆香火最旺。究其原因,首先,福建地区是妈祖的诞生地,在福建地区妈祖不仅只是"海神",更是福建地区的"地方神"。妈祖信仰在福建地区根深蒂固,已经渗透到福建当地居民的生活中,成为福建人的文化符号。在福建当地,大大小小的天后宫数不胜数,前往祭拜妈祖的民众络绎不绝。其次,在台湾地区,妈祖仍保有至高无上的地位,台湾的妈祖信仰是在明清之际由大陆移民渡海来台时引进的。由于台湾与福建仅一海之隔,移民台湾的福建人数量最多,妈祖文化也就因此在台湾扎根。在台湾,妈祖信仰早就深植在台湾先民们的心中,世代相传,直到现在。

妈祖文化搭起了牵动海峡两岸文化交流的桥梁,特别是在台胞寻根谒祖热潮的激发下,政府开始积极参与对妈祖文化的宣扬与保护,加强对天后宫、福建会馆的重修和维护。同时,台湾各地神庙纷纷组织香团返回大陆寻根拜祖,促进了两岸民间文化的密切交流。据湄洲妈祖祖庙不完全统计,从 1992—2009 年 6 月份,台胞赴妈祖祖庙参加庆典活动的团队就有 13 569 个,人数近 35 万人。从 1987—2009 年,来湄洲祖庙朝拜妈祖的台胞近 230 万人次[1]。由此可见,妈祖文化在推动海峡两岸文化交流上起到了很好的推动作用,这对于维护国家统一而言具有重大意义。天后宫、福建会馆建筑方兴未艾,对天后宫、福建会馆的研究具有很强的现实意义。

[1] 俞黎媛. 当前福建"妈祖热"的生态学研究[J]. 莆田学院学报, 2014, 21 (1): 1-8.

参考文献

著 作

[1] 黄仲昭. 八闽通志·卷五十八[M]. 福州：福建人民出版社，1990.
[2] 张书简. 建宁县志（全）·卷六[M]. 台北：成文出版社，1967.
[3] 肖一平，林云森，杨德金. 妈祖研究资料汇编[M]. 福州：福建人民出版社，1987.
[4] 汪洁，林国平. 闽台宫庙壁画[M]. 北京：九州出版社，2003.
[5] 郑元祐. 侨吴集·卷十一[M]. 台北：中央图书馆，1970.
[6] 谢杰. 虔台倭纂·下卷[M]. 台北：中央图书馆，1985.
[7] 谢肇淛. 五杂俎·卷四·地部[M]. 沈阳：辽宁教育出版社，2001.
[8] 民国醴陵县志·氏族志[M]. 南京：江苏古籍出版社，2002.
[9] 乾隆沅州府志·卷七[M]. 南京：江苏古籍出版社，2002.
[10] 黄贵武. 中国苗疆古城：镇远历史研究[M]. 镇远县史志办公室，2004.
[11] 陆元鼎，潘安. 中国传统民居营造与技术[M]. 广州：华南理工大学出版社，2002：104.
[12] 韩森著，包伟民. 变迁之神：南宋时期的民间信仰[M]. 杭州：浙江人民出版社，1999.
[13] 林国平. 福建民间信仰[M]. 福州：福建人民出版社，1993.
[14] 朱天顺，张大任，郭美娟，等. 妈祖研究论文集[M]. 厦门：鹭江出版社，1989.
[15] 李献璋. 妈祖文献资料汇编[M]. 北京：泰山文物出版社，1979.
[16] 李献璋. 妈祖信仰的研究[M]. 郑彭年，译. 刘月莲，校. 澳门：澳门海事博物馆，1995.
[17] 蒋维锬. 妈祖文献资料[M]. 福州：福建人民出版社，1990.
[18] 蒋维锬，杨永占. 清代妈祖档案史料汇编[M]. 北京：中国档案出版社，2003.
[19] 莆田学院妈祖文化研究所. 妈祖文献史料汇编：第一辑[M]. 北京：中国档案出版社，2007.
[20] 莆田学院妈祖文化研究所. 妈祖文献史料汇编：第二辑[M]. 北京：中国档案出版社，2007.
[21] 李云锡. 海外与港澳台妈祖信仰研究[M]. 北京：华夏出版社，2008.
[22] 赵逵. "湖广填四川"移民通道上的会馆研究[M]. 南京：东南大学出版社，2011.
[23] 赵逵，邵岚. 山陕会馆与关帝庙[M]. 上海：东方出版中心，2015.
[24] 王日根. 中国会馆史[M]. 上海：东方出版中心，2007.
[25] 林祖良. 妈祖[M]. 福州：福建教育出版社，1999.
[26] 柳肃撰. 会馆建筑[M]. 北京：中国建筑工业出版社，2015.

[27] 刘致平. 中国建筑结构与类型 [M]. 北京：中国建筑工业出版社，2000.

[28] 林国平，邱季端. 福建移民史 [M]. 北京：方志出版社，2004.

[29] 曹春平. 闽南传统建筑 [M]. 厦门：厦门大学出版社，2006.

学位论文

[1] 李凡. 山东地区妈祖信仰研究 [D]. 济南：山东大学，2015.

[2] 闫化川. 妈祖信仰的起源及其在山东地区传播史研究 [D]. 济南：山东大学，2006.

[3] 柴洋波. 近代运河城市形态变迁——以镇江与扬州为例 [D]. 南京：东南大学，2012.

[4] 姚舒然. 妈祖信仰的流布与流布地区妈祖庙研究 [D]. 南京：东南大学，2007.

[5] 邵岚. 山陕会馆的传承与演变研究——从关帝庙到山陕会馆的文化视角 [D]. 武汉：华中科技大学，2013.

[6] 陈晴晴. 妈祖文化的地理过程与空间影响研究——以福建省为例 [D]. 泉州：华侨大学，2015.

[7] 林然. 福建民间信仰建筑及其古戏台研究 [D]. 泉州：华侨大学，2007.

[8] 熊慧莹. 妈祖宫庙建筑装饰艺术研究 [D]. 武汉：华中科技大学，2012.

[9] 王芋萱. 妈祖文化在环渤海地区的历史传播与地理分布 [D]. 青岛：中国海洋大学，2008.

[10] 胡孝忠. 四川的天后信仰史研究 [D]. 济南：山东大学，2008.

[11] 赵素菊. 山东妈祖建筑初探 [D]. 青岛：青岛理工大学，2008.

[12] 郭学仁. 湖南传统会馆研究 [D]. 长沙：湖南大学，2006.

[13] 高黎. 宋元时期泉州地区海神信仰的变迁 [D]. 泉州：华侨大学，2011.

[14] 吴丽丽. 上海地区妈祖信仰研究 [D]. 上海：华东师范大学，2010.

[15] 姜琨. 大连地区妈祖文化研究 [D]. 沈阳：辽宁师范大学，2011.

[16] 陈丽. 舞水流域妈祖信仰研究——以怀化市芷江镇为例 [D]. 北京：中南民族大学，2014.

[17] 谢柯宝. 浙东地区妈祖信仰研究 [D]. 宁波：宁波大学，2012.

[18] 郑衡泌. 妈祖信仰传播和分布的历史地理过程分析 [D]. 福州：福建师范大学，2006.

[19] 曾柳银. 秀山天后宫设计研究 [D]. 重庆：重庆大学，2015.

[20] 谭琳姗. 泉州天后宫的建筑艺术与场所精神 [D]. 杭州：中国美术学院，2013.

[21] 孙晓天. 辽宁地区妈祖文化调查研究 [D]. 北京：中央民族大学，2011.

期刊论文

[1] 朱天顺. 妈祖信仰的起源及其在宋代的传播[J]. 厦门大学学报：哲学社会科学版, 1986（2）：102-108.
[2] 朱天顺. 元明时期促进妈祖信仰传播的主要社会因素[J]. 厦门大学学报：哲学社会科学版, 1986（4）：16-24.
[3] 朱天顺. 清代以后妈祖信仰传播的主要历史条件[J]. 台湾研究集刊, 1986（2）：49-57.
[4] 朱天顺. 妈祖信仰与两岸关系[J]. 台湾研究集刊, 1998（1）：44-53.
[5] 伊能嘉矩. 台湾汉人信仰之海神[J]. 人类学杂志, 1918, 303（6/8）.
[6] 顾领刚. 天后[J]. 民俗, 1929（41/42）.
[7] 容肇祖. 天后[J]. 民俗, 1929（41/42）.
[8] 王元林, 邓敏锐. 明清时期海南岛的妈祖信仰[J]. 海南大学学报：人文社会科学版, 2004, 22（4）：381-386.
[9] 刘福铸. 福建乡镇志中的妈祖史料[J]. 莆田学院学报, 2004（1）.
[10] 陈丽. 论舞水河流域妈祖信仰的形成[J]. 怀化学院学报, 2013（4）:4-7.
[11] 黄善言. 芷江天后宫石坊[J]. 古建园林技术, 1993（2）.
[12] 袁海滨. 三津福主 四海同光——天津天后宫的地域性传统文化内涵[J]. 重庆建筑大学学报：社科版, 2000（4）.
[13] 韩博溢. 贵州镇远天后宫古建筑探析[J]. 黑龙江科技信息, 2017（12）.
[14] 刘正刚. 清代四川天后宫考述[J]. 汕头大学学报：人文科学版, 1997（5）.
[15] 蒋维锬. 清代的商帮会馆与天后宫[J]. 海交史研究, 1995（1）.
[16] 陈尚胜. 清代的天后宫与会馆[J]. 清史研究, 1997（3）.
[17] 王日根. 论明清福建会馆的多种形态[J]. 中国社会经济史研究, 1995（3）.
[18] 于建华. 烟台福建会馆及其勘察测绘[J]. 古建园林技术, 2002（2）.
[19] 何兰, 张旭, 陈爽. 天后宫的里与外——从建筑及装饰说起[J]. 大家, 2012（17）.
[20] 黄浙苏. 从庆安会馆看妈祖文化的地域特色[J]. 宁波论坛, 2003（4）：27-28.
[21] 黄浙苏. 宁波天后宫雕刻特色研究[J]. 莆田学院学报, 2011, 18（4）：7-11.
[22] 丁洁雯. 大运河（宁波段）与海上丝绸之路的重要衔接——论庆安会馆的起源、价值与保护对策[J]. 宁波大学学报：人文版, 2016, 29（4）：15-19.
[23] 杨文棋. 略谈妈祖宫庙类全国重点文物保护单位[J]. 福建史志, 2016（2）.

[24] 刘树老. 芷江天后宫门坊石雕图像的妈祖文化隐喻 [J]. 装饰，2016（1）：116-117.
[25] 黄海燕，李秀. 男权社会中的女神崇拜——福建妈祖崇拜原因探析 [J]. 福建师大福清分校学报，2014（4）：8-12.
[26] 张昆振. 由清代官祀天后体系看台湾官祀天后宫建筑的几点特色 [J]. 台湾人类学刊，2008，6（1）：133-162.
[27] 翁卫平. 妈祖文化与海峡两岸交流互动 [J]. 闽台文化研究，2011（3）：84-91.
[28] 蒋国经. 芷江"天后宫"：古建筑艺术的活档案 [J]. 档案时空，2008（9）：33-34.
[29] 马飞. 略论微观史学中的提名法和推测法 [J]. 黑龙江史志，2015（1）.
[30] 俞黎媛. 当前福建"妈祖热"的生态学研究 [J]. 莆田学院学报，2014，21（1）：1-8.

外文文献

[1]P Steven Sangren. Female Gender in Chinese Religious Symbols：Kuan Yin, Ma Tsu, and the Eternal Mother[J]. Women and Religion，1983，9（1）：4-45.

[2]P Steven Sangren. Power and Transcendence in the Ma Tsu Pilgrimages of Taiwan, History and the Rhetoric of Legitimacy: The Ma Tsu Cult of Taiwan[J]. American Ethnologist, 1992（3）：564-582.

[3]Chen Min-Hwei. A Study of Legend Changes in the Ma Tsu Cult of Taiwan: Status, Competition, and Popularity[D]. Indiana University，1984.

[4]James L Watson. Standardizing the Gods：The Promotion of T'ien Hou （"Empress of Heaven"） along the South China Coast，960-1960//David Johnson, Andrew Nathan, Evelyn Rawski. Popular Culture in Late Imperial China[M]. Berkeley：University California Press，1985：292-324.

[5]B Eleanor, Morris Wu. Cultural Resource Management of Taipei's Indigenous Folk Temples[J]. Indo-pacific Prehistory Association Bulletin，2006，26：33-38.

[6]D J Macgowan. Chinese Guilds or Chambers of Commence and Trades Unions[J]. Journal of North China Branch of the Royal Asiatic Society（1888-1889）.

[7]Deborah A Brown, Tun-jen Cheng. Religious Relations across the Taiwan Strait：Patterns, Alignments, and Political Effects[J]. Foreign Policy Research Institute，2012：60-81.

[8]Yeh Sam Shih Shuo, Chris Ryan, Ge Maggie Liu. Taoism, Temples and Tourists：The Case of Mazu Pilgrimage Tourism[J]. Tourism Management，2009（30）：581-588.

附录

附录一 天后宫、福建会馆总表

编号	省份	名称	地点	创建时间	资料出处
			大陆地区天后宫、福建会馆		
1	福建	东峤霞屿妈祖镇澜宫	莆田市霞江胜境狮脊山上	1994年	中华妈祖网
2	福建	西湖妈祖宫	莆田市镇海街道梅峰社区北西湖路29号	明代	中华妈祖网
3	福建	东沁妈祖宫	莆田市东沁村东沁自然村	宋宝庆年间（1225—1227）	中华妈祖网
4	福建	赤柱妈祖宫	莆田市镇海街道办英龙居委会北大北南街南	宋代	中华妈祖网
5	福建	贤良港天后祖祠	莆田市秀屿区山亭乡港里村	宋代	中华妈祖网
6	福建	平海天后宫	莆田市秀屿区平海镇海滨路	宋咸平二年（999）	
7	福建	永靖宫	莆田市山亭镇西前村西沙	明代	中华妈祖网
8	福建	隐凤宫	莆田市山亭镇西前村曾店	元代	中华妈祖网
9	福建	普洪宫	莆田市山亭镇西埔口村坑口	1935年	中华妈祖网
10	福建	文山宫	莆田市山亭镇文甲村	清乾隆十四年（1749）	中华妈祖网
11	福建	仁山宫	莆田市山亭镇山亭村	1995年	中华妈祖网
12	福建	仁德宫	莆田市山亭镇下南山山亭街	清康熙二十年（1681）	中华妈祖网
13	福建	龙和宫	莆田市山亭镇蒋山后	宋代	中华妈祖网
14	福建	开善寺	莆田市山亭镇山亭村上南山	宋代	中华妈祖网
15	福建	桂枝宫	莆田市山亭镇山亭村顶南山境内	无考	中华妈祖网
16	福建	现龙宫	莆田市秀屿区山亭乡山柄村	宋代	中华妈祖网
17	福建	湄陀岩	莆田市秀屿区山亭乡山柄村麟山	宋代	中华妈祖网
18	福建	天妃宫	莆田市山亭镇莆禧古城北门	宋代	中华妈祖网
19	福建	凤云宫	莆田市山亭镇利山村山西	明永乐年间（1405—1424）	中华妈祖网
20	福建	水云宫	莆田市山亭镇利山村后郭	明成化元年（1465）	中华妈祖网
21	福建	振山宫	莆田市山亭镇蒋山村后山	宋崇宁二年（1103）	中华妈祖网
22	福建	澜清宫	莆田市山亭镇蒋山后	明天启元年（1621）	中华妈祖网
23	福建	灵慈西宫	莆田市山亭镇港里村港尾	宋、元时期	中华妈祖网
24	福建	灵慈东宫	莆田市山亭镇港里村下宫兜80号	创建于宋代	中华妈祖网
25	福建	开元宫	莆田市山亭镇港里村开元	宋代	中华妈祖网
26	福建	昊曦宫	莆田市山亭镇港里村	元代	中华妈祖网
27	福建	坪顶灵清宫	莆田市山亭镇东仙村山坪顶	明代	中华妈祖网
28	福建	金灵宫	莆田市山亭镇东仙村	明万历三十八年（1610）	中华妈祖网
29	福建	金华宫	莆田市山亭镇东仙村东蔡	无考	中华妈祖网
30	福建	东明宫	莆田市山亭镇东仙村山柄	明代	中华妈祖网
31	福建	凤山寺	莆田市山亭镇东店村田厝	清咸丰年间（1851—1861）	中华妈祖网
32	福建	妈兴宫	莆田市山亭镇东乌村	清嘉庆年间（1796—1820）	中华妈祖网
33	福建	学士天后行宫	莆田市仙游县枫亭镇学士社区宫前	明代	中华妈祖网
34	福建	玉湖宫	莆田市东埔镇下坑村西郑	明代	中华妈祖网
35	福建	威显庙	莆田市东埔镇下坑村	明嘉靖年间（1522—1567）	中华妈祖网
36	福建	麟宫	莆田市东埔镇下坑村西郑	明宣德五年（1430）	中华妈祖网
37	福建	墩兜龟山宫	莆田市东埔镇下坑村墩兜	明宣德五年（1430）	中华妈祖网
38	福建	龙虎宫	莆田市东埔镇西山村	明嘉靖年间（1522—1567）	中华妈祖网
39	福建	山尾天后宫	莆田市东埔镇塔林村	无考	中华妈祖网
40	福建	石龙宫	莆田市东埔镇塔林村泮湖	宋末元初	中华妈祖网
41	福建	龟山宫	莆田市东埔镇塔林村	无考	中华妈祖网
42	福建	东兴社钱山宫	莆田市东埔镇前范社村东兴社东厝	明嘉靖三十五年（1556）	中华妈祖网
43	福建	南兴社钱山宫	莆田市东埔镇前范村	清代	中华妈祖网
44	福建	兴隆宫	莆田市东埔镇乐屿村	明代	中华妈祖网
45	福建	延福社	莆田市东埔镇吉城村	明万历初期	中华妈祖网
46	福建	离山宫	莆田市东埔镇吉城村	明洪武初期	中华妈祖网
47	福建	昭灵宫	莆田市东埔镇何山村	明代	中华妈祖网

续表

编号	省份	名称	地点	创建时间	资料出处
48	福建	华山宫	莆田市东埔镇何山村	明代	中华妈祖网
49	福建	东山宫	莆田市东埔镇何山村社厝	明代	中华妈祖网
50	福建	井上宫	莆田市东埔镇度下村田东自然村	明嘉靖十五年（1536）	中华妈祖网
51	福建	锦田宫	莆田市东埔镇度下村田头自然村	明末	中华妈祖网
52	福建	度下登峰宫	莆田市东埔镇度下村岭头自然村	无考	中华妈祖网
53	福建	白湖顺济庙	莆田市阔口玉湖公园内	宋绍兴二十七年（1157）	中华妈祖网
54	福建	涵江延宁宫	莆田市涵江区延宁社区	明天顺六年（1462）	中华妈祖网
55	福建	仙游度尾龙井宫	莆田市仙游县度尾镇潭边	宋绍兴七年（1137）	中华妈祖网
56	福建	仙游灵慈庙	莆田市仙游县枫亭镇霞桥社区霞贸路	宋代	中华妈祖网
57	福建	新县巩溪宫	莆田市新县镇广宫村洛阳山麓	宋建炎四年（1130）	中华妈祖网
58	福建	东庄玉湖天后宫	莆田市东庄镇石码村	清乾隆年间（1736—1795）	中华妈祖网
59	福建	三妈宫	莆田市枫亭兰友街角头西侧	清雍正十年（1732）	中华妈祖网
60	福建	清风岭天后宫	莆田市城厢区龙桥街道兴安社区	宋代	中华妈祖网
61	福建	莆仙东岳观	莆田市涵江区江口镇锦江路边上	宋代	中华妈祖网
62	福建	湄洲妈祖祖庙	莆田市湄洲岛	宋雍熙四年（987）	中华妈祖网
63	福建	东坑明山宫	莆田市东埔镇东坑村	无考	中华妈祖网
64	福建	霞徐天妃宫	莆田市霞徐明境内（今新开河畔）	南宋	中华妈祖网
65	福建	文峰天后宫	莆田市文献路步行街中段329号	宋绍兴二十五年（1155）	中华妈祖网
66	福建	进福宫	莆田市湄洲镇汕尾村	无考	中华妈祖网
67	福建	湖石宫	莆田市湄洲镇西亭村	明后期	中华妈祖网
68	福建	东埔宝山宫	莆田市东埔镇东埔村	无考	中华妈祖网
69	福建	白石宫	莆田市湄洲镇白石自然村	明天启年间（1621—1627）	中华妈祖网
70	福建	上兴宫	莆田市湄洲镇宫下自然村	无考	中华妈祖网
71	福建	上林宫	莆田市湄洲镇西北角东蔡村	宋代	中华妈祖网
72	福建	莆田龙兴宫	莆田市湄洲镇下村	1994年	中华妈祖网
73	福建	莆田龙桥天后宫	莆田市城厢区龙桥街道龙桥社区	清康熙年间（1662—1722）	中华妈祖网
74	福建	后林玉仙宫	莆田市仙游县大济镇后林村	明代	中华妈祖网
75	福建	东井瑞湖宫	莆田市仙游县大济镇东井村	清嘉庆年间（1796—1820）	中华妈祖网
76	福建	东井格仙宫	莆田市仙游县大济镇东井村	元代	中华妈祖网
77	福建	菜溪乡象星林妃宫	莆田市仙游县菜溪乡象星境内	清代	中华妈祖网
78	福建	壶井妈江宫	福州市文武砂镇壶井村	宋末	中华妈祖网
79	福建	长限灵泉寺妈祖殿	福州市营前街道长限村	1990年重修	中华妈祖网
80	福建	高安妈祖殿	福州市航城街道高安村	无考	中华妈祖网
81	福建	上张玄帝宫妈祖殿	福州市金镇镇胪峰山南麓	明朝中叶	中华妈祖网
82	福建	文昌阁妈祖殿	福州市猴屿乡郑村东北之碧崖上	待考	中华妈祖网
83	福建	猴屿张村妈祖庙	福州市猴屿乡张村，旧属江左里	明代	中华妈祖网
84	福建	沙堤天王寺妈祖殿	福州市潭头镇沙堤村	宋代	中华妈祖网
85	福建	石壁大王庙妈祖殿	福州市文岭镇石壁村境内	明天启年间（1621—1627）	中华妈祖网
86	福建	皇恩寺妈祖殿	福州市金峰镇金峰村	宋代	中华妈祖网
87	福建	坑田道头妈祖庙	福州市玉田镇坑田村道头	明弘治年间（1488—1505）	中华妈祖网
88	福建	厚福杨公庙妈祖殿	福州市潭头镇克凤村明奥自然村	明代	中华妈祖网
89	福建	岭南佑岩庵妈祖殿	福州市潭头镇岭南村	明正统元年（1436）	中华妈祖网
90	福建	岭南仙君寺姆殿	福州市潭头镇岭南村古岩湖蟹山	1992年	中华妈祖网
91	福建	二刘港头宫妈祖殿	福州市潭头镇二刘村境内	无考	中华妈祖网
92	福建	潭头闸兜妈祖庙	福州市闽江入海处	清代	中华妈祖网
93	福建	阜山海洞王后宫	福州市文岭镇阜山海洞	清乾隆十九年（1754）	中华妈祖网
94	福建	漳港天妃宫	福州市长乐区漳港镇繁华地段	明永乐三年（1405）	中华妈祖网
95	福建	仙岐显应宫	福州市长乐区漳港街道仙岐村	元至正年间（1341—1368）	中华妈祖网
96	福建	壶井云母礁天后宫	福州市长乐区文武砂镇壶井村	1998年	中华妈祖网
97	福建	东海天后宫	福州市长乐区文武砂镇东海村	无考	中华妈祖网
98	福建	东岱龙沙宫	福州市长乐区东海之滨	无考	中华妈祖网

续表

编号	省份	名称	地点	创建时间	资料出处
99	福建	克明湾天妃宫	福州市江田镇	明代中叶	中华妈祖网
100	福建	屿头三司塘妈祖殿	福州市古槐镇屿头村	宋代	中华妈祖网
101	福建	洋屿道头天后宫	福州市航城街道洋屿村道头	明崇祯年间（1628—1644）	中华妈祖网
102	福建	西关天后宫	福州市吴航街道西关村	乾隆二十六年（1761）	中华妈祖网
103	福建	河阳文化宫妈祖殿	福州市县治西隅河阳境柿铺	道光二十五年（1845）	中华妈祖网
104	福建	马尾船政天后宫	福州市马尾区婴山	清同治七年（1868）	中华妈祖网
105	福建	马尾琅岐东境天后宫	福州市马尾区琅岐镇下岐村牛屿山	宋元丰七年（1084）	中华妈祖网
106	福建	宁德天后宫	宁德市蕉城区福山村福山路60号	清乾隆二十七年（1762）	中华妈祖网
107	福建	霍童天后宫	宁德市蕉城区	清乾隆五十年（1785）	中华妈祖网
108	福建	前岐妈祖天后宫	宁德市福鼎市前岐镇棋盘山	清初至清康熙五十四年（1715）	中华妈祖网
109	福建	福鼎黄岐天后宫	宁德市福鼎市沙埕镇黄岐村	清道光十三年（1833）	中华妈祖网
110	福建	霞浦松山天后宫	宁德市霞浦县松山村	宋天圣年间（1023—1032）	中华妈祖网
111	福建	霞浦竹江前澳天后宫	宁德市霞浦县沙江镇竹江村	宋庆元年间（1195—1200）	中华妈祖网
112	福建	源兴桥天后宫	龙岩市龙门镇郭村	明正统十年（1445）	中华妈祖网
113	福建	西陂天后宫	龙岩市永定高陂镇西陂村	明嘉靖二十一年（1542）	中华妈祖网
114	福建	汀州天后宫	龙岩市长汀县城东大街	清雍正十年（1732）	中华妈祖网
115	福建	护海妈祖宫	泉州市惠安县东岭镇彭城村港雅自然村	明嘉靖年间（1522—1566）	中华妈祖网
116	福建	长古地	泉州市丰泽区东海街道北星社区海星小区	清乾隆二十五年（1760）	中华妈祖网
117	福建	美山天妃宫	泉州市美山码头	明永乐年间（1403—1424）	中华妈祖网
118	福建	大妈祖宫	泉州市惠安县崇武镇大村	明永乐年间（1403—1424）	中华妈祖网
119	福建	潮显宫	泉州市惠安县净峰镇上厅村	无考	中华妈祖网
120	福建	獭窟妈祖宫	泉州市惠安县浮山村	明永乐九年（1411）	中华妈祖网
121	福建	泉州天后宫	泉州市南门天后路1号	宋庆元二年（1196）	中华妈祖网
122	福建	厦门神宵宫	厦门市湖里区忠仑公园	宋代	中华妈祖网
123	福建	霞美妈祖庙	漳州市漳浦县霞美镇中社村	元代	
124	福建	北门慈佑宫	漳州市漳浦县绥安镇朝阳路头	明代	
125	福建	南门妈祖宫	漳州市漳浦县城南门桥外	明代	
126	福建	鳌东妈祖庙	漳州市漳浦县六鳌镇鳌东村	明代	
127	福建	城顶天后宫	漳州市漳浦县六鳌镇下寮村	明代	
128	福建	甘门妈祖庙	漳州市漳浦县长桥镇甘棠村	明代	
129	福建	官浔灵慈宫	漳州市官浔镇锦江村市场边	明代	
130	福建	旧镇妈祖宫	漳州市漳浦县旧镇城外	清雍正、乾隆年间（1723—1795）	
131	福建	白沙前妈祖宫	漳州市漳浦县旧镇白沙村	清嘉庆二年（1797）	
132	福建	普仔妈祖庙	漳州市漳浦县沙西镇普仔前社	清嘉庆元年（1796）	
133	福建	汕尾妈祖庙	漳州市漳浦县古雷镇汕尾社	清嘉庆年间（1796—1820）	
134	福建	林仓妈祖庙	漳州市漳浦县杜浔镇林仓村	清代	
135	福建	下寨天后宫	漳州市漳浦县沙西镇下寨村	清代	
136	福建	刘坂妈祖庙	漳州市漳浦县霞美镇刘坂村	清代	《妈祖信仰与闽南民间社会整合——以漳浦旧镇为视角》
137	福建	董门妈祖庙	漳州市漳浦县霞美镇董门村	清代	
138	福建	北江妈祖庙	漳州市漳浦县霞美镇北江村	清代	
139	福建	港口妈祖庙	漳州市漳浦县古雷镇港口村	清代	
140	福建	西田妈祖庙	漳州市漳浦县古雷镇港口村	清代	
141	福建	沙洲岛妈祖庙	漳州市漳浦县古雷镇杏仔村	清代	
142	福建	下妈祖庙	漳州市漳浦县古雷镇下村	清代	
143	福建	鳌西天后宫	漳州市漳浦县六鳌镇鳌西村	清代	
144	福建	店下福善宫	漳州市漳浦县六鳌镇店下村	清代	
145	福建	前湖妈祖庙	漳州市漳浦县六鳌镇龙美村	清代	
146	福建	后江代天巡狩宫	漳州市漳浦县六鳌镇山前村	清代	
147	福建	赤土墟妈祖庙	漳州市漳浦县赤土乡墟内旧村	清代	
148	福建	东山妈祖庙	漳州市漳浦县石榴镇东山村	清代	
149	福建	田乾妈祖庙	漳州市漳浦县石榴镇温斗村	清代	
150	福建	红霞妈祖庙	漳州市漳浦县官浔镇红霞村	清代	

编号	省份	名称	地点	创建时间	资料出处
151	福建	石埕妈祖庙	漳州市漳浦县佛昙镇石埕村	1976 年	《妈祖信仰与闽南民间社会整合——以漳浦旧镇为视角》
152	福建	嵩山妈祖庙	漳州市漳浦县佛昙镇岱嵩村	1983 年重建	
153	福建	女中尧舜庙	漳州市漳浦县六鳌镇鳌东村	1991 年	
154	福建	井尾妈祖庙	漳州市漳浦县佛昙镇井尾村	1992 年重建	
155	福建	新厝天上圣母宫	漳州市漳浦县六鳌镇新厝村	1993 年	
156	福建	宫前天后宫	漳州市东山县陈城镇宫前村	明永乐年间（1403—1424）	中华妈祖网
157	福建	乌石天后宫	漳州市旧镇乌石紫薇山	1987 年	中华妈祖网
158	福建	武夷山天上宫	南平市武夷山市星村镇九曲路	清康熙三十九年（1774）	中华妈祖网
159	广东	遮浪宫前天后宫	汕尾市遮浪街道宫前乡金凤地	明万历六年（1578）	中华妈祖网
160	广东	汕尾凤山妈祖庙	汕尾市汕尾港	明末清初	中华妈祖网
161	广东	汕尾安美妈祖庙	汕尾市	清顺治九年（1652）	中华妈祖网
162	广东	汕头妈屿天后宫	汕头市东南出海口	宋淳熙年间（1174—1189）	中华妈祖网
163	广东	南澳深澳天后宫	汕头市南澳县深澳镇海滨村	宋代	中华妈祖网
164	广东	陆丰市鲤鱼潭天后宫	陆丰市城区东南	明末清初	中华妈祖网
165	广东	陆丰市虎岛天后宫	陆丰市螺河下游东岸灯峰山下	宋咸淳年间（1265—1274）	中华妈祖网
166	广东	陆丰市龟山天太后宫	陆丰市金厢镇金厢圩	明万历年间（1573—1619）	中华妈祖网
167	广东	陆丰市福山天后宫	陆丰市城东镇霞湖村	清雍正九年（1731）	中华妈祖网
168	广东	碣石乌坭妈祖宫	陆丰市碣石镇乌坭村	清道光初年	中华妈祖网
169	广东	揭阳石马天后圣母宫	揭阳市石马山头	宋景炎二年（1277）	中华妈祖网
170	广东	揭阳乔林天后宫	揭阳市东山区乔林乡	南宋	中华妈祖网
171	广东	惠来靖海天后宫	揭阳市惠来县	宋建中靖国初年（1101）	中华妈祖网
172	广东	海丰县后门天水宫	汕尾市海丰县	清康熙二十八年（1689）	中华妈祖网
173	广东	海丰公平天后宫	汕尾市海丰县城东北	明弘治三年（1490）	中华妈祖网
174	广东	海丰大德妈祖庙	汕尾市海丰县大湖镇	明初	中华妈祖网
175	广东	潮州江边天后宫	潮州市江边	元至元二十五年（1288）	中华妈祖网
176	广东	潮州广济门边天后宫	潮州市城楼西北侧	元至元二十五年（1288）	中华妈祖网
177	广东	博美天后宫	陆丰市博美镇南端	明洪武年间（1368—1398）	中华妈祖网
178	广东	南沙天后宫	广州市南沙区大角山东南麓	始建于宋，重修于明	中华妈祖网
179	广东	深圳赤湾天后宫	深圳市小南山麓	宋代末年	中华妈祖网
180	广东	汕头天后宫	汕头老市区升平路	清嘉庆年间（1796—1820）	中华妈祖网
181	上海	松江天后宫	上海松江区河南北路 3 号	宋咸淳七年（1271）	中华妈祖网
182	海南	琼山天后宫	海口市琼山区	元代	《明清时期海南岛的妈祖信仰》
183	海南		郡城内总兵署前	明清	
184	海南		白沙门	明清	
185	海南	崖州天后宫	州治西南海边	元代	
186	海南		州治南海边	明清	
187	海南	儋州天后宫	城东门外大街尾	明清	
188	海南		销皮街		
189	海南		距儋州 20 里之处		
190	海南		海头老市		
191	海南	万州天后宫	朝阳街	待考	
192	海南		"城东"	元代	
193	海南		城东迎恩街	明清	
194	海南		东市	明清	
195	海南		草子坡墟	明清	
196	海南		城中迎恩街	明清	
197	海南	琼海市会同县天后宫	县治东	明清	
198	海南		县治西	明清	
199	海南	琼海市乐会县天后宫	县东门外	明清	
200	海南		县北门内石碛上	明清	
201	海南		城南门	明清	
202	海南		城东门外	明清	
203	海南	文昌县天后宫	便民桥南紫贝山	明清	
204	海南		城南门外	明清	

续表

编号	省份	名称	地点	创建时间	资料出处
205			市南新安桥南	明清	
206			邑北百里溪梅市	明清	
207			下市	明清	
208			邑南白延市	明清	
209	海南	文昌天后宫	邑南40里陈一亩龙朝村前	明清	
210			铺前市北	明清	
211			迈号市南西边街	明清	
212			清澜所陈家市海边	明清	
213			东北区清澜所马头埠	明清	
214	海南	临高县天后宫	县城之东郊,后迁于临江桥东	明清	《明清时期海南岛的妈祖信仰》
215	海南	澄迈县天后宫	城西下像地,后迁于通潮门外	明清	
216			那托都道僚铺	明清	
217			县西	元代	
218	海南	感恩县天后宫	县北	明清	
219			城西北一里许	明清	
220	海南	昌化县天后宫	附所治西	明清	
221			城西小岭	明清	
222			城南	明清	
223	海南	陵水县天后宫	北门外	明清	
224			上灶村	明清	
225			城北	明清	
226	海南	定安县天后宫	中街东向	明清	
227	江苏	泗阳县天后宫	宿迁市泗阳县众兴镇骡马街西首	清康熙年间(1662—1722)	
228	江苏	镇江天妃庙	潮闸之西	宋嘉熙二年(1238)	至顺《镇江志》卷8
229	江苏	淮安府灵慈	郡城西南	宋嘉定年间(1208—1224)	万历《淮安府志》卷6
230	江苏	江阴县圣妃庙	君山	宋嘉定十七年(1224)	成化《重修毗陵志》卷27
231	江苏	南京圣妃庙	卢龙山都船场	待考	景定《建康志》卷17
232	江苏	泰州助顺圣妃店	乐真桥北	待考	嘉庆《扬州府志》卷26
233	江苏	苏州灵慈宫	北寺东	宋元年间(1086—1094)	乾隆《江南通志》卷44
234	江苏	浏河天妃宫	苏州太仓市浏河镇东市庙前街	元至元二十三年(1286)	
235	江苏	太仓天妃行宫	刘家港北 漕口	元至正三年(1343)	嘉靖《太仓州志》卷10 正德《姑苏志》第30
236	江苏	太仓灵慈宫	周泾桥	元至元二十九年(1292)	嘉庆《直隶太仓州志》卷4
237	江苏	苏州天妃庙	报国寺附近	元泰定四年(1327)	黄向《天妃庙迎送神曲》
238	江苏	常熟天妃宫	福山岳庙	元至正十八年(1358)	《侨吴集》卷9
239	江苏	南京天妃庙	清凉山之北	待考	嘉庆《重刊江宁府志》卷10
240	江苏	盐城天后宫	北门外	明万历八年(1580)	光绪《盐城县志》卷2
241	江苏	海州天后宫	治内北	明万历二十八年(1600)重建	嘉庆《海州直隶州志》卷19
242			狮子山麓仪凤门外	明永乐十四年(1416)	乾隆《江宁新志》卷第10
243	江苏	南京天妃宫	江东门外上新河北岸	明洪武年间(1368—1398)	乾隆《江南通志》卷43
244			安德门外	明代	道光《上元县志》卷12
245			龙江关	明永乐五年(1407)	《明太宗实录》卷71
246	江苏	江浦县天妃庙	子口城	待考	嘉靖《南畿志》卷5
247	江苏	吴县天后宫	胥江西岸	明万历四十一年(1613)	崇祯《吴县志》卷21
248	江苏	岭南会馆	吴中区虎邱山塘桥西	明万历年间(1573—1620)	民国《吴县志》卷第30
249	江苏	江都县天妃祠	南门官河侧	明嘉靖年间(1522—1566)	嘉庆《重修扬州府志》卷25
250	江苏	江都县海岱庵	西门白瓦巷	待考	乾隆《江都志》卷17
251	江苏	江都县天后	七濠口	待考	民国《江都县志·祠祀考》第11
252	江苏	淮安府天妃宫	清江浦	明宣德年间(1426—1435)	万历《淮安府志》卷之6
253			新城大北门	待考	
254	江苏	山阳县天妃宫	淮郡城中	明宣德年间(1426—1435)	宣统《山阳艺文志》卷4
255	江苏	清河县惠济祠	新庄闸	明正德三年(1508)	万历《淮安府志》卷6
256	江苏	天妃宫	州西南	明洪武七年(1374)	万历《通州志》卷第5

续表

编号	省份	名称	地点	创建时间	资料出处
257	江苏	靖江县天妃宫	澜港	明崇祯年间（1628—1644）	《常州府志》卷18
258	江苏	沛县天妃行宫	射箭台	明成祖南下时	同治《徐州府志》卷第14 民国《沛县志》卷6
259			护城堤	明万历初	
260			县东	明成化初	
261			吕母冢	明万历年间（1573—1620）	
262			夏镇	明隆庆初	
263			县西南		
264			县东南		
265			里仁集	明万历年间（1573—1620）	
266			庙道口		
267			蜀八店集		
268	江苏	丹徒镇大王庙天后宫	丹徒镇横闸上河边	清道光十二年（1832）	光绪《丹徒县志》卷5、卷6
269	江苏	宝盖山天后宫	丹徒镇山巷后宝盖山前	清康熙年间（1662—1722）	
270	江苏	大马头天后宫	丹徒镇西津坊大马头	清乾隆十九年（1754）	
271	江苏	无锡天后宫	太保墩	清乾隆初	光绪《无锡金匮县志》卷12
272	江苏	江阴县天后庙	黄田港浮桥西	清康熙四十三年（1704）	光绪《江阴县志》卷7
273	江苏	如皋县天后宫	县治东南	清乾隆三十五年（1770）	嘉庆《如皋县志》卷3 同治《如皋县续志》卷1 道光《如皋县续志》卷1 民国《如皋县志》卷2
274			都天庙	清道光元年（1821）	
275			掘港场	清道光十五年（1835）	
276			西场	待考	
277			岔河北李家河	待考	
278	江苏	常熟县天后宫	福山港西	清乾隆年间（1736—1795）	同治《苏州府志》卷38
279	江苏	海门县天后宫	津桥镇河西，俗名娘娘庙	清咸丰年间（1851—1861）	民国《海门县图志》卷11
280	江苏	吴县天后殿	阊门	清乾隆年间（1736—1795）	民国《吴县志》卷33、卷37
281	江苏	太初道院	待考	清嘉庆中	
282	江苏	漳州会馆	小石皑桥	清康熙年间（1662—1722）	
283	江苏	温陵会馆	雁宕村	清康熙年间（1662—1722）	
284	江苏	邵武天后宫	南濠	待考	
285	江苏	兴安天后宫	南濠	清康熙年间（1662—1722）	
286	江苏	浙宁天后宫	南濠	待考	
287	江苏	潮州天后行	上塘街	清康熙四十七年（1708）	
288	江苏	鄞江天后宫	上塘街	待考	
289	江苏	江都县天后宫	七濠口公兴街	清光绪七年（1881）	《江都县续志·建置考》
290	江苏	宜兴县天后宫	北门外坛桥西	清光绪二十四年（1898）	民国《光宣宜荆续志》卷2
291	江苏	高淳县天后宫	县东30里	清乾隆十八年（1754）	民国《高淳县志》卷14
292	江苏		树镇	清光绪四年（1878）重建	
293	江苏		东坝玉皇殿前	待考	
294	江苏		姚家坡	待考	
295	江苏		沧溪三元现左	待考	
296	江苏		东山埂	待考	
297	江苏		正觉寺	待考	
298	江苏	沭阳县上寺镇天后	治东尚3里	清雍正初	民国《重修沭阳县志》卷I，卷II
299	江苏	东台县天后宫	雷祖殿大门内左	清嘉庆十一年（1806）重建	嘉庆《东台志》卷13
300	江苏	碧霞灵应元君庙	府治水西门内	待考	嘉庆《重刊江宁府志》卷13
301	上海	上海三山会馆	黄浦区中山南路1551号	1909年	
302	上海	公所浙宁会馆	署西	清嘉庆二十三年（1818）	民国《海门县图志》卷11
303	上海	松江府顺济庙	县治东北黄浦	宋咸淳七年（1271）	正德《松江府志》卷15
304	上海	高邮州天后庙	凡四处皆高邮卫	待考	嘉庆《高邮州志》卷1
305	上海	宝山县天后宫	城外东南	明嘉靖末年（1566）	光绪《宝山县志》卷之2
306	上海	金山县天后宫	城南海上	明洪武二十六年（1393）	乾隆《金山县志》卷之4
307	上海	南汇县天后宫	县城北门	明洪武二十八年（1395）	民国《南汇县续志》卷8
308	上海	松江府天妃庙	金山卫	明洪武二十年（1387）	正德《松江府志》卷之15

续表

编号	省份	名称	地点	创建时间	资料出处
309	上海	宝山县天后行宫	镇东	清康熙年间(1662—1722)	光绪《宝山县志》卷之14
310	上海	南汇县天后宫	县治西南	清乾隆五十八年(1793)	光绪《南汇县志》卷8
311	上海	松江府天后宫	西城门内	清乾隆五十年(1785)	嘉庆《江府志》卷18
312	上海	娄县天后庙	西门外	清康熙中改建	乾隆《娄县志》卷10
313	上海	上海县天后行宫	引翔港	清同治二年(1863)	同治《海县志》卷31 民国《上海县续志》卷3
314	上海	上海县天后宫	二十五保头	清光绪九年(1883)	
315	上海	上海县商船会馆	马家厂	清康熙五十四年(1715)	
316	上海	上海县泉漳会馆	咸瓜街	清乾隆二十二年(1757)	
317	上海	上海县潮州会馆	洋行街	清乾隆四十八年(1783)	
318	上海	上海县浙宁会馆	荷花池头	清嘉庆二十四年(1819)	
319	上海	上海县建汀会馆	箪微庵西南	清嘉庆初	
320	上海	上海县潮惠公所	姚家码头	清道光十九年(1839)	同治《海县志》卷31 民国《上海县续志》卷3
321	上海	上海县木商会馆	生义衡	清光绪二十四年(1898)	
322	上海	上海县靛业公所	蔡阳衡	清同治十二年(1873)	
323	上海	上海县普丰会馆	盐码头	清光绪十二年(1886)	
324	浙江	塘头天后宫	舟山市普陀区沈家门街道鲁家峙	清光绪年间(1875—1908)	
325	浙江	宁波庆安会馆	宁波市鄞州区江东北路156号	清道光三十年(1850)	
326	浙江	衢州福建会馆	衢州市天皇巷18号	清嘉庆八年(1803)	
327	浙江	温州斋堂巷天妃宫	温州市鹿城区松台街道斋堂巷南侧	待考	
328	浙江	镇海县天后宫	招宝山下	元至正十六年(1356)	光绪《镇海县志》卷13
329	浙江	海宁县天妃庙	县东5里	元泰定四年(1327)	乾隆《海宁州志》卷6
330	浙江	平阳县圣妃宫	岭门	元至正年间(1341—1368)	隆庆《平阳县志》
331	浙江	瑞安县天妃行祠	西南隅岘山下	明洪武二十一年(1388)	乾隆《瑞安县志》卷5
332	浙江	海盐县圣妃宫	县西北250步,十字街北	明洪武二十九年(1396)	光绪《海盐县志》卷11
333	浙江	太平县天后宫	石塘桂奥	明正统二年(1437)	民国《台州府志》卷54
334	浙江	平湖县天后宫	苦竹山	未详,应在明宏正间	光绪《平湖县志》卷9
335	浙江	会稽县天妃宫	待考	待考	万历《绍兴府志》卷16
336	浙江	衢县老天后宫	县治西,朝京门之南	明代	民国《衢县志》卷4
337	浙江	遂昌县天后宫	溪南寿光宫右	明嘉靖四十年(1561)	光绪《遂昌县志》
338	浙江	嵊县天妃祠	县治前30步街之西	明崇祯年间(1628—1644)	同治《嵊县志》卷2
339	浙江	乐清县天后宫	薄岐南门城口	明景泰年间(1450—1457)	光绪《乐清县志》卷3
340	浙江	归安县天后宫	县东半里许	清乾隆四年(1739)	光绪《归安县志》卷17
341	浙江	建德县天上宫	城内三元坊南正街,旧名天后庙	清乾隆十六年(1751)	道光《建德县志》卷8
342	浙江	上虞县天后宫	七都沥海所城北	清雍正三年(1725)	光绪《上虞县志》卷31
343	浙江	西安县天后	西隅天王巷	待考	《西安县志》卷43
344	浙江	云和县天后宫	阜安门外 西成坊 县西赤石庄	清乾隆二十六年(1761) 待考 待考	同治《云和县志》卷7
345	浙江	义乌县天后	县前西街	清乾隆四十三年(1778)	嘉庆《义乌县志》卷7
346	浙江	萧山县天后	城内横河	清乾隆三十五年(1770)移建	民国《萧山县志》
347	浙江	宣平县天后宫	县前	清乾隆三十八年(1773)	光绪《宣平县志》卷9
348	浙江	丽水县天后宫	一在县治南,一在县西40里碧湖,一在县南55里大港头	清乾隆十八年(1753)	同治《丽水县志》卷5
349	浙江	松阳县天后	县西之熙宁庄 松阳城北	清乾隆十四年(1749) 清乾隆初年(1736)	光绪《松阳县志》卷6、卷11
350	浙江	青田县天后宫	县西南,前临好溪	清乾隆二十三年(1758)	光绪《处州府志》卷8
351	浙江	遂昌县天后	溪南寿光宫	清乾隆年间(1736—1795)	光绪《处州府志》卷8
352	浙江	龙泉县天后宫	旧在留槎洲上,后改建通济桥下	清乾隆十二年(1747)	光绪《处州府志》卷8
353	浙江	常山县天后宫	大东门内左侧,旧在北门通化巷口	清乾隆四十二年(1777)	光绪《常山县志》卷16
354	浙江	黄岩县天后宫	拱辰门外澄江之南	清雍正四年(1726)	光绪《黄岩县志》卷9
355	浙江	慈溪县天后宫	县治南2里	清乾隆年间(1736—1795)	光绪《慈溪县志》卷14
356	浙江	永嘉县天后宫	一在大南门外,一在西门外,一在八字桥	清乾隆六年(1741)	光绪《永嘉县志》卷4
357	浙江	余姚县天后宫	大黄山南	清同治十年(1771)	光绪《余姚县志》卷11
358	浙江	兰溪县天后宫	在六坊	清康熙四十四年(1705)	
359	浙江	缙云县天后	县西九盘山下前临好溪	清乾隆三十三年(1768)	光绪《缙云县志·祠庙》卷5

续表

编号	省份	名称	地点	创建时间	资料出处
360	浙江	东阳县天后宫	县治东北	清嘉庆六年（1801）	道光《东阳县志》卷11
361	浙江	浦江县天后宫	县南	清乾隆五十八年（1793）	光绪《浦江县志》卷13
362	浙江	玉环县天后宫	一在两青山下，一在黄大 旁	清顺治三年（1646）	光绪《玉环厅志》卷6
363	浙江	桐乡县天妃宫	东门内	待考	光绪《桐乡县志》卷5
364	浙江	武义县天妃宫	城北隅庆丰坊	清乾隆三十三年（1768）	嘉庆《武义县志》卷5
365	山东	天妃 、天后宫	烟台市牟平区	元至元四年（1338），明清重修	光绪《增修登州府志》卷11
366	山东	天妃庙、天后宫		元至元四年（1267）建，至大四年（1301）修	
367	山东	海神庙（养马岛）		待考	
368	山东	蓬莱阁、天妃庙、天后 、天后圣母庙	蓬莱市迎宾路7号	元天历二年（132）	光绪《增修登州府志》卷11 光绪十年（1884）撰写的《重修天后宫记》
369	山东	显应 、天后 （俗称海神娘娘庙）	烟台市长岛县长岛景区庙岛东北部	元，明崇祯元年（1628）扩建，清康熙、乾隆、道光累世增修扩建	光绪《增修登州府志》卷11 光绪《蓬莱县志》卷3
370	山东	宁海州天后宫	州北10里	元至元四年（1267）建，至大四年（1301）修	光绪《增修登州府志》卷11
371	山东	成山头天后宫、成山祠、天妃祠	荣成市成山庙东院	元大德年间（1297—1307）	《道园学古录》卷41 《昭毅大将军平江路总管府达鲁噶齐兼管内勘农事黄头公墓》
372	山东	日照天妃庵	日照城西南河海交汇之处	元代	光绪《日照县志》卷2
373	山东	德州天妃庙	德州南回营	元代	乾隆《德州志》 康熙《德州志》
374	山东	聊城市东阿县天后祠	安平镇张秋口	明弘治七年（1494）	《续文献通考》卷110 《杂祠》山东东阿条
375	山东烟台	天后 （大庙）	福山区海口北大街	明初，明雍正年间扩建	民国《福山县志》卷5
376		福建会馆	烟台市芝罘区南大街与胜利路交会处	清光绪十年至三十二年（1884—1906）	
377		天后 （南关）	龙口市	待考	光绪《增修登州府志》卷11；乾隆《黄县志》卷3
378		天后		清道光十九年（1839）	
379		天后宫（黄河营）		待考	
380	山东威海	天妃庙	市东北3里	清康熙四十八年（1709）	乾隆《成海卫志》卷10 《文登县志》卷7
381		海神娘娘庙	东码头	清康熙年间（1662—1722）	《威海市志》
382		海神庙	刘公岛	清康熙年间（1662—1722）	民国《寿光县志》卷首
383	山东	黄县天后宫	南关	清道光十九年（1839）	光绪《增修登州府志》卷11 乾隆《黄县志》卷3
			龙口		
			黄河营		
384	山东	福山天后宫	烟北大街	清光绪十年（1884）	民国《福山县志》卷5
			烟行东南新世界		
385	山东	文登天后宫	县南60里	清康熙四十年（1701）建，乾隆间重修	光绪《增修登州府志》卷11
			苏门岛		
			威海司		
386	山东	荣城天后 （道家主持）	县东召石山下	清乾隆十六年（1751）	光绪《增修登州府志》卷11
			石岛		
			俚岛		
387	山东	即墨天后宫（天后宫圣母行 ）	县北90里，金口	清乾隆三十三年（1768）	同治《即墨县志》卷12 新编《即墨县志》P679
			县西南5.50里，女姑口		
			县西南50里，青岛口		
388	山东	威海卫天后宫	卫东北3里	清康熙四十八年（1709）	乾隆《威海卫志》卷10 《登县志》卷7
389	山东	日照天后宫	卫城西南3里河海交汇处，名狄水庙	清同治十二年（1873）	光绪《日照县志》卷2 乾隆《沂州府志》卷14 康熙《青州府志》卷8
			城南阁		
390	山东	两城天后宫	日照市两城镇南庙天后宫	明中期	
391	山东	胶州天后	城南半里	待考	道光《胶州志》卷13 乾隆《莱州府志》卷4 《民田胶澳志》3
392	山东	昌邑县天后庙	县城节孝祠旁	清光绪二十一年（1895）	光绪《昌邑县续志》卷4
393	山东	长山县天后庙	周村	清乾隆三十九年（1774）	嘉庆《长山县志》卷2、卷3
394	山东	州天妃庙、天后宫	南回营西	待考	乾隆《续德州志》卷5 民国《德县志》卷4
			北厂运河东岸，后迁至城内大营东街	清道光年间（1821—1850）	

续表

编号	省份	名称	地点	创建时间	资料出处
395	山东	济宁直隶州天妃阁天后	城北关	待考	乾隆《济宁直隶州志》卷10
			天井闸河北	清乾隆三十一年（1766）	
396	山东	峄县天后圣母宫	枣庄市峄县城东南60里台庄闸西	清咸丰三年（1853）	光绪《峄县县志》卷10
397	山东	峄县天后宫	枣庄市峄县东南60里台庄闸之	清咸丰三年（1853）	光绪《峄县县志》卷10
398	山东	台庄福建会馆	枣庄市台儿庄古城	清雍正年间（1723—1735）	
399	山东	天后宫	在北厂运河东岸，后迁到城内大营东街	清道光年间（1821—1850）	民国《德志》
400	山东	淄博周村天后宫	长山县	清乾隆三十九年（1774）	嘉庆《长山县志》卷2
401	山东	茌平县天妃宫	城北30里	待考	民国《茌平县志》
402	山东	茌平天妃	城北30里，今已圮	待考	民国《茌平县志》卷2
403	山东	曹县天妃庙或娘娘庙	杨晋口	待考	康熙《曹县志》卷6 光绪《曹县志》卷6
404	山东	天后宫	栾家海口	待考	光绪《增修登州府志》卷11 光绪《蓬莱县志》卷3
405			马家村（在官庄社马家）		
406			北城隍岛2处、南城隍岛1处、小钦岛1处、大钦岛2处、砣矶岛1处、大竹岛1处、北长山岛4处、南长山岛7处、大黑山岛4处、小黑山岛1处		
407	山东	寿光县天妃庙	约在城内"羊角沟"处附近	待考	民国《寿光县志》卷首
408	山东	海阳县天妃宫	县南3里	待考	光绪《增修登州府志》卷11
409	北京	北京天妃宫	北京站东街东头稍南	元代	《析津志辑佚》《京师五城坊巷胡同集》《顺天府志》
410			通州旧城北门内	待考	光绪《顺天府志》卷23《地理志五·祠祀上》
411			通州旧城北门外	待考	
412	天津	天津天后宫	东门外	元泰定三年（1326）	同治《续修天津县志》卷4《附祠庙》
413			大直沽	元代	
414			陈家沟	待考	
415			丁字沽	待考	
416			咸水沽	待考	
417			贺家口	待考	
418			葛沽	待考	
419			泥沽	待考	
420			东沽	待考	
421			前辛庄	待考	
422			后尖山	待考	
423			秦家庄	待考	
424			城西如意庵南	待考	
425			城西马庄	待考	
426			河东唐家口	待考	
427			芦北口	待考	
428			静海区城西门内以南	待考	光绪《重修天津府志》卷34《祀典》
429	河北	蚕沙口天妃宫	滦州	元代	光绪《永平府志》卷39 康熙《永平府志》卷6
430	河北	天妃	南海口永佑寺西	明初	光绪《永平府志》卷39 《山海关天妃庙碑记》
431	河北	西门外天妃宫	滦州	明永乐五年（1407）	光绪《永平府志》卷39 康熙《永平府志》卷6
432	河北	秦皇岛天妃宫	山海关西北	明天顺七年（1463）	光绪《永平府志》卷39 《山海关天妃庙碑记》
433	河北	天妃庙	廊坊市大城县	清代	光绪《大城县志》卷11《金石·天妃庙碑记》
434	河北	大城天妃庙	待考	清代	
435	河北	潍坊市天后庙	昌邑市	清光绪二十一年（1895）	光绪《昌邑县续志》卷4
436	河北	卢龙天妃庙	待考	待考	乾隆《永平府志·岁时民俗》《中国地方志民俗资料汇编·华北卷》
437	河北	乐亭天妃庙	新拨、临榆社	待考	光绪《乐亭县志·岁时民俗》《中国地方志民俗资料汇编·华北卷》
438	河北	昌黎天妃祠	昌黎庙学内	待考	清《重修昌黎庙学碑记》 康熙《永平府志》卷36

续表

编号	省份	名称	地点	创建时间	资料出处
439	河北	迁安天妃宫	治北、建昌营东关各1处	待考	光绪《永平府志》卷39《坛庙祠宇下·天妃宫》
440	河北	青县天后庙	城东北卫河滨	待考	光绪《重修天津府志》卷34《祀典》
441	河北	青县天后庙	兴济镇（今属沧县）南	待考	
442	河北	青县天后庙	林缺屯大道西	待考	
443	河北	盐山县天后宫	东门外小北街	待考	
444	河北	霸州天妃祠	苑家口	待考	
445	河北	沧州市天后庙	青县城东北卫河滨南、林缺屯大道西各一处	待考	
446	河北	沧州市天后庙	沧县（兴济镇）	待考	
447	河北	潍坊市天妃庙	寿光市	待考	民国《寿光县志》卷首
448	河南	社旗福建会馆	南阳市社旗县南瓷器街南端	清嘉庆元年（1796）	
449	辽宁	大连娘娘庙	前牧城驿	明万历五年（1577）	《大连地区妈祖文化研究》
450	辽宁	旅顺娘娘庙	铁山镇杨家屯	明代	《大连地区妈祖文化研究》
451	辽宁	旅顺娘娘庙	铁山镇羊头洼	明代	《大连地区妈祖文化研究》
452	辽宁	旅顺娘娘庙	水师营街道西南街	明代	《大连地区妈祖文化研究》
453	辽宁	旅顺娘娘庙	艾子口	明代	《大连地区妈祖文化研究》
454	辽宁	旅顺天后宫	双岛镇盐厂屯	明代	《大连地区妈祖文化研究》
455	辽宁	普兰店天后	皮口镇夹心子村	明代	《大连地区妈祖文化研究》
456	辽宁	瓦房店市娘娘庙	三台乡石佛寺村	明万历年间（1573—1620）	《大连地区妈祖文化研究》
457	辽宁	庄河市娘娘庙	三架山乡光辉大队	明代	《大连地区妈祖文化研究》
458	辽宁	旅顺娘娘庙	铁山镇单家屯	清代	《大连地区妈祖文化研究》
459	辽宁	旅顺娘娘庙	北海镇北海屯	清代	《大连地区妈祖文化研究》
460	辽宁	旅顺天后宫	旅顺口区市场街	清代	《大连地区妈祖文化研究》
461	辽宁	金州区天后宫	金州镇民政街	清乾隆五年（1740）	《大连地区妈祖文化研究》
462	辽宁	金州区娘娘庙	铁山镇单家屯	清代	《大连地区妈祖文化研究》
463	辽宁	金州区娘娘庙	北海镇北海屯	清代	《大连地区妈祖文化研究》
464	辽宁	金州区天后宫	旅顺口区市场街	清代	《大连地区妈祖文化研究》
465	辽宁	金州区天后宫	金州镇民政街	清乾隆五年（1740）	《大连地区妈祖文化研究》
466	辽宁	金州区娘娘	开发区寺儿沟	清代	《大连地区妈祖文化研究》
467	辽宁	普兰店娘娘庙	皮口镇财神庙街	清代	《大连地区妈祖文化研究》
468	辽宁	瓦房店市娘娘庙	谢屯镇莲花山村	清乾隆年间（1736—1795）	《大连地区妈祖文化研究》
469	辽宁	瓦房店市天后宫	石灰窑子	清代	《大连地区妈祖文化研究》
470	辽宁	大连娘娘庙	小平岛	清乾隆三十五年（1770）	《大连地区妈祖文化研究》
471	辽宁	大连娘娘庙	大连湾	清光绪十六年（1890）	《大连地区妈祖文化研究》
472	辽宁	大连天后宫	西岗区庆云街34号	清光绪三十四年（1908）	《大连地区妈祖文化研究》
473	辽宁	大连娘娘庙	沙河口区	无考	《大连地区妈祖文化研究》
474	辽宁	旅顺口区天妃庙	白玉山	无考	《大连地区妈祖文化研究》
475	辽宁	金州区娘娘	三十里堡镇小黑山树	无考	《大连地区妈祖文化研究》
476	辽宁	金州区娘娘庙	登沙河镇旗杆屯	无考	《大连地区妈祖文化研究》
477	辽宁	普兰店娘娘庙	双塔镇双塔村	无考	《大连地区妈祖文化研究》
478	辽宁	庄河市娘娘庙	大营镇	清光绪年间（1875—1908）	《大连地区妈祖文化研究》
479	辽宁	庄河市海神娘娘庙	大郑镇	清光绪年间（1875—1908）	《大连地区妈祖文化研究》
480	辽宁	庄河市娘娘庙	观驾山乡	清代	《大连地区妈祖文化研究》
481	辽宁	青堆子天后宫	庄河市青堆镇	清末年	《大连地区妈祖文化研究》
482		长海县天后宫	大长山岛镇疤拉山	清代	《大连地区妈祖文化研究》
483		长海县天后宫	大长山岛镇哈仙村	清代	《大连地区妈祖文化研究》
484		长海县天后宫	海洋乡盐场村	清代	《大连地区妈祖文化研究》
485	辽宁	长海县娘娘庙	大长山岛镇小盐场付龙口屯	清代	《大连地区妈祖文化研究》
486		长海县娘娘庙	獐子镇东獐子村	清代	《大连地区妈祖文化研究》
487		长海县娘娘庙	王家镇西庙	清代	《大连地区妈祖文化研究》
488		长海县妈祖庙	广鹿乡南泰山村山里水门子	清代	《大连地区妈祖文化研究》
489	辽宁	石城岛海丰寺	待考	明天启年间（1621—1627）	石城岛《海丰寺重修碑记》

续表

编号	省份	名称	地点	创建时间	资料出处
490	辽宁	复州天后宫	今大连市瓦房店市	明万历年间(1573—1620)	《奉天通志》卷92《建置六·祠庙一》P67
491	辽宁	金州厅天妃庙	待考	明永乐四年(1406)	《旅顺天妃庙记碑》碑文
492	辽宁	闽江会馆	奉天府(沈阳市)三皇庙西	清乾隆年间(1736—1795)	《奉天通志》卷92,又见于《沈阳县志》5卷13
493	辽宁	海城县天后宫	城南门内迤西	清乾隆初年(1736)	《海城县志》卷3 又见《奉天通志》卷92
494	辽宁	海城县天妃庙	城西40里,牛庄城西关	清顺治二年(1645)	《海城县志》卷3《坛庙》
495	辽宁	盖平县天后宫	县治东南	清康熙五十五年(1716)重建	《钦定盛京通志》卷97《祠祀》
496	辽宁		今营口市盖州市南门里偏西路北	清嘉庆年间(1796—1820)	《盖平县志》卷2《建置·祠宇》
497	辽宁	盖平县海神庙	今营口市盖州市县署前街北	清代	
498	辽宁		今营口市盖州市北马道偏东路北	清代	
499	辽宁	复州天后庙	今大连市瓦房店市城西南四十里	待考	《钦定盛京通志》卷97《祠祀》
500	辽宁	锦县天后祠	城内白塔后	待考	《钦定盛京通志》卷97《祠祀》又见《奉天通志》卷93
501	辽宁	锦县天后宫	古塔区北3里,广济寺塔北	清雍正三年(1725)建修	《锦县县略》卷4《建置·下·祠祀》
502	辽宁	宁远州天后宫	今葫芦岛市兴城市县城东南20里	清光绪二十三年(1897)重修	《奉天通志》卷92《建置七·祠庙二》
503	辽宁	桓仁县天后宫	兴京府	清光绪十五年(1889)	《桓仁史话》P170-172
504	辽宁	凤 县天后宫	今丹东市凤城市元宝山前	清光绪二年(1876)	《奉天通志》卷94《建置八·祠庙三》
505	辽宁	安东县天后宫	北甸子东首	清光绪十二年(1886)	
506	辽宁	岫岩州天后宫	西山	清乾隆年间(1735—1795)	
507	辽宁	岫岩州天后宫	城内西街	清雍正三年(1725)	
508	辽宁	大连市庄河市天后宫	本城下街	清乾隆三十九年(1754)建祀	《庄河县志》卷2《古迹·庙宇》
509	辽宁	大孤山天后宫	孤山镇城东大孤山风景区	清乾隆二十八年(1763)	《庄河县志》卷2《古迹·庙宇》
510	辽宁	营口天后宫	阜内西大街	清雍正四年(1726)	《奉天通志》92《建置六·祠庙一》
511		建福 、天后宫、福建会馆	湘潭县城十八总正街	清顺治十八年—康熙二十年(1661—1681)	道光《类成堂集》卷3
512		天后宫	湘乡县南门内南正街	清雍正七年(1729)	同治《湘乡县志》卷23《方外志》
513		福建会馆	善化县境内八角亭	至迟清乾隆十二年(1747)已建	乾隆《长沙县志》卷15《典礼志》同治《长沙县志》卷14
514		天后宫	宁远南关外地名状元坊陈家巷	清乾隆三十二年(1767)	光绪《宁远县志》卷2《建置》
515		天后宫	浏阳北正街映月岭	清乾隆年间(1736—1795)	《湖南传统会馆研究》P18-20
516		天后宫	道州城内	清嘉庆十六年(1811)	光绪《道州志》卷2《建置》
517		天妃宫	攸县北城内 天符庙右	清嘉庆二十一年(1816)	同治《攸县志》卷17《祠庙》
518		凝香书院、三圣宫	江华县南关外半里许	清同治六年(1867)重建	同治《江华县志》卷2《建置》
519		天后宫、福建会馆	醴陵县治汤家巷北	清道光二十九年(1845)	同治《醴陵县志》卷5《典礼志》民国《醴陵县志》卷1《建置志》
520		天后宫	茶陵州北部泂渡镇	清道光、咸丰年间	《株洲市志·商业》
521		天后宫	醴陵县渌口镇	清末民初	《株洲市志·商业》
522	湖南湘江流域	天后宫	湘阴县城	待考	光绪《湘阴县图志》卷一《舆图》
523		天后宫、福建乡祠	善化县西十二铺新街口	待考	光绪《善化县志》卷16《风俗》、卷30《会馆》
524		天后宫	长沙鱼塘街闽省巷	待考	《湖南传统会馆研究》P18-20
525		天后宫	茶陵州城二总街纱帽堂	待考	《湖南传统会馆研究》P18-20
526		天后宫	乡县南城外	待考	同治《 县志》卷5《营建》
527		天后届	祁阳县	待考	同治《祁阳县志》卷7
528		天后宫	永州府治零陵训导署左	待考	道光《永州府志》卷6《秩祀》
529		天后宫	江华县东关外半里许	待考	同治《江华县志》卷2《建置》
530		福建会馆	桂阳县(汝城县)南正街	待考	民国《汝城县志》卷1《舆地志》
531		天后宫	安化县黄沙坪镇	清康熙三十二年(1693)	同治《安化县志》卷14《寺观》
532		天后宫、福建同乡会馆	益阳县大码头资江西路北侧	待考	《湖南传统会馆研究》P18-20
533		天后宫	益阳县桃江桃花江镇	待考	《湖南传统会馆研究》P18-20
534		天后宫	安化县西北160里三都桥口市后	待考	《湖南传统会馆研究》P18-20
535		天后宫、福建会馆	宝庆府城邵阳县城大街	待考	道光《宝庆府志》卷49《府城图》、卷88《礼书二》
536		天后宫、福建会馆	武冈州城内	待考	道光《宝庆府志》卷49《武冈州城图》、卷88《礼书二》

续表

编号	省份	名称	地点	创建时间	资料出处
537		天后宫、福建会馆	会同县洪江岩码头	清乾隆四年（1739）	《清代湖南·商人个V卜—洪江十馆首士·场合—》
538		天后宫	沅陵县下南门乐善坊内	清乾隆十年建（1745）	民国《沅陵县志》卷16《建置类》
539		芷江天后宫	芷江舞水西岸	清康熙年间创建，乾隆十三年扩建，同治年间重修	同治《芷江县志》卷13 芷江"天后宫"在清代的发展状况
540		福建会馆、万福	常德府治武陵十字街	至迟清乾隆十六年（1751）已建	嘉庆《常德府志》卷8
541	湖南沅江流域	天后宫	乾州城文艺巷内	清道光十年（1830）	《怀化市志》P791
542		湘西天后宫	凤凰城正街	明朝末年	光绪《凤凰厅志》卷4《庙坊》《凤凰县志》P329
543		福建会馆	泸溪县	待考	《泸县志》P352
544		天后宫、福建省乡祠	靖州城内	待考	光绪《靖州乡土志》卷2下
545		天后	溆浦县西城外	待考	民国《溆浦县志》卷5《建置志一》
546		天后宫	桃源县	待考	光绪《桃源县志》卷首《县城图》
547		天后宫	保靖县	待考	《湖南传统会馆研究》P18-20
548		天后宫	辰溪县榆树湾	待考	《湖南传统会馆研究》P18-20
549	湖南澧江流域	天后宫	澧津市	清雍正四年（1726）	民国《澧县县志》卷3《祠庙》
550		天后宫	慈利县	待考	《湖南传统会馆研究》P18-20
551		天上宫、福建会馆	安乡县南正街	待考	民国《安乡县志》卷7《礼典》
552	湖南洞庭湖区	建源宫	沅江县城	清乾隆十六年（1751）前建，乾隆二十四年、五十年增修	嘉庆《沅江县志》卷13《秩祀》
553		天后宫	平江县东长寿司署前	清乾隆六十年（1795）	同治《平江县志》卷28《祀典志》
554		天后宫	巴陵县附郭南	待考	光绪《巴陵县志》卷12《建置志五》
555	四川	简州天后宫	待考	待考	咸丰《简州志》卷3
556	四川	崇庆州天后宫	待考	待考	乾隆《崇庆州志》卷3
557	四川	汉州天后宫	待考	待考	嘉庆《汉州志》卷17
558	四川	成都县天后宫	待考	待考	同治《成都县志》卷2
559	四川	华阳县天后宫	待考	待考	民国《华阳县志》卷30
560	四川	双流县天后宫	待考	待考	民国《双流县志》卷1
561	四川	温江县天后宫	待考	待考	民国《温江县志》卷4
562	四川	新繁县天后宫	待考	待考	民国《新繁县志》卷1
563	四川	金堂县天后宫	待考	待考	民国《金堂县续志》卷2
564	四川	新都县天后宫	待考	待考	民国《新都县志》第2篇
565	四川	郫县天后宫	待考	待考	民国《郫县志》卷2
566	四川	崇宁县天后宫	待考	待考	嘉庆《崇宁县志》卷2
567	四川	灌县天后宫	待考	待考	民国《灌县志》卷2
568	四川	彭县天后宫	待考	待考	光绪《彭县志》卷13
569	四川	新津县天后宫	待考	待考	新修《新津县志》（未刊）
570	四川	什邡县天后宫	待考	待考	民国《什邡县志》卷2
571	四川	巴州天后宫	待考	待考	道光《巴州志》卷2
572	四川	阆中县天后宫	待考	待考	咸丰《阆中县志·城图》
573	四川	南部县天后宫	待考	待考	道光《南部县志》卷2
574	四川	广元县天后宫	待考	待考	民国《广元县志稿》第4篇
575	四川	南充县天后宫	待考	待考	民国《南充县志》卷5
576	四川	邻水县天后宫	待考	待考	道光《邻水县志》卷3
577	四川	岳池县天后宫	待考	待考	同治《岳池县志》卷9
578	四川	营山县天后宫	待考	待考	新修《营山县志》P742
579	四川	长宁县天后宫	待考	待考	民国《长宁县志》卷1
580	四川	宜宾县天后宫	待考	待考	民国《宜宾县志》卷27
581	四川	富顺县天后宫	待考	待考	同治《富顺县志》卷1
582	四川	南溪县天后宫	待考	待考	民国《南溪县志》卷1
583	四川	高县天后宫	待考	待考	同治《高县志》卷27
584	四川	隆昌县天后宫	待考	待考	光绪《隆昌县乡土志·祀庙》

续表

编号	省份	名称	地点	创建时间	资料出处
585	四川	屏山县天后宫	待考	待考	光绪《屏山县续志》卷下
586	四川	马边厅天后宫	待考	待考	嘉庆《马边厅志略》卷2
587	四川	乐山县天后宫	待考	待考	民国《乐山县志·城图》
588	四川	峨眉县天后宫	待考	待考	民国《峨眉县志》卷2
589	四川	夹江县天后宫	待考	待考	嘉庆《夹江县志》卷3
590	四川	犍为县天后宫	待考	待考	民国《犍为县志》卷2
591	四川	荣县天后宫	待考	待考	民国《荣县志》卷1
592	四川	威远县天后宫	待考	待考	光绪《威远县志》卷2
593	四川	天全州天后宫	待考	待考	咸丰《天全州志》卷2
594	四川	雅安县天后宫	待考	待考	民国《雅安县志》卷2
595	四川	荣经县天后宫	待考	待考	民国《荣经县志》卷2
596	四川	会理州天后宫	待考	待考	同治《会理州志》卷2
597	四川	西昌县天后宫	待考	待考	民国《西昌县志》卷6
598	四川	江油县天后宫	待考	待考	光绪《江油县志》卷13
599	四川	达县天后宫	待考	待考	民国《达县志》卷10
600	四川	宣汉县天后宫	待考	待考	民国《宣汉县志》卷3、卷15
601	四川	新宁县天后宫	待考	待考	同治《新宁县志》卷2
602	四川	渠县天后宫	待考	待考	新修《渠县志》P845
603	四川	大竹县天后宫	待考	待考	民国《续修大竹县志》卷3
604	四川	三台县天后宫	待考	待考	民国《三台县志》城图
605	四川	盐亭县天后宫	待考	待考	新修《盐亭县志》P669
606	四川	中江县天后宫	待考	待考	民国《中江县志》卷4
607	四川	逢宁县天后宫	待考	待考	民国《潼南县志》卷1
608	四川	蓬溪县天后宫	待考	待考	道光《蓬溪县志》卷4
609	四川	安岳县天后宫	待考	待考	光绪《续修安岳县志》卷2
610	四川	射洪县天后宫	待考	待考	新修《射洪县志》P962
611	四川	邛崃县天后宫	待考	待考	民国《邛崃县志》卷2
612	四川	大邑县天后宫	待考	待考	民国《大邑县志》卷5
613	四川	垫江县天后宫	待考	待考	光绪《垫江县志》卷5
614	四川	梁山县天后宫	待考	待考	光绪《梁山县志》卷3
615	四川	德阳县天后宫	待考	待考	民国《德阳县志》卷4
616	四川	安县天后宫	待考	待考	民国《安县志》卷18
617	四川	绵竹县天后宫	待考	待考	民国《绵竹县志》卷12
618	四川	绵州天后宫	待考	待考	嘉庆《直隶绵州志》卷27
619	四川	酉阳州天后宫	待考	待考	同治《酉阳直隶州总志》卷9
620	四川	秀山县天后宫	待考	待考	光绪《秀山县志》卷4
621	四川	纳溪县天后宫	待考	待考	嘉庆《纳溪县志》卷2
622	四川	合江县天后宫	待考	待考	民国《合江县志》卷1
623	四川	江安县天后宫	待考	待考	嘉庆《江安县志》卷2
624	四川	泸州天后宫	待考	待考	民国《泸县志》卷1
625	四川	彭山县天后宫	待考	待考	民国《重修彭山县志》卷2
626	四川	青神县天后宫	待考	待考	嘉庆《青神县志》卷17
627	四川	内江县天后宫	待考	待考	光绪《内江县志》卷1
628	四川	仁寿县天后宫	待考	待考	新修《仁寿县志》P553
629	四川	井研县天后宫	待考	待考	光绪《井研县志》卷4
630	四川	资中县天后宫	待考	待考	民国《资中县续修资州志》卷1
631	四川	永宁县天后宫	待考	待考	嘉庆《直隶叙永厅志》卷27
632	重庆	合州天后宫	待考	待考	民国《合州县志》卷25
633	重庆	涪州天后宫	待考	待考	同治《涪州志·城图》
634	重庆	巴县天后宫	待考	待考	民国《巴县志》卷5
635	重庆	长寿县天后宫	待考	待考	民国《长寿县志》卷3

续表

编号	省份	名称	地点	创建时间	资料出处
636	重庆	永川县天后宫	待考	待考	光绪《永川县志》卷2
637	重庆	荣昌县天后宫	待考	待考	光绪《荣昌县志》卷5
638	重庆	南川县天后宫	待考	待考	民国《南川县志》卷5
639	重庆	铜梁县天后宫	待考	待考	光绪《铜梁县志》卷2
640	重庆	大足县天后宫	待考	待考	民国《大足县志》卷2
641	重庆	璧山县天后宫	待考	待考	同治《璧山县志》卷2
642	重庆	定远县天后宫	待考	待考	嘉庆《定远县志》卷20
643	重庆	云阳县天后宫	待考	待考	民国《云阳县志》卷21
644	重庆	万县天后宫	待考	待考	嘉庆《万县志》卷7
645	重庆	开县天后宫	待考	待考	咸丰《开县志》卷9
646	重庆	奉节县天后宫	待考	待考	光绪《奉节县志》卷20
647	重庆	江津真武天上宫	重庆西南、长江中上游之滨	清代	
648	贵州	镇远天后宫	黔东南苗族侗族自治州镇远县㵲阳镇新中街	慈禧当政时期	
649	贵州	旧州古镇天后宫	黄平县旧州镇	清道光十七年(1837)	
650	贵州	会泽福建会馆	会泽县蒙自世发街12号	清乾隆三十五年(1770)	
港澳台地区天后宫、福建会馆					
651	台湾	金门天后宫	金门县金城镇中兴路37号	1993年	中华妈祖网
652	台湾	中港慈裕宫	基隆和鹿港的正中间	清乾隆、道光年间	中华妈祖网
653	台湾	南屯万和宫	台中市南屯区万和路一段51号	清康熙二十三年(1684)	中华妈祖网
654	台湾	内门顺贤宫	高雄市苓雅区	清乾隆年间(1736—1795)	中华妈祖网
655	台湾	头城庆元宫	宜兰头城镇城东里,头城车站附近	清嘉庆元年(1796)	维基百科
656	台湾	宜兰市昭应宫	宜兰县宜兰市	清嘉庆十三年(1808)	维基百科
657	台湾	利泽简永安宫	宜兰县五结乡利泽村	清道光六年(1826)	维基百科
658	台湾	罗东镇震安宫	宜兰县罗东镇中正路33号	清道光十七年(1837)	维基百科
659	台湾	澳海军妈祖进安宫	待考	待考	维基百科
660	台湾	南方澳进安宫	宜兰县苏澳镇南方澳南正里夏路81号	1984年	维基百科
661	台湾	南方澳南天宫	宜兰县苏澳镇南方澳南正里夏路17号	1950年	维基百科
662	台湾	北投关渡宫	台北市北投区知行路360号	清顺治三十八年(1661)	维基百科
663	台湾	西门町妈祖庙	台北市万华区成都路51号	清乾隆十一年(1746)	维基百科
664	台湾	松山慈 宫	台北市松山区八德路四段	清乾隆十八年(1753)	维基百科
665	台湾	新庄慈 宫	新北市新庄区荣和里新庄路218号	清雍正七年(1729)	维基百科
666	台湾	开台天后宫	新北市八里区龙米路二段191号	清乾隆二十五年(1760)	维基百科
667	台湾	淡水福佑宫	新北市淡水区中正路200号	清嘉庆元年(1796)	维基百科
668	台湾	金山慈护宫	新北市金山区金包里路10号	清嘉庆十四年(1809)	维基百科
669	台湾	板桥慈惠宫	新北市板桥区府中路81号	清同治十三年(1874)	维基百科
670	台湾	树林慈圣宫	新北市	待考	维基百科
671	台湾	桃园慈护宫	桃园市桃园区南门里复兴路275号	清康熙四十二年(1703)	维基百科
672	台湾	新屋天后宫	桃园市新屋区笨港里2邻10号	清道光六年(1826)	维基百科
673	台湾	桃园龙德宫	桃园市芦竹区富国路一段2巷1号	1997年	维基百科
674	台湾	中坜仁海宫	桃园市中坜区新街里延平路198号	清道光六年(1826)	维基百科
675	台湾	竹北天后宫	新竹县竹北市仁德街50号	1961年	维基百科
676	台湾	香山天后宫	新竹市香山区朝山里中华路五段420巷191号	清顺治十八年(1661)	维基百科
677	台湾	新竹长和宫	新竹市北区北门街135号	清乾隆七年(1742)	维基百科
678	台湾	新竹内天后宫	新竹市北区西门街184号	清乾隆十三年(1748)	维基百科
679	台湾	苑里慈和宫	苗栗县苑里镇中山路305号	清乾隆三十七年(1772)	维基百科
680	台湾	竹南龙凤宫	苗栗县竹南镇龙安街69号	清道光十五年(1835)	维基百科
681	台湾	白沙屯拱天宫	苗栗县通霄镇白东里8号	清同治二年(1863)	维基百科
682	台湾	竹南慈裕宫	苗栗县竹南镇民生路7号	清道光十八年(1838)	维基百科
683	台湾	后龙慈云宫	苗栗县	待考	维基百科
684	台湾	通霄慈惠宫	苗栗县	待考	维基百科
685	台湾	苗栗天后宫	苗栗县	待考	维基百科

续表

编号	省份	名称	地点	创建时间	资料出处
686	台湾	大甲镇澜宫	台中市大甲区顺天路158号	清雍正八年（1730）	维基百科
687	台湾	旱溪乐成宫	台中市东区旱溪街旱溪街48号	清乾隆十八年（1753）	维基百科
688	台湾	大庄浩天	台中市梧栖区大村里中央路一段784号	清乾隆三年（1738）	维基百科
689	台湾	南屯万和宫	台中市南屯区万和路一段51号	清雍正四年（1726）	维基百科
690	台湾	中区万春宫	台中市中区光复里成功路212号	清康熙六十年（1721）	维基百科
691	台湾	丰原慈济宫	台中市丰原区中正路179号	清乾隆四十二年（1777）	维基百科
692	台湾	大雅永兴宫	台中市大雅区大雅街3邻大雅路37号	清道光二十七年（1847）	维基百科
693	台湾	北屯上天宫	台中市北屯区太原路三段405号	1961年	维基百科
694	台湾	大肚万兴宫	台中市大肚区荣华街154号	清乾隆元年（1736）	维基百科
695	台湾	大里福兴宫	台中市大里区	清乾隆年间（1736—1795）	维基百科
696	台湾	雾峰南天宫	台中市雾峰区	待考	维基百科
697	台湾	清水寿天宫	台中市清水区	待考	维基百科
698	台湾	清水朝兴宫	台中市清水区	待考	维基百科
699	台湾	沙鹿朝兴宫	台中市沙鹿区洛泉里和平街18号	清雍正十年（1732）	维基百科
700	台湾	大肚永和宫	台中市大肚区	待考	维基百科
701	台湾	鹿港兴安宫	彰化县	待考	维基百科
702	台湾	二林仁和宫	彰化县二林镇中正路58号	清康熙六十年（1721）	维基百科
703	台湾	二林泰安宫	彰化县二林镇华仑里光复路72号	民国十二年（1923）	维基百科
704	台湾	鹿港天后宫	彰化县鹿港镇中山路430号	清雍正三年（1725）	维基百科
705	台湾	鹿港新祖宫	彰化县鹿港镇埔头街96号	清乾隆五十三年（1788）	维基百科
706	台湾	彰化天后宫	彰化县彰化市永乐街18号	清乾隆十三年（1748）	维基百科
707	台湾	彰化南瑶宫	彰化县彰化市南瑶路南瑶路43号	清乾隆三年（1738）	维基百科
708	台湾	员林福宁宫	彰化县员林市和平里中山路二段26号	清雍正年间（1723—1735）	维基百科
709	台湾	溪湖福安宫	彰化县	清嘉庆年间（1804—1820）	维基百科
710	台湾	社头天门宫	彰化县	清乾隆二十年（1755）	维基百科
711	台湾	田中乾德宫	彰化县	待考	维基百科
712	台湾	田中受天宫	彰化县	待考	维基百科
713	台湾	二水安德宫	台湾彰化县二水	清康熙年间（1662—1722）	维基百科
714	台湾	伸港福安宫	彰化县伸港乡	清康熙十六年（1677）	维基百科
715	台湾	王功福海宫	彰化县	待考	维基百科
716	台湾	芳苑普天宫	彰化县	待考	维基百科
717	台湾	北斗奠安宫	彰化县北斗镇光复里斗苑路一段120号	清康熙二十三年（1684）	维基百科
718	台湾	埤头合兴宫	彰化县埤头乡合兴村斗苑西路329号	清乾隆四十四年（1779）	维基百科
719	台湾	溪州后天宫	彰化县	待考	维基百科
720	台湾	竹塘广安宫	彰化县	待考	维基百科
721	台湾	南投慈善宫	台中市学士路	1971年	维基百科
722	台湾	南投配天宫	南投县南投市中山街65号	清嘉庆四年（1799）	维基百科
723	台湾	竹山连兴宫	南投县竹山镇下横街28号	清乾隆二十一年（1756）	维基百科
724	台湾	名间福兴宫	南投县	待考	维基百科
725	台湾	集集广盛宫	南投县集集镇集集街128号	清乾隆五十八年（1793）	维基百科
726	台湾	埔里恒吉宫	南投县埔里镇南兴街367号	清道光四年（1824）	维基百科
727	台湾	北港朝天宫	云林县北港镇中山路178号	清康熙三十三年（1694）	维基百科
728	台湾	土库顺天宫	云林县土库镇中正路109号	清道光十四年（1834）	维基百科
729	台湾	西螺广福宫	云林县西螺镇	清顺治元年（1644）	维基百科
730	台湾	西螺福天宫	云林县西螺镇	清康熙五十二年（1713）	维基百科
731	台湾	西螺福兴宫	云林县西螺镇	清雍正元年（1723）	维基百科
732	台湾	麦寮拱范宫	云林县麦寮乡中正路3号	清乾隆五十一年（1786）	维基百科
733	台湾	西螺朝兴宫	云林县西螺镇	待考	维基百科
734	台湾	斗南顺安宫	云林县斗南镇长安路一段126号	清乾隆元年（1736）	维基百科
735	台湾	斗六新兴宫	云林县斗六市	清嘉庆元年（1796）	维基百科
736	台湾	斗六受天宫	云林县斗六市庄敬路	清康熙晚年（1720前后）	维基百科

续表

编号	省份	名称	地点	创建时间	资料出处
737	台湾	仑背奉天宫	云林县仑背乡中山路280号	清嘉庆二年（1797）	维基百科
738	台湾	天玄宫	嘉义县	待考	维基百科
739	台湾	笨港口港口宫	嘉义县东石乡港口村8邻蚶子寮5号	清康熙二十三年（1684）	维基百科
740	台湾	朴子配天宫	嘉义县朴子市开元路118号	清康熙二十六年（1687）	维基百科
741	台湾	溪北六兴宫	嘉义县新港乡	清道光十九年（1839）	维基百科
742	台湾	新港奉天宫	嘉义县新港乡新民路53号	清嘉庆十六年（1811）	维基百科
743	台湾	民雄庆诚宫	嘉义县民雄乡中乐村中乐路64号	清嘉庆十四年（1809）	维基百科
744	台湾	水上 宿上天宫	嘉义县	待考	维基百科
745	台湾	大天后宫	台南市中西区永福路二段227巷18号	清顺治二十二年（1665）	维基百科
746	台湾	鹿耳门天后宫	台南市安南区显宫妈祖宫一街136号	清顺治十八年（1661）	维基百科
747	台湾	茄拔天后宫	台南市善化区嘉南里茄拔80号	清顺治十八年（1661）	维基百科
748	台湾	开基天后宫	台南市北区自强街12号	清康熙元年（1662）	维基百科
749	台湾	山上天后宫	台南市山上区	清顺治十八年（1661）	维基百科
750	台湾	安平开台天后宫	台南市安平区国胜路33号	清康熙七年（1668）	维基百科
751	台湾	茅港尾堡天后宫	台南市下营区茅港里163号	清康熙十六年（1677）	维基百科
752	台湾	盐行天后宫	台南市永康区盐行里中正路690号	清康熙三十五年（1696）	维基百科
753	台湾	三郊镇港海安宫	台南市中西区金华路四段44巷31号	清乾隆元年（1736）	维基百科
754	台湾	妈祖楼天后宫	台南市中西区忠孝街118号	清乾隆二十年（1755）	维基百科
755	台湾	金安宫	台南市中西区信义街108巷61号	清嘉庆十四年（1809）	维基百科
756	台湾	营仔脚朝兴宫温陵妈庙	台南市中西区	清嘉庆二十二年（1817）	维基百科
757	台湾	银同祖庙	台南市中西区	清道光二十二年（1842）	维基百科
758	台湾	仔林朝兴宫马兵营保和宫	台南市中西区	清咸丰八年（1858）	维基百科
759	台湾	三股龙德宫	台南市七股区三股里3邻三股38号	清光绪六年（1880）	维基百科
760	台湾	金鉴宫	台南市南区	待考	维基百科
761	台湾	正统鹿耳门圣母庙	南市安南区城安路160号	1983年	维基百科
762	台湾	西港庆安宫	台南市西港区庆安路32号	清康熙五十一年（1712）	维基百科
763	台湾	盐水护庇宫	台南市盐水区水正里中正路140号	清康熙五十五年（1716）以前	维基百科
764	台湾	铁线桥通济宫	台南市新营区铁线里铁线桥40号	清康熙中叶	维基百科
765	台湾	六甲恒安宫	台南市六甲区	待考	维基百科
766	台湾	官田惠安宫	台南市官田区	待考	维基百科
767	台湾	白河福安宫	台南市白河区中山路124号	清乾隆年间（1736—1795）	维基百科
768	台湾	后壁泰安宫	台南市后壁区	待考	维基百科
769	台湾	旗津天后宫	高雄市旗津区庙前路93号	清康熙十二年（1673）	维基百科
770	台湾	茄 金鉴宫	高雄市茄 区	清乾隆四十二年（1777）	维基百科
771	台湾	宝澜宫	高雄市鼓山区	待考	维基百科
772	台湾	德安宫	高雄市鼓山区	待考	维基百科
773	台湾	内惟龙目井龙泉宫	高雄市鼓山区青泉街106号	民国二十一年（1932）	维基百科
774	台湾	左营慈德宫	高雄市左营区店仔顶街9号	清康熙二十六年（1687）	维基百科
775	台湾	新庄仔天后	高雄市左营区	待考	维基百科
776	台湾	楠梓天后宫	高雄市楠梓区楠梓路1号	清康熙五十二年（1713）	维基百科
777	台湾	湾仔内朝天宫	高雄市三民区鼎山街650号	清乾隆中叶	维基百科
778	台湾	高东天后宫	高雄市苓雅区	待考	维基百科
779	台湾	旗山天后宫	高雄市旗山区湄洲里永福街23号16号	清道光四年（1824）	维基百科
780	台湾	五甲龙成宫	高雄市凤山区五甲二路730巷6号	清光绪十二年（1886）	维基百科
781	台湾	冈山寿天宫	高雄市凤山区寿天里公园路40号	清康熙五十一年（1712）	维基百科
782	台湾	林园凤芸宫	高雄市林园区	待考	维基百科
783	台湾	屏东慈凤宫	屏东县屏东市崇礼里中山路39号	清乾隆二年（1737）	维基百科
784	台湾	万丹万惠宫	屏东县万丹乡	清乾隆二十一年（1756）	维基百科
785	台湾	六堆天后宫	屏东县内埔乡内埔村广济路164号	清嘉庆八年（1803）	维基百科
786	台湾	东港朝隆宫	屏东县东港镇朝安里延平路108号	清雍正二年（1724）	维基百科
787	台湾	枋寮德兴宫	屏东县	待考	维基百科

续表

编号	省份	名称	地点	创建时间	资料出处
788	台湾	恒春天后宫	屏东县	待考	维基百科
789	台湾	台东天后宫	台东县台东市中华路一段222号	清光绪十七年（1891）	维基百科
790	台湾	成广澳天后宫	台东县成功镇成广路33号	清同治十年（1871）	维基百科
791	台湾	南寮天后宫	台东县绿岛乡	1984	维基百科
792	台湾	澎湖天后宫	澎湖县马公市长安里正义街1号	明万历三十二年（1604）	维基百科
793	澳门	澳门妈阁庙	澳门半岛西南方	明弘治元年（1488）	中华妈祖网
794	香港	石排湾天后庙	香港岛南区的香港仔	清道光三十年（1850）	中华妈祖网
795	香港	铜锣湾天后庙	香港铜锣湾天后庙道10号	清初	中华妈祖网
796	香港	佛堂门天后古庙	佛新界西贡区清水湾半岛以南的大庙湾地堂咀	宋咸淳二年（1266）	中华妈祖网
797	香港	西贡墟天后庙	新界西贡区西贡市中心普通道	无考	维基百科
798	香港	西贡粮船湾天后庙	西贡粮船湾	待考	维基百科
799	香港	西贡南围天后庙	西贡	待考	维基百科
800	香港	西贡将军澳坑口天后庙	新界将军澳坑口田下湾村与佛头洲村之间	清朝初年	维基百科
801	香港	西贡布袋澳天后庙	西贡布袋澳	待考	维基百科
802	香港	西贡地堂咀天后庙	西贡	待考	维基百科
803	香港	果洲群岛天后庙	果洲群岛	待考	维基百科
804	香港	旧墟天后庙	新界大埔旧墟汀角路	清康熙三十年（1691）	维基百科
805	香港	林村天后庙	新界大埔林村	待考	维基百科
806	香港	南华莆天后庙	新界大埔南华莆	待考	维基百科
807	香港	塔门天后庙	塔门	待考	维基百科
808	香港	赤洲天后庙	赤洲	待考	维基百科
809	香港	东平洲天后宫	东平洲	待考	维基百科
810	香港	吉澳天后宫	吉澳岛	待考	维基百科
811	香港	沙头角天后庙	沙头角	待考	维基百科
812	香港	新村天后庙	上水红桥新村	待考	维基百科
813	香港	坪源天后庙	打鼓岭坪輋水流坑	清乾隆二十一年（1756）	维基百科
814	香港	鹿颈南涌天后宫	鹿颈南涌	待考	维基百科
815	香港	粉岭天后宫	新界粉岭龙跃头龙山西北面山麓	无考	维基百科
816	香港	沙江村天后庙	新界元朗沙江村	待考	维基百科
817	香港	盛屋村天后庙	新界元朗盛屋村	待考	维基百科
818	香港	东头村天后古庙	新界元朗东头村	待考	维基百科
819	香港	凤池村天后宫	新界元朗凤池村	待考	维基百科
820	香港	大树下天后庙	新界元朗区十八乡大旗岭	清乾隆五十一年（1786）	维基百科
821	香港	锦田天后庙	锦田	待考	维基百科
822	香港	后角天后庙	屯门旧墟天后路	明洪武元年（1368）	维基百科
823	香港	扫管笏天后庙	屯门扫管笏	待考	维基百科
824	香港	扫管滩天后庙	屯门扫管滩	待考	维基百科
825	香港	龙鼓滩天后庙	屯门龙鼓滩	待考	维基百科
826	香港	沙洲天后庙	屯门	待考	维基百科
827	香港	洪水桥天后庙	洪水桥	待考	维基百科
828	香港	荃湾天后宫	新界荃湾区蕙荃路	清康熙年间（1662—1722）	维基百科
829	香港	马湾天后庙	马湾	待考	维基百科
830	香港	马湾北湾天后宫	马湾	待考	维基百科
831	香港	大窝口天后庙	大窝口	待考	维基百科
832	香港	葵涌天后庙	葵涌	待考	维基百科
833	香港	青衣天后庙	青衣岛	待考	维基百科
834	香港	青龙头天后宫	青龙头	待考	维基百科
835	香港	鲤鱼门天后庙	九龙油塘鲤鱼门	清乾隆十八年（1753）	维基百科
836	香港	油麻地天后庙	九龙油麻地庙街，近众坊街	清同治四年（1865）	维基百科
837	香港	茶果岭天后庙	九龙观塘区茶果岭	清道光年间（1821—1850）	维基百科

续表

编号	省份	名称	地点	创建时间	资料出处
838	香港	水上三角天后庙	铜锣湾避风塘及香港仔避风塘	1955年	维基百科
839	香港	深水埗天后庙	九龙深水埗医局街	清光绪二十七年（1901）	维基百科
840	香港	土瓜湾天后古庙	土瓜湾	待考	维基百科
841	香港	老虎岩天后圣母古庙	老虎岩	待考	维基百科
842	香港	衙前围村天后宫	衙前围村	待考	维基百科
843	香港	柴湾天后庙	柴湾	待考	维基百科
844	香港	筲箕湾天后古庙	香港岛筲箕湾筲箕湾东大街53号	清同治十二年（1873）	维基百科
845	香港	石澳天后宫	香港岛南区石澳村333号	清光绪年间（1875—1908）	维基百科
846	香港	熨波洲天后庙	熨波洲	待考	维基百科
847	香港	赤柱天后古庙	赤柱赤柱大街近马坑村	清乾隆三十二年（1767）	维基百科
848	香港	分流天后庙	大屿山分流	待考	维基百科
849	香港	贝澳天后宫	大屿山贝澳	待考	维基百科
850	香港	大浪湾天后庙	大屿山大浪湾	待考	维基百科
851	香港	沙螺湾天后庙	大屿山沙螺湾	待考	维基百科
852	香港	大澳天后庙	大澳	待考	维基百科
853	香港	赤鱲角新村天后庙	东涌赤鱲角新村	待考	维基百科
854	香港	索罟湾天后宫	南丫岛索罟湾	待考	维基百科
855	香港	鹿洲天后庙	南丫岛	待考	维基百科
856	香港	大石口天后宫	新界长洲	待考	维基百科
857	香港	南天后庙	新界长洲	待考	维基百科
858	香港	西湾天后宫	新界长洲	待考	维基百科
859	香港	北社天后庙	新界长洲北帝庙之北	清乾隆三十二年（1767）	维基百科
860	香港	坪洲天后庙	坪洲	待考	维基百科
861	香港	蒲台天后庙	蒲台岛	待考	维基百科
862	香港	石鼓洲天后庙	石鼓洲	待考	维基百科

附录二　中国大陆地区现存天后宫、福建会馆总表

序号	名称	项目	内容		简介
1	湄洲妈祖祖庙	保护等级	全国重点文物保护单位	简介	为长323米、宽99米的五进仿宋建筑群，由大牌坊、宫门、钟鼓楼、顺济殿、天后广场、正殿、灵慈殿、妈祖文化园组成。妈祖庙前的岩石上刻有"升天古迹""观澜"等石刻，在祖庙山顶有14米高的巨型妈祖石雕像。湄洲妈祖祖庙是世界各地天后宫的祖庙。湄洲妈祖祖庙也被列入全国重点文物保护单位
		别　　称			
		所在省/市/县	福建省莆田市		
		具体位置	秀屿区湄洲镇宫下村东北面		
		始建年代	宋雍熙四年（987）		
		现状/修复状况	南宋建，明代重建，清代重修		
		建造者/原因	百姓		
		来　　源	实地考察，作者自摄		
2	贤良港天后祖祠	保护等级	省级文物保护单位	简介	坐北朝南，主殿面宽三间，主殿进深三进，砖木结构。建筑面积580.56平方米，长47.8米，宽11.56米。宫庙前有照壁，两侧分别为钟鼓楼，前中央为山门等建筑
		别　　称	林氏宗祠		
		所在省/市/县	福建省莆田市		
		具体位置	秀屿区山亭乡港口村		
		始建年代	始建于宋代		
		现状/修复状况	在妈祖（987）升天后，开始祭祀妈祖		
		建造者/原因	待考		
		来　　源	实地考察，作者自摄		
3	泉州天后宫	保护等级	全国重点文物保护单位	简介	庙宇有山门、两廊、两亭、正殿、后殿。天后正殿虽历经沧桑，至今明清木构建筑依旧保存完好，且保留宋代构件。正殿占地面积635.5平方米，筑于高出地面1米的台基之上，采用花岗岩石砌筑的须弥座上。寝殿又称后殿，地势比正殿高出1米多，两侧突出部位设为翼亭，左右斋馆。整座殿宇系明代大木构建筑，屋面为悬山顶，面阔七间35.1米，进深19.8米，高8米许
		别　　称			
		所在省/市/县	福建省泉州市		
		具体位置	南门天后路1号		
		始建年代	宋庆元二年（1196）		
		现状/修复状况	1984年，泉州天后宫正殿重修		
		建造者/原因	因漕运及海外交通的发展而建		
		来　　源	实地考察，作者自摄		
4	西陂天后宫	保护等级	全国重点文物保护单位	简介	砖木结构，坐南朝北，占地10 173.6平方米，建筑面积2 726平方米。这座天后宫造型奇特，是当今中国现存的唯一一座明代宫殿式7层"文塔"（又称"状元塔"），规模结构及其艺术成就在国内外的天后宫中罕见
		别　　称			
		所在省/市/县	福建省龙岩市		
		具体位置	永定高陂镇西陂村		
		始建年代	建于明嘉靖二十一年（1542），清康熙元年（1662）落成		
		现状/修复状况	2006年05月25日，西陂天后宫被国务院批准列入第六批全国重点文物保护单位		
		建造者/原因	西陂林氏		
		来　　源	实地考察，作者自摄		
5	平海天后宫	保护等级	全国重点文物保护单位	简介	占地3 300平方米，建筑面积1 664平方米。主要建筑有大门、内庭、大殿及两庑。大殿为重檐歇山顶，抬梁、穿斗混合木构，面阔五间，进深五间。平海天后宫是用108根大杉木柱支、顶、承、拉的纯木结构古建筑，所以俗称"百柱宫"。"工字形"布局，"霸王拳"构造，更体现出它的独特和原构造型
		别　　称	娘妈宫		
		所在省/市/县	福建省莆田市		
		具体位置	秀屿区平海镇海滨路		
		始建年代	宋咸平二年（999）		
		现状/修复状况	清乾隆十四年（1749）福建水师提督张天骏重修，光绪年间依制重修		
		建造者/原因	待考		
		来　　源	实地考察，作者自摄		
6	文峰天后宫	保护等级	市级文物保护单位	简介	主殿面阔三开间，进深两间加披屋（安放神龛及銮舆等），殿的廊沿前设一个天井并在天井边建两庑。天井前建山门，山门分为内外廊，门前廊沿竖立一对青石檐柱，大门两旁立抱鼓石。主殿采用抬梁式与穿斗式合构的两个木排架。殿前设一个天井，起到通风、采光、排水的作用。山门木作，面为朱红漆。地面铺大方砖。两边廊沿外侧砌石台阶五级（中间用"陛石"）
		别　　称			
		所在省/市/县	福建省莆田市		
		具体位置	文献路步行街中段329号		
		始建年代	宋绍兴二十五年（1155）		
		现状/修复状况	2011年9月3日，农历八月初六日吉旦，扩建之新殿落成，金碧辉煌，巍峨壮观		
		建造者/原因	斯时玉湖陈俊卿（1113—1186年，南宋绍兴八年登榜眼，累官尚书仆射同中书门下平章事）建		
		来　　源	实地考察，作者自摄		
7	武夷山天上宫	保护等级	市级文物保护单位	简介	天上宫分为大殿、后进偏殿、左右廊，周围砌有风火墙。正面是砖砌牌楼式门面，砖雕门面雕着神话人物与龙凤花鸟，层与层之间用砖雕塑花、果、斗、拱相砌而成，窗花、瑞云花样百变。匾额两边的砖雕龙凤装饰是凤在龙之上的构思，体现了海上女神妈祖的显赫地位。门楼顶上重檐翘脊，正中间矗立着一座保存完好的砖雕七层古塔镇立中轴。整体来看，整座宫庙别出心裁地为船形建筑，意为妈祖坐在船上行走九曲溪上，保佑溪流上往来行船的安全
		别　　称			
		所在省/市/县	福建省南平市		
		具体位置	武夷山市星村镇九曲路		
		始建年代	始建于康熙三十九年（1700），至康熙四十八年（1709）竣工		
		现状/修复状况	2002年，桃源洞道观十方集资对大殿和门楼进行修缮，并重建观音殿和两廊		
		建造者/原因	闽西客家人集资修建		
		来　　源	http://static.panoramio.com/photos/large/24516094.jpg		

续表

编号	名称	项目	内容		简介
8	汀州天后宫	保护等级	省级文物保护单位		有仪门、宫门、戏台、两廊、前殿、中殿、后殿、水阁楼、观圣轩、后德楼等，建筑完整。三面环水，东西池塘建有凉亭、曲桥，两旁为回廊。坐北朝南，总建筑面积4 000余平方米。前殿面阔三间，进深三间，抬梁式悬山顶。正殿面阔三间，进深三间，抬梁式硬山顶，明间双层如意斗拱承托方形藻井，四角雕饰垂球
		别　　称			
		所在省/市/县	福建省龙岩市		
		具体位置	长汀县城东大街		
		始建年代	始建于清雍正十年（1732），至清光绪三十年（1904）重修		
		现状/修复状况	正在进行翻修		
		建造者/原因	待考		
		来　　源	实地考察，作者自摄		
9	漳州宫前天后宫	保护等级	省级文物保护单位		占地3 700多平方米，建筑面积200多平方米，宫前广场3 600多平方米。宫前天后宫属传统抬梁式木构砖土木建筑，悬山顶，面阔三间，进深三间。其举架高度、木构架各部用材及形式，均保留明清时期特征。宫庙具有闽南建筑艺术风格，有"双龙戏珠"，各种古代人物、花鸟、山水等瓷雕图案。建筑有大殿、偏殿、小侧室、天井、凉亭等
		别　　称	宫前天后宫、天妃宫		
		所在省/市/县	福建省漳州市		
		具体位置	东山县陈城镇宫前村		
		始建年代	明代永乐年间（1403—1424）		
		现状/修复状况	2005年5月被公布为第六批省级文物保护单位		
		建造者/原因	待考		
		来　　源	实地考察，作者自摄		
10	漳州乌石天后宫	保护等级	市级文物保护单位		妈祖宝殿金碧辉煌，雄伟壮观。殿四周山上奇峰突兀，怪石嶙峋。立峰顶俯瞰浯江如玉带绕山，远眺虎头山外海天一色，近处红荔绿蕉、稻海锦波。岩的西麓，有明代的紫薇书院、文昌宫、惠王庙、紫薇寺等。天然景观有探花林士章为读书处、紫薇洞、石甘泉、仙脚石，还有不少摩崖石刻和碑刻，其中有科甲题名诗碑等。1986年将乌石岩建为紫薇公园，配套建亭台楼阁、香客山庄，是一处旅游避暑胜地
		别　　称	乌石妈祖宫		
		所在省/市/县	福建省漳州市		
		具体位置	距县城约20公里处的旧镇镇乌石紫薇山		
		始建年代	1987年，建天后宫		
		现状/修复状况	待考		
		建造者/原因	妈祖神像由林士章于明万历九年（1581）归休时，从妈祖的故乡莆田湄洲请回		
		来　　源	实地考察，作者自摄		
11	霞浦松山天后宫	保护等级	全国重点文物保护单位		据旧存妈祖图记载，传说妈祖生于松山。近段时间闽南许多学者考证，妈祖的母亲是松山人，因此，学者们称湄洲天后宫为"本宫"，称松山天后宫为"行宫"。是中国古建筑中现存历史悠久、规格较高的祭祀海神庙宇
		别　　称			
		所在省/市/县	福建省宁德市		
		具体位置	霞浦县松港街道		
		始建年代	宋天圣年间（1023—1032）		
		现状/修复状况	多次大修		
		建造者/原因	待考		
		来　　源	实地考察，作者自摄		
12	霍童天后宫	保护等级			待考
		别　　称			
		所在省/市/县	福建省宁德市		
		具体位置	蕉城区		
		始建年代	清乾隆五十年（1785）		
		现状/修复状况	1958年大炼钢运动时被拆除，2013年重建		
		建造者/原因	待考		
		来　　源	实地考察，作者自摄		
13	宁德天后宫	保护等级	省级文物保护单位		天后宫主体建筑左右对称，坐东北向西南，中轴线上依次为门楼、戏台、拜庭、正殿、后殿、偏殿。拜庭处可见极有特色的两根花岗岩浮雕凤柱，一凤在下驻足引颈，一凤在上盘旋呼应，是为女神殿的象征。殿宇顶上除正脊外，还有垂脊，垂脊上一个骑兽仙人领着四只垂兽，生动传神
		别　　称	妈祖庙		
		所在省/市/县	福建省宁德市		
		具体位置	蕉城区蕉南街道福山街		
		始建年代	清乾隆二十七年（1762）		
		现状/修复状况	2009年修复		
		建造者/原因	待考		
		来　　源	实地考察，作者自摄		
14	霞浦闾峡天后宫	保护等级			待考
		别　　称			
		所在省/市/县	福建省宁德市		
		具体位置	霞浦县闾峡村		
		始建年代	待考		
		现状/修复状况	待考		
		建造者/原因	待考		
		来　　源	实地考察，作者自摄		

续表

		保护等级	市级文物保护单位		
15	青堆子天后宫	别称	普化寺	简介	占地面积1 490平方米，建筑面积312平方米。建筑群采用北方传统的四合院围合式布局，但又不同于典型的四合院围合。前院更多表现为山门和围墙的围合关系，后院以主体，采用四面建筑围合的庙宇式布局
		所在省/市/县	辽宁省大连庄市		
		具体位置	庄河市青堆镇主街南端的高地上		
		始建年代	清代末年		
		现状/修复状况	改为民居/1980年代修复，更名普化寺		
		建造者/原因	福建商人		
		来源	庄河青堆子古镇—大连旅行者的日志		
16	锦州天后宫	保护等级		简介	建筑总体布局呈竖长方形三进院落，自南而北依次为戏楼、钟鼓二楼、山门、东西廊庑、拜庭、正殿、东西配殿，占地面积2 000多平方米。今除戏台被毁外，其余建筑物皆完整保存
		别称	江浙会馆		
		所在省/市/县	辽宁省锦州市		
		具体位置	古塔区北三里，广济寺塔北侧		
		始建年代	清雍正三年（1725）		
		现状/修复状况	现存建筑物为嘉庆二年（1797）重建，光绪十年（1884）重修		
		建造者/原因	旅锦江浙茶商		
		来源	孙晓天《辽宁地区妈祖文化调查研究》		
17	桓仁天后宫	保护等级		简介	重修后的天后宫，大殿、两廊、钟鼓二楼在原有基础上加高1米以上。山门外添置两座石狮，后殿门额挂匾"灵慈殿"。殿中，海神娘娘塑像居居正中。左右分列眼光、子孙二娘娘。前殿，关羽居中，左为吕洞宾，右为财神爷。东廊奉祀观世音菩萨，西廊权当仓库。前殿外两侧排列着数十通石碑
		别称	关帝庙		
		所在省/市/县	辽宁省本溪市		
		具体位置	桓仁镇北岭山上东坡		
		始建年代	清光绪十五年（1889）		
		现状/修复状况	1988年重修		
		建造者/原因	县令、商民		
		来源	孙晓天《辽宁地区妈祖文化调查研究》		
18	大孤山天后宫	保护等级		简介	现存天后宫建筑面积842平方米，占地面积1 800平方米。其主体建筑由一个面阔五间的硬山式正殿和一个同样面阔五间的卷棚抱厦构成。五檩正殿前为卷棚玄廊，连同一体。前庭三楹大殿是天后宫的山门，东西有重檐歇山木架结构的钟鼓楼
		别称			
		所在省/市/县	辽宁省东港市		
		具体位置	孤山镇大孤山风景区		
		始建年代	清乾隆二十八年（1763）		
		现状/修复状况	清光绪六年（1880）重建		
		建造者/原因	待考		
		来源	孙晓天《辽宁地区妈祖文化调查研究》		
19	天津天后宫	保护等级	市级文物保护单位	简介	坐西朝东，面对海河，占地5 352平方米，建筑面积1 734平方米，宫内供奉着天后娘娘。天后宫内主要殿宇有13间，分别为前殿、正殿、药王殿、台湾殿、凤尾殿、藏经阁、关帝殿、元辰殿、启圣祠、财神殿、碧霞元君殿、王三奶奶殿、良缘阁
		别称			
		所在省/市/县	天津市		
		具体位置	旧城区东门外的古文化街上		
		始建年代	元泰定三年（1326）		
		现状/修复状况	明永乐元年（1403）重建，清康熙二十三年（1684）改称天后宫，1986年重建		
		建造者/原因	朝廷		
		来源	实地考察，作者自摄		
20	社旗福建会馆	保护等级	省级文物保护单位	简介	占地2 000余平方米，坐西向东，其格局为集茶楼、饭庄、客房、娱乐为一体的一进二群楼庭院，整体建筑布局为"日"字形，寓"日日高升"之意。上下层均有檐廊、明柱、额枋、雀替雕饰简练，古雅清秀。上层明柱围栏相连，楼内靠两山设木制扶梯。西楼五间为主殿，前设棂花格扇，明柱围栏，顶部两山风火墙高耸。楼下供妈祖、关圣牌位，以祈佑行船风顺、利市生财。二楼为会馆同乡公议之所。中院过厅楼五间，前后壁有木隔扇花格亮窗、檐廊、明柱、围栏与前后陪楼相通，楼下为宴会厅，楼上为茶园戏堂戏怡乐园
		别称			
		所在省/市/县	河南省南阳市		
		具体位置	社旗县南瓷器街南端		
		始建年代	清嘉庆元年（1796）		
		现状/修复状况	2006年全面修缮，2007年完善		
		建造者/原因	客商		
		来源	实地考察，作者自摄		
21	台儿庄福建会馆	保护等级		简介	天建筑面积1 508平方米，为二进庭院布局，由正殿、左右厢房、钟鼓楼等建筑构成，木雕精美，彩绘点染，雕梁画栋，金碧辉煌
		别称	天后宫		
		所在省/市/县	山东省枣庄市		
		具体位置	台儿庄古城		
		始建年代	清雍正年间（1723—1735）		
		现状/修复状况	清咸丰三年（1853）重建。后1938年毁于战火，2010年重建		
		建造者/原因	福建士商		
		来源	实地考察，作者自摄		

续表

				简介	
22 烟台福建会馆	保护等级	全国重点文物保护单位		坐南面北,建筑按中轴线排列,高低错落有致。大门立于五级台阶之上,门前有200余平方米的开阔广场。正门两侧设耳门、配房,为硬山建筑屋,属闽南"五行"山墙中"木式"山墙。临广场大门均为红色板钉,无任何装饰,既有一般民居的亲切感,又有一种庄严的气氛。由大门、山门、戏楼、大殿、廊房组成。从总体看,建筑布局较疏朗,主次建筑分明有序,功能明确,是一组建筑造型艺术与功能完美结合的佳品	
	别　　称				
	所在省/市/县	山东省烟台市			
	具体位置	芝罘区南大街与胜利路交会处			
	始建年代	清光绪十年至三十二年(1884—1906)			
	现状/修复状况	1958年烟台市博物馆成立并设置于此,沿用至今			
	建造者/原因	福建船帮商贾,因海运而建			
	来　　源	实地考察,作者自摄			
23 青岛天后宫	保护等级	省级文物保护单位		总占地面积约为4 000平方米,其中,建筑面积约占1 500平方米。其庭院建筑结构为两进、两出和两厢。两进为正殿和配殿,两厢为前后两厢房,并设有戏楼、钟楼和鼓楼,附属建筑物有26栋共计80多间。戏楼有琉璃瓦盖顶,华丽精美,其他建筑都是清水墙、小灰瓦,雕梁画栋,建筑风格飞檐翘壁,金碧辉煌	
	别　　称				
	所在省/市/县	山东省青岛市			
	具体位置	太平路19号			
	始建年代	明成化三年(1467)			
	现状/修复状况	1996年全面修复,并将其辟为"青岛市民俗博物馆"			
	建造者/原因	胡家庄"胡善士"乡绅/青岛口与闽粤苏鲁海上贸易日益发展			
	来　　源	实地考察,作者自摄			
24 蓬莱阁天后宫	保护等级			占地面积3 000多平方米。建筑结构是四进院落,南北朝向,自南向北依次为正门、钟鼓楼、戏楼、前殿、垂花门、东西庑、正殿东西耳房、后殿。与其他地方的天后宫设计大同小异,过正门,就是钟鼓楼。在钟楼北侧通道间立有三块很有价值的碑记,即《神爻石记》《八松石亭记》和《重修白云宫、海神庙、天后宫、蓬莱阁记》,记述了蓬莱阁的沧桑	
	别　　称	元代改额为"灵应宫"			
	所在省/市/县	山东省烟台市			
	具体位置	蓬莱市迎宾路7号蓬莱城北丹崖山			
	始建年代	元天历二年(1329)			
	现状/修复状况	清光绪六年(1880)至光绪十年(1884)间再由沿海绅商募资修葺而成			
	建造者/原因	沿海绅商			
	来　　源	http://static.panoramio.com/photos/large/107463747.jpg			
25 庙岛显应宫	保护等级			大殿是全庙最大的建筑,为硬山式结构。后宫建筑风格为歇山式,保留了明代的特点。宫内最正位神台有铜铸镀金天后圣母像及2米高的九花青铜穿衣镜一面,各种服饰用品及床帐、摆设应有尽有。2002年10月,台湾信众护送一黑脸妈祖在显应宫落户	
	别　　称	海神娘娘庙			
	所在省/市/县	山东省烟台市			
	具体位置	长岛县长岛景区庙岛东北部			
	始建年代	明代,明崇祯元年(1628)扩建			
	现状/修复状况	1983年重修,1985年对游人开放			
	建造者/原因	航海祈福			
	来　　源	《山东妈祖建筑初探》P25			
26 两城天后宫	保护等级	市级文物保护单位		现存建筑东西长12.4米,南北宽12.5米,面积155平方米,整个院落占地面积7 000平方米	
	别　　称				
	所在省/市/县	山东省日照市			
	具体位置	两城镇南庙			
	始建年代	明中期			
	现状/修复状况	在修			
	建造者/原因	待考			
	来　　源	实地考察,作者自摄			
27 成山头天后宫	保护等级	市级文物保护单位		现存建筑共3间,宫内除天后正位居中外,东间有三宵娘娘即谢痘娘娘、疹痘娘娘和送子娘娘陪飨,西间则有麻姑、勾老爷和肋骨老爷陪飨	
	别　　称				
	所在省/市/县	山东省荣成市			
	具体位置	成山庙东院			
	始建年代	元大德年间(1297—1307)			
	现状/修复状况	毁于明代前期后,1920年代初重建			
	建造者/原因	福建、浙江等船家和当地渔民捐款修建			
	来　　源	实地考察,作者自摄			
28 石岛天后宫	保护等级			坐北朝南、三进庙堂式建筑,包括天后宫、道士祠、火神庙、商会楼4个院落,占地1400平方米。整体建筑古朴典雅,结构精巧,布局严谨	
	别　　称				
	所在省/市/县	山东省荣成市			
	具体位置	石岛市区中心			
	始建年代	清乾隆十六年(1751)			
	现状/修复状况				
	建造者/原因	山西洪洞王一德			
	来　　源	实地考察,作者自摄			

续表

	项目		内容		
29 即墨金口天后宫	保护等级			简介	在布局上分为"行宫"和"寝宫"两大主体建筑，行宫在前，寝宫在后，其间配以诸多附属建筑，将两座高大的宫殿融为一体。两宫的模式相同，都是青砖绿瓦，雕梁画栋，四角飞檐，前后出厦，宫内宽约12米，长约30米，高约10米
	别称				
	所在省/市/县		山东省青岛市		
	具体位置		即墨区黄海丁字湾畔的金口镇金口村		
	始建年代		清乾隆三十三年（1768）		
	现状/修复状况		仅存行宫及东西配殿		
	建造者/原因		南北巨商大贾和善男信女捐资建造		
	来源		《山东妈祖建筑初探》P22		
30 泗阳天后宫	保护等级		市级文物保护单位	简介	整体建筑原前后两幢，临街面（骡马街）的叫前殿。前殿东壁砖雕"河清"，西壁砖雕"海晏"，乃预祝"天下太平"之意。主体建筑称后殿，规模宽敞，殿宇辉煌，供有林默女像。天后宫为福建闽商所建，设计、用料、施工皆为外地人，特别是在建筑艺术上，雕梁画栋，砖雕石刻，小瓦飞檐，都融合了闽南文化的因素
	别称		闽商会馆		
	所在省/市/县		江苏省宿迁市		
	具体位置		泗阳县众兴镇骡马街西首		
	始建年代		清康熙年间（1662—1722）		
	现状/修复状况		2008年修建了山门、钟楼等配套设施，2009年开始进行了修复		
	建造者/原因		福建闽商所建，漕运彩冲		
	来源		http://siyang.gov.cn/zjsy/866/62289.html		
31 浏河天妃宫	保护等级		省级文物保护单位	简介	保留至今的主建筑天妃宫寝殿，是典型的明清时代江南苏式建筑。高12.5米，面阔21.84米，进深16.3米。楠木梁柱、木刻斗拱、砖雕券洞门，殿楼的枋子和门楣上雕有精细逼真的海浪托日和巨龙戏水的图案。结构形式古朴典雅，气势轩昂
	别称		天妃灵慈宫、娘娘庙		
	所在省/市/县		江苏苏州市		
	具体位置		太仓市浏河镇东市庙前街		
	始建年代		元至元二十三年（1286）		
	现状/修复状况		元至正二年（1342）重建，明宣德六年（1431）大修，清乾隆五年（1740）复修，清道光十四年（1834），江苏巡抚林则徐再修		
	建造者/原因		由旅居娄江口的闽粤海商建造，是我国明代航海家郑和下西洋的重要历史遗迹		
	来源		http://static.panoramio.com/photos/large/968718.jpg		
32 南京天妃宫	保护等级			简介	2004年竣工落成的南京天妃宫，占地约1.7万平方米，采用明代官式建筑的形制和风格。主要由东西两轴线建筑院落组成。其中西轴线为两进院落，设有天妃宫大殿、玉皇阁及两侧配殿等。东轴线为双进院落，主要设有观音殿和两侧配殿
	别称		龙江天妃宫		
	所在省/市/县		江苏省南京市		
	具体位置		鼓楼区下关狮子山麓		
	始建年代		明永乐十四年（1416）		
	现状/修复状况		屡遭战火，历代均有修葺，1949年后多次修缮		
	建造者/原因		明成祖朱棣为感谢天妃娘娘妈祖等诸神护佑郑和航海平安而敕建		
	来源		实地考察，作者自摄		
33 上海三山会馆	保护等级		市级文物保护单位	简介	主体建筑占地1000平方米，整幢建筑雕梁画栋，殿宇高大，别致秀丽，富有福建特色。古戏台建造得非常精致，戏台与中央顶上有覆盂形的藻井，全木质结构，四周雕有上海老城墙城门的模型，设计科学。古戏台前的两根青石柱上刻有对联一副："集古今大观时事虽异，得管弦乐趣情文相生"，字字铁划银钩。古戏台的藻井与四周的"鱼尾龙"均为初建时贴金，至今仍保存完好
	别称		福建会馆		
	所在省/市/县		上海黄浦区		
	具体位置		中山南路1551号		
	始建年代		1909年兴建，1914年竣工		
	现状/修复状况		1959年被列为上海市文物保护单位，1989年9月移建竣工对外开放		
	建造者/原因		福建旅沪水果商人		
	来源		实地考察，作者自摄		
34 松江天后宫	保护等级		县级文物保护单位	简介	现今坐落于松江方塔园中心广场的东北隅。大殿俊秀，飞檐翼角，基座坦荡，台阶开阔，举架高耸，面宽五楹，廊道萦回，梁柱粗实，轩昂伟岸，气势恢宏，砖木结构，雕刻精致华丽，体现了晚清建筑的特色。建筑面积330平方米，高17米，殿内悬有当今书法家吴健贤、陈佩秋、周慧等书写的匾额、楹联。松江天后宫名声远扬，常年香火鼎盛
	别称		天妃宫		
	所在省/市/县		上海松江区		
	具体位置		河南北路3号		
	始建年代		宋咸淳七年（1271）		
	现状/修复状况		前身为顺济庙，2001年天妃宫进行大修		
	建造者/原因		由上海市舶司（上海海关前身，主管航运税赋），闽人陈珩主持，福建商人建		
	来源		实地考察，作者自摄		
35 塘头天后宫	保护等级			简介	坐北朝南。现有原先一间平屋、前大殿、正大殿、附属用房和围墙等建筑，占地面积1500平方米。正大殿五间通面宽18米，通进深8米。单檐硬山顶。屋面盖小青瓦。在天后宫内还保留着一尊清代时期妈祖彩色泥塑坐像和一只石香炉，均保存完整
	别称				
	所在省/市/县		浙江省舟山市		
	具体位置		普陀区沈家门街道鲁家峙		
	始建年代		清光绪年间（1875—1908）		
	现状/修复状况		起先只有三间简易平屋，后逐渐扩展		
	建造者/原因		福建渔民		
	来源				

	保护等级	全国重点文物保护单位		坐东朝西，规模宏大，占地面积约为5 000平方米。沿中轴线有宫门、仪门、前戏台、大殿、后戏台、后殿、前后厢房等建筑。建筑装饰采用砖雕、石雕和朱金木楷等宁波传统工艺，堪称宁波近代地方工艺之杰作。天后宫内建有前后两戏台，分别用于祭祀妈祖和为行业聚会提供观演场所，为国内罕见。占地0.5公顷，建筑面积5 062平方米，平面布局呈纵长方形	
36	别　　称	甬东天后宫			
	所在省/市/县	浙江省宁波市			
宁波庆安会馆	具体位置	鄞州区江东北路156号	简介		
	始建年代	始建于清道光三十年（1850），落成于咸丰三年（1853）			
	现状/修复状况	现改建为全国首家海事民俗博物馆，展出各个朝代的船模			
	建造者/原因	甬埠北洋船商			
	来　　源	实地考察，作者自摄			
	保护等级	省级文物保护单位		坐南朝北，占地面积为633平方米，建筑面积963平方米，主体建筑平面呈长方形，硬山顶，白灰砖墙。大门外墙为牌坊式砖石结构，外墙明间二楼有"天后宫"三个楷书砖雕大字	
37	别　　称	下埠头天后宫			
	所在省/市/县	浙江省衢州市			
衢州福建会馆	具体位置	天皇巷18号	简介		
	始建年代	清嘉庆八年（1803）			
	现状/修复状况	2011年1月，下埠头天后宫被浙江省政府公布为省级文物保护单位			
	建造者/原因	福建商人			
	来　　源	实地考察，作者自摄			
	保护等级			如今的天妃宫有主体建筑（两层）、附属建筑和空地三部分组成，占地约1 300平方米，建筑面积约400平方米，其中主体建筑约150平方米（仅底层）。天妃宫门牛台建筑华丽，铺红色的琉璃瓦，门楣上金色的匾额宽约1米，长约2米，上有金色凤凰和牡丹的镶边	
38	别　　称				
	所在省/市/县	浙江省温州市			
温州斋堂巷天妃宫	具体位置	鹿城区松台街道斋堂巷南侧	简介		
	始建年代	待考			
	现状/修复状况	2011年经历过一次大修			
	建造者/原因	待考			
	来　　源	http://static.panoramio.com			
	保护等级			大门前为戏台，大门和大殿颇具规模，轩敞，金碧辉煌，极其壮丽，为邑中祠庙之冠。大殿之右，有曲廊寮室，阶下一石池，环植柳树。风和日暖之时，碧玻参差，锦鳞游泳，凭轩阅览，爽人心目，为附邑十景之一。额曰：柳池鱼跃	
39	别　　称	闽商会馆			
	所在省/市/县	浙江省丽水市			
松阳天后宫	具体位置	松阳县	简介		
	始建年代	清乾隆十四年（1749）			
	现状/修复状况	2010年重修			
	建造者/原因	闽商请邑令陈朝栋，在城西创建天后宫			
	来　　源	实地考察，作者自摄			
	保护等级			庙内聚集了各种潮汕工艺。门壁的石质浮雕、梁柱的木雕彩绘，都具有很高的审美价值，特别是一对由整块石头雕刻的透雕盘龙柱石，上有八仙立像，工艺十分高超，过去只有在皇宫和孔庙才能见到。屋顶的嵌瓷艺术，是潮汕工艺特有的技术。用烧制好的彩色陶瓷片，拼制出各种戏文图案，人物栩栩如生，又不怕风雨的侵蚀，现在已经广泛运用到民间建筑中	
40	别　　称				
	所在省/市/县	广东省广州市			
汕头天后宫	具体位置	汕头市老市区升平路	简介		
	始建年代	清嘉庆年间（1796—1820）			
	现状/修复状况	1992年重修开放			
	建造者/原因	福建人			
	来　　源	http://static.panoramio.com			
	保护等级			建筑面积达2 000多平方米，为一艘远洋大船形的船楼，船头刻有"安澜永庆"匾额，赞颂海神祖姑。宫庙建三进宫殿式。中殿顶端建八角藻井，既通风、通光又壮丽美观。宫庙梁柱雕刻精工细致，殿顶嵌瓷巧夺天工。庙的右前方有碑亭和可供客家乘凉歇息的书廊，书廊前边有记载历代修建的碑记石刻。宫庙四周乡间绿绕，浮光倒影，风景清幽，名气远着	
41	别　　称				
	所在省/市/县	广东省揭阳市			
揭阳乔林天后宫	具体位置	东山区乔林乡	简介		
	始建年代	南宋			
	现状/修复状况	1995年，对天后古庙背后场地进行清理，修建天后园			
	建造者/原因	待考			
	来　　源	http://jieyang.cncn.com			
	保护等级			参照福建莆田湄洲妈祖庙建成，占地100公顷。其整体建筑是清代宫殿式的建筑风格，庄严肃穆，极具宫廷的气派。宫殿建筑群按照清式依山营造，对称的布局中高低错落地排列着牌坊、山门、钟鼓楼、碑亭、献殿、灵惠楼、嘉应阁、正殿、寝殿等建筑，后山上还高耸着一幢宝塔——南岭塔	
42	别　　称				
	所在省/市/县	广东省广州市			
南沙天后宫	具体位置	南沙区大角山东南麓	简介		
	始建年代	始建于宋，重修于明			
	现状/修复状况	1995年由香港著名实业家霍英东捐款重建			
	建造者/原因	待考			
	来　　源	http://static.panoramio.com			

附录二　中国大陆地区现存天后宫、福建会馆总表 \ 243

续表

	保护等级	市级文物保护单位		
43 雷州乌石天后宫	别称		简介	庙内保存着丰富的古代文物,有明代宣德炉、清光绪十九年铜香炉、清嘉庆二十四年铁钟、精致的清代木雕阁等,雕工精美华丽,具有很高的艺术价值
	所在省/市/县	广东省湛江市		
	具体位置	雷州市乌石镇人民街至港口处		
	始建年代	元至顺年间(1330—1333)		
	现状/修复状况	历经修缮,1958年迁至今址		
	建造者/原因	待考		
	来源	http://static.panoramio.com/photos/large/33019174.jpg		
44 深圳赤湾天后宫	保护等级		简介	此前殿面宽24米,高10余米。正门台基前面的浮雕纹样石刻,相传为宋代末年赤湾天妃庙原建筑构件,具有极高的文物价值,是研究宋代石刻工艺的重要的实据。殿前正面有龙柱4根,每根高4.2米,全部采用我国传统石雕镂刻而成,双龙盘柱,态势生动。台阶两旁设置海神天后的守护神兽圆雕石麒麟两尊,寓意着天后宫的神圣与庄严
	别称	天后庙、天后博物馆		
	所在省/市/县	广东省深圳市		
	具体位置	南山区赤湾村旁小南山下		
	始建年代	宋代末年		
	现状/修复状况	明清两朝多次修葺,近年重新修复		
	建造者/原因	待考		
	来源	http://static.panoramio.com/photos/arge/98112451.jpg		
45 海口天后宫	保护等级	省级文物保护单位	简介	现存的天后宫主体部分,飞檐走壁间,依然可见当年建筑的恢宏气象。建筑专家对它的建筑风格赞叹不已,认为那是典型的中国传统抬梁式结构,做工精细,雕工精美,亦可见妈祖文化在海南的源远流长
	别称	天后庙、妈祖庙		
	所在省/市/县	海南省海口市		
	具体位置	中山路87号		
	始建年代	始建于元代		
	现状/修复状况	清咸丰十年(1860)重修		
	建造者/原因	待考		
	来源	http://static.panoramio.com/photos/large/57624946.jpg		
46 芷江天后宫	保护等级	省级文物保护单位	简介	整个妈祖庙融古代建筑、浮雕艺术于一身,具有较高的艺术观赏价值和文物保护价值。其前坊后宫的石坊上刻有50幅浮雕,栩栩如生,雕刻技艺精湛,有"江南第一坊"之称。有石门坊、戏台、正殿、寝殿、耳室、厢房、观音殿、财神殿、武圣殿等建筑,占地面积约1970平方米,整体布局呈三行纵轴线对称,以两道封火墙隔开,左侧正殿与财神殿的封火墙间隔有一道2米宽的甬道,四周有封火墙。布局讲究,规模较大
	别称	福建会馆		
	所在省/市/县	湖南省怀化市		
	具体位置	芷江侗族自治县芷江三桥附近		
	始建年代	清康熙年间(1662—1722)		
	现状/修复状况	1999年重修,2002年重新对外开放		
	建造者/原因	福建客民		
	来源	实地考察,作者自摄		
47 湘西天后宫	保护等级		简介	建筑坐北朝南,占地2 000平方米,整体布局为砖木结构四合院建筑,由戏台、妈祖殿、观音堂、财神殿、通神殿、回廊、坪院组成
	别称	妈祖庙		
	所在省/市/县	湖南省怀化市		
	具体位置	凤凰古城东正街97号		
	始建年代	明朝末年		
	现状/修复状况	清乾隆四十五年(1780)重修扩建		
	建造者/原因	待考		
	来源	实地考察,作者自摄		
48 镇远天后宫	保护等级	省级文物保护单位	简介	由码头、山门、正殿、厢房前廊、耳房及膳房等组成,现存建筑正殿及抱厦分别为清同治十二年与光绪三年由福建籍人捐资重建。正殿内供奉海神"妈祖"。背饰镂空灰塑二龙戏珠,具有典型的闽南风格。抱厦屋面舒展,线条流畅,木雕精美。天后宫在沿海一带称"妈祖庙",在内陆设天后宫是不多见的。据考证,舞溪以上只有3处,即湖南芷江、贵州镇远和黄平旧州。镇远天后宫最险、最高,内中建筑工艺最美
	别称	福建会馆		
	所在省/市/县	贵州黔东南苗族侗族自治州		
	具体位置	镇远县㵲阳镇新中街		
	始建年代	慈禧当政时期		
	现状/修复状况	现存建筑为清光绪二年(1876)重建的		
	建造者/原因	闽南旅镇商人		
	来源	实地考察,作者自摄		
49 旧州古镇天后宫	保护等级		简介	占地达1 228平方米,由前殿、后殿、四间厢楼等组成。整座建筑为单檐歇山顶木结构,均为石柱基础,每根柱子底部垫有石墩,既保护柱子,又分散柱子对地面的压力,使建筑更加稳固。正殿供奉着妈祖神像,天花板上是八角藻井,古朴典雅,系典型徽派风格,蕴含五行以水克火之意,尤值得一提的是,该宫后壁墙格上嵌着"天后宫"三个大字,旁边则是"辛丑重修"四个小字,为反体阳文,以突出该宫重修时间,表示与初建时间不同,足见当年重修者的良苦用心和对妈祖崇仰之情
	别称			
	所在省/市/县	贵州省黄平县		
	具体位置	旧州镇		
	始建年代	清道光十七年(1837)		
	现状/修复状况	于清光绪九年(1883)集资重建,后又于光绪二十七年(1901)扩建		
	建造者/原因	闽籍商人		
	来源	http://static.panoramio.com/photos/large/50024326.jpg		

	保护等级		简介	
50 会泽福建会馆	别称		总占地面积约700平方米，坐西向东，原有山门、两厢、中殿、正殿、左右厢房及两套间二进二院建筑，现存5栋单体建筑。民国九年（1920），土匪攻打蒙自，火烧世发街、铁货街，福建会馆山门、中殿被毁，现存正殿、左右厢房及两套间。正殿为单檐硬山顶，穿斗与抬梁结合式梁架，彻上明造，用柱18根，高约8米，面阔三间12.30米，进深三间10米。前檐走廊置卷棚厅。不施斗拱，装修华丽，雀替、额枋均浮雕花卉。屋顶正脊全用镂雕花砖，垂带式陞道5级。左右厢房各为单檐硬山顶二层楼房，高约6米，通面阔8.5米，进深4.6米，三开间，一进深，原中殿两山还各保存有一间套间平房	
	所在省/市/县	云南省会泽县		
	具体位置	蒙自世发街12号		
	始建年代	清乾隆三十五年（1770）		
	现状/修复状况	清嘉庆六年（1801）兴建会馆。原址在蒙自分司街（今早街），后遭火灾损毁后，迁建于现址		
	建造者/原因	福建商人		
	来源	http://blog.sina.com.cn/s/blog_66257c35102wtvx.html		
51 江津真武天上宫	保护等级	市级文物保护单位	简介	从高处俯瞰整个天上宫为一大厅比其他三面较高的四合院，加上高大镬耳封火山墙，给人以整体的高耸严整和组合美感。镬耳封火山墙是珠江三角地区最具特色的建筑造型，又称"鳌鱼屋"，鳌鱼是西江流域族群的一种亲水图腾。故镬耳封火山墙体现了移民的天后信仰及其民俗与土著的相融合
	别称	福建会馆		
	所在省/市/县	重庆市		
	具体位置	重庆西南、长江中上游之滨，真武场通向綦江河的一条主要通道边		
	始建年代	清代		
	现状/修复状况	曾作供销社的库房，2006年恢复"天上宫"		
	建造者/原因	福建人		
	来源	实地考察，作者自摄		
52 自贡仙滩天上宫	保护等级		简介	位于半边街下三分之一处，平面成长方形，由山门、戏楼、大殿、廊楼、东西厢房和耳房组成，四周用廊楼相连。戏楼为歇山顶，大殿为硬山顶，两侧廊楼下的过街门洞与半边街相通。体量略次于南华宫，建筑之精美，与南华宫相比，有过之而无不及。在建筑、雕塑、绘画等艺术门类上都达到了相当的高度。整个建筑造型别致，鳌角凌空，其戏楼楼沿上的木雕雕刻精细，线条粗犷细腻，历史人物、民风民俗、神话传说、戏剧故事等形象而生动，具有较高的文物价值
	别称	福建会馆		
	所在省/市/县	四川省自贡市		
	具体位置	富顺县西北角的釜溪河畔		
	始建年代	清道光二十九年（1849）		
	现状/修复状况	由于自贡盐业发达而集聚各省商人、移民		
	建造者/原因	福建人		
	来源	实地考察，作者自摄		
53 宜宾李庄天上宫	保护等级		简介	山门为"八"字形布局，体现中国传统建筑艺术中的对称美和天后的"神权"力量。山门呈牌坊式，由三级重叠，皆由火烧的青砖修建。山门上方有个竖的长方形框，应为"天上宫"三字匾额，今不存。其下有一大两小长方形框，或浮或雕刻，也已风化。山门中间为一大门，旁有相同的两个小门，三个门的门槛、门枋、门楣均用青石砌成，上面的楹联早已风化。整个建筑气势宏大，设有大门，进深较大，门前有大块空地，显示出当年李庄福建移民的实力和凝聚力
	别称	福建会馆		
	所在省/市/县	四川省宜宾市		
	具体位置	李庄镇线子市街东段		
	始建年代	清代		
	现状/修复状况	于1998年改名"玉佛寺"		
	建造者/原因	福建人		
	来源	实地考察，作者自摄		
54 铜梁安居妈祖庙	保护等级		简介	抬梁式结构与穿斗结构相结合，构造独特。庙内平面组织精妙，庭院、楼台布局严谨。徽式建筑特色的马头山墙造型高低错落，富于变化。青瓦白墙，雕刻装饰题材丰富
	别称	福建会馆		
	所在省/市/县	重庆市		
	具体位置	铜梁区安居镇		
	始建年代	清乾隆四十四年（1779）		
	现状/修复状况	民国三十四年（1945），由县人王超北等人复办光明电厂（不久即改为福民电厂），曾在此发电供士民照明		
	建造者/原因	闽籍移民		
	来源	实地考察，作者自摄		
55 遂宁天上宫	保护等级		简介	占地4300平方米，四合院布局，有32根立柱，单檐悬山式屋顶。正殿五间，高朗宽敞，两边走廊各九间，进深三间，深10米，较文昌宫深过一半，宽可相等。雕刻精细，木石必加，迄今沿有遗影。坐西向东，四合院布局，占地面积2320平方米，建筑870平方米。主要建筑有戏楼、书楼、大殿、壁塔。天上宫富丽堂皇，以雕刻精美著称，以木雕为主，并兼有石雕、砖雕。具有典型的四川清代建筑之风格
	别称	福建会馆		
	所在省/市/县	四川省遂宁市		
	具体位置	船山区西山路611号		
	始建年代	清咸丰元年（1851）		
	现状/修复状况	2003年9月迁建现址作为遂宁市图书馆使用		
	建造者/原因	由福建林氏在遂宁经商获利发起同业所建，是谓遂宁"福建会馆"		
	来源	实地考察，作者自摄		

附录三　港澳台地区现存天后宫、福建会馆总表

序号	名称	项目	内容
1	头城妈祖庙	别称	头城妈祖庙
		所在省/市/县	台湾宜兰县
		具体位置	头城镇城东里，头城车站附近
		始建年代	清嘉庆元年（1796）
		现状/修复状况	保存完好
		建造者/原因	待考
		来源	维基百科
2	昭应宫	别称	
		所在省/市/县	台湾宜兰县
		具体位置	宜兰市
		始建年代	清嘉庆十三年（1808）
		现状/修复状况	台湾三级古迹
		建造者/原因	待考
		来源	维基百科
3	利泽简永安宫	别称	
		所在省/市/县	台湾宜兰县
		具体位置	五结乡利泽村
		始建年代	清道光六年（1826）
		现状/修复状况	宜兰县文化资产
		建造者/原因	待考
		来源	维基百科
4	南方澳进安宫	别称	
		所在省/市/县	台湾宜兰县
		具体位置	苏澳镇南方澳南正里江夏路81号
		始建年代	1984年
		现状/修复状况	保存完好
		建造者/原因	北方澳人所建
		来源	维基百科
5	南方澳南天宫	别称	
		所在省/市/县	台湾宜兰县
		具体位置	苏澳镇南方澳南正里江夏路17号
		始建年代	1950年
		现状/修复状况	保存完好
		建造者/原因	乡绅简阿祥发起妈祖庙筹建
		来源	维基百科
6	北投关渡宫	别称	关渡妈祖宫、关渡天后宫
		所在省/市/县	台湾台北市
		具体位置	北投区知行路360号
		始建年代	清顺治三十八年（1661）
		现状/修复状况	保存完好
		建造者/原因	佛教临济宗石兴和尚从福建省兴化府莆田市湄洲天后宫请来妈祖香火来台，以茅草建屋
		来源	维基百科
7	台北天后宫	别称	西门町天后宫、西门町妈祖庙
		所在省/市/县	台湾台北市
		具体位置	万华区成都路51号
		始建年代	清乾隆十一年（1746）
		现状/修复状况	保存完好
		建造者/原因	待考
		来源	维基百科
8	松山慈宫	别称	松山妈祖宫祖庙
		所在省/市/县	台湾台北市
		具体位置	松山区八德路四段
		始建年代	清乾隆十八年（1753）
		现状/修复状况	保存完好
		建造者/原因	僧人衡真和尚由湄洲天后宫奉天上圣母神像，留下金身供奉
		来源	维基百科

序号	名称	项目	内容	图片
9	新庄慈宫	别　　称	新庄天后宫	
		所在省/市/县	台湾新北市	
		具体位置	新庄区荣和里新庄路218号	
		始建年代	清雍正七年（1729）	
		现状/修复状况	新北市文化资产	
		建造者/原因	待考	
		来　　源	维基百科	
10	开台天后宫	别　　称		
		所在省/市/县	台湾新北市	
		具体位置	八里区龙米路二段191号	
		始建年代	清乾隆二十五年（1760）	
		现状/修复状况	保存完好	
		建造者/原因	海神妈祖信仰八里一带地方乡绅耆宿，遂倡议建庙奉祀妈	
		来　　源	维基百科	
11	淡水福佑宫	别　　称	淡水妈祖庙	
		所在省/市/县	台湾新北市	
		具体位置	淡水区中正路200号	
		始建年代	清嘉庆元年（1796）	
		现状/修复状况	新北市三级古迹	
		建造者/原因	待考	
		来　　源	维基百科	
12	板桥慈惠宫	别　　称	板桥妈祖庙	
		所在省/市/县	台湾新北市	
		具体位置	板桥区府中路81号	
		始建年代	清同治十三年（1874）	
		现状/修复状况	保存完整	
		建造者/原因	板桥林家所建	
		来　　源	维基百科	
13	桃园慈护宫	别　　称		
		所在省/市/县	台湾桃园市	
		具体位置	桃园区南门里复兴路275号	
		始建年代	清康熙四十二年（1703）	
		现状/修复状况	保存完整	
		建造者/原因	前身为在今五结乡的妈祖庙，由游姓先民建立	
		来　　源	维基百科	
14	新屋天后宫	别　　称		
		所在省/市/县	台湾桃园市	
		具体位置	新屋区笨港里2邻10号	
		始建年代	清道光六年（1826）	
		现状/修复状况	保存完整	
		建造者/原因	待考	
		来　　源	维基百科	
15	中坜仁海宫	别　　称		
		所在省/市/县	台湾桃园市	
		具体位置	中坜区新街里延平路198号	
		始建年代	清道光六年（1826）	
		现状/修复状况	保存完整	
		建造者/原因	地方士绅与十三庄乡民为感谢观音庇佑终止械斗，于道光六年搭建观音亭，之后自北港妈祖庙请来天上圣母	
		来　　源	维基百科	
16	香山天后宫	别　　称		
		所在省/市/县	台湾新竹市	
		具体位置	香山区朝山里中华路五段420巷191号	
		始建年代	清顺治十八年（1661）	
		现状/修复状况	香山当地居民，信仰天上圣母。自湄洲妈祖祖庙奉来天上圣母神像、大铜钟与香炉于现址建立天后宫	
		建造者/原因	待考	
		来　　源	维基百科	

续表

17	新竹长和宫	别　　　称	
		所在省/市/县	台湾新竹市
		具体位置	北区北门街135号
		始建年代	清乾隆七年（1742）
		现状/修复状况	新竹市古迹
		建造者/原因	竹堑市街发展起来，许多郊商便在长和宫为议事地点，之所以取名长和宫是取长久合作之意
		来　　　源	维基百科
18	苑里慈和宫	别　　　称	
		所在省/市/县	台湾苗栗县
		具体位置	苑里镇中山路305号
		始建年代	清乾隆三十七年（1772）二月
		现状/修复状况	保存完整
		建造者/原因	福建水师提督吴英奉命征讨海盗，至湄洲天后宫恭迎妈祖第十二尊分灵，奉祀于旗舰，祈求出师顺利。停泊苑里，乡民恳求留下神像奉祀，于乾隆三十七年二月建庙
		来　　　源	维基百科
19	竹南龙凤宫	别　　　称	后厝妈祖庙
		所在省/市/县	台湾苗栗县
		具体位置	竹南镇龙安街69号
		始建年代	清道光十五年（1835）
		现状/修复状况	保存完整
		建造者/原因	待考
		来　　　源	维基百科
20	白沙屯拱天宫	别　　　称	后厝妈祖庙
		所在省/市/县	台湾苗栗县
		具体位置	通霄镇白东里8号
		始建年代	清同治二年（1863）
		现状/修复状况	文化资产
		建造者/原因	白沙屯先民早年讨海为生，因海上捕鱼艰苦与危险，便奉祀软身天上圣母，以祈求平安
		来　　　源	维基百科
21	竹南慈裕宫	别　　　称	中港妈祖庙
		所在省/市/县	台湾苗栗县
		具体位置	竹南镇民生路7号
		始建年代	清道光十八年（1838）
		现状/修复状况	保存完整
		建造者/原因	待考
		来　　　源	维基百科
22	大甲镇澜宫	别　　　称	大甲妈祖庙
		所在省/市/县	台湾台中市
		具体位置	大甲区顺天路158号
		始建年代	清雍正八年（1730）
		现状/修复状况	保存完整
		建造者/原因	相传，福建莆田湄洲人林永兴向湄洲妈祖祖庙分灵一尊天上圣母神像香火，移民来台，于大甲定居，原本供奉在林家
		来　　　源	维基百科
23	旱溪乐成宫	别　　　称	
		所在省/市/县	台湾台中市
		具体位置	东区旱溪里旱溪街48号
		始建年代	清乾隆十八年（1753）
		现状/修复状况	台中市文化资产的古迹、无形文化资产
		建造者/原因	此庙为林大发先祖来旱溪拓垦，恭迎妈祖神尊以求庇佑，庄民建庙奉祀
		来　　　源	维基百科
24	大庄浩天宫	别　　　称	
		所在省/市/县	台湾台中市
		具体位置	梧栖区大村里中央路一段784号
		始建年代	清乾隆三年（1738）
		现状/修复状况	台中市文化资产的历史建筑、无形文化资产
		建造者/原因	此庙为林大发先祖来旱溪拓垦，恭迎妈祖神尊以求庇佑，庄民建庙奉祀
		来　　　源	维基百科

编号	名称	项目	内容
25	南屯万和宫	别称	犁头店圣母庙
		所在省/市/县	台湾台中市
		具体位置	南屯区万和路一段51号
		始建年代	清雍正四年（1726）
		现状/修复状况	保存完整
		建造者/原因	相传万和宫圣母神像由张国自福建湄洲恭请护船来台，神像安置犁头店，初建小祠祭祀
		来源	维基百科
26	中区万春宫	别称	
		所在省/市/县	台湾台中市
		具体位置	中区光复里成功路212号
		始建年代	清康熙六十年（1721）
		现状/修复状况	保存完整
		建造者/原因	待考
		来源	维基百科
27	丰原慈济宫	别称	丰原妈祖庙
		所在省/市/县	台湾台中市
		具体位置	丰原区中正路179号
		始建年代	清乾隆四十二年（1777）
		现状/修复状况	保存完整
		建造者/原因	待考
		来源	维基百科
28	大雅永兴宫	别称	
		所在省/市/县	台湾台中市
		具体位置	大雅区大雅里3邻大雅路37号
		始建年代	清道光二十七年（1847）
		现状/修复状况	保存完整
		建造者/原因	待考
		来源	维基百科
29	北屯上天宫	别称	老五妈庙
		所在省/市/县	台湾台中市
		具体位置	北屯区太原路三段405号
		始建年代	1961年
		现状/修复状况	保存完整
		建造者/原因	老五妈会北屯之会员林长庚自雕老五妈金身奉祀于其宅
		来源	维基百科
30	大肚万兴宫	别称	顶街万兴宫
		所在省/市/县	台湾台中市
		具体位置	大肚区荣华街154号
		始建年代	清乾隆元年（1736）
		现状/修复状况	保存完整
		建造者/原因	待考
		来源	维基百科
31	沙鹿朝兴宫	别称	
		所在省/市/县	台湾台中市
		具体位置	沙鹿区洛泉里和平街18号
		始建年代	清雍正十年（1732）
		现状/修复状况	保存完整
		建造者/原因	至台湾抚慰原住民的钦差在海上遇风雨，至水里港上岸脱险，遂感谢妈祖庇_而兴建庙宇
		来源	维基百科
32	二林仁和宫	别称	
		所在省/市/县	台湾彰化县
		具体位置	二林镇中正路58号
		始建年代	清康熙六十年（1721）
		现状/修复状况	彰化县文化资产
		建造者/原因	待考
		来源	维基百科

续表

序号	名称	项目	内容
33	鹿港天后宫	别称	
		所在省/市/县	台湾彰化县
		具体位置	鹿港镇中山路430号
		始建年代	清雍正三年（1725）
		现状/修复状况	台湾三级古迹
		建造者/原因	鹿港当地民众为求商船往返海上平安，故集资建造
		来源	维基百科
34	鹿港新祖宫	别称	敕建天后宫
		所在省/市/县	台湾彰化县
		具体位置	鹿港镇埔头街96号
		始建年代	清乾隆五十三年（1788）
		现状/修复状况	保存完整
		建造者/原因	乾隆帝下令由官费兴建的妈祖庙
		来源	维基百科
35	彰化天后宫	别称	
		所在省/市/县	台湾彰化县
		具体位置	彰化市永乐街18号
		始建年代	清乾隆十三年（1748）
		现状/修复状况	保存完整
		建造者/原因	知县陆广霖倡建
		来源	维基百科
36	彰化南瑶宫	别称	
		所在省/市/县	台湾彰化县
		具体位置	彰化市南瑶里南瑶路43号
		始建年代	清乾隆三年（1738）
		现状/修复状况	县定古迹
		建造者/原因	待考
		来源	维基百科
37	员林福宁宫	别称	
		所在省/市/县	台湾彰化县
		具体位置	员林市和平里中山路二段26号
		始建年代	清雍正年间（1723—1735）
		现状/修复状况	保存完整
		建造者/原因	原先员林的广东与福建移民合建主祀妈祖与三山国王的员林广福宫，但因生活习俗与语言差异，闽人在雍正年间另建妈祖庙
		来源	维基百科
38	北斗奠安宫	别称	
		所在省/市/县	台湾彰化县
		具体位置	北斗镇光复里斗苑路一段120号
		始建年代	清康熙二十三年（1684）
		现状/修复状况	彰化县历史建筑
		建造者/原因	武举人陈联登、文举人杨启元，勘查今北斗兴建北斗街与建奠安宫
		来源	维基百科
39	南投配天宫	别称	
		所在省/市/县	台湾南投县
		具体位置	南投市中山街65号
		始建年代	清嘉庆四年（1799）
		现状/修复状况	保存完整
		建造者/原因	待考
		来源	维基百科
40	竹山连兴宫	别称	
		所在省/市/县	台湾南投县
		具体位置	竹山镇下横街28号
		始建年代	清乾隆二十一年（1756）
		现状/修复状况	保存完整
		建造者/原因	待考
		来源	维基百科

		别 称	天上宫
4 1	集集广盛宫	所在省/市/县	台湾南投县
		具体位置	集集镇集集街128号
		始建年代	清乾隆五十八年(1793)
		现状/修复状况	集集当地垦户杨东兴发起建庙
		建造者/原因	待考
		来 源	维基百科
4 2	埔里恒吉宫	别 称	
		所在省/市/县	台湾南投县
		具体位置	埔里镇南兴街367号
		始建年代	清道光四年(1824)
		现状/修复状况	保存完整
		建造者/原因	厦门总理陈瑞芬自湄洲天后宫恭请湄洲大妈来台
		来 源	维基百科
4 3	北港朝天宫	别 称	北港妈祖庙
		所在省/市/县	台湾云林县
		具体位置	北港镇中山路178号
		始建年代	清康熙三十三年(1694)
		现状/修复状况	台湾当局指定古迹
		建造者/原因	待考
		来 源	维基百科
4 4	土库顺天宫	别 称	北港妈祖庙
		所在省/市/县	台湾云林县
		具体位置	土库镇中正路109号
		始建年代	清道光十四年(1834)
		现状/修复状况	县定古迹
		建造者/原因	待考
		来 源	维基百科
4 5	斗南顺安宫	别 称	斗南妈祖庙
		所在省/市/县	台湾云林县
		具体位置	斗南镇长安路一段126号
		始建年代	清乾隆元年(1736)
		现状/修复状况	保存完整
		建造者/原因	由斗南地方望族陈氏家族至福建省兴化府莆田市湄洲天后宫恭请湄洲圣二妈渡海来台奉祀
		来 源	维基百科
4 6	笨港口港口宫	别 称	
		所在省/市/县	台湾嘉义县
		具体位置	东石乡港口村8邻蚶子寮5号
		始建年代	清康熙二十三年(1684)
		现状/修复状况	保存完整
		建造者/原因	先民林楷自中国湄洲奉请妈祖渡海来台
		来 源	维基百科
4 7	朴子配天宫	别 称	
		所在省/市/县	台湾嘉义县
		具体位置	朴子市开元路118号
		始建年代	清康熙二十六年(1687)
		现状/修复状况	县定古迹
		建造者/原因	林马笃信妈祖,1682年从湄洲祖庙恭请分灵妈祖回家供奉
		来 源	维基百科
4 8	溪北六兴宫	别 称	
		所在省/市/县	台湾嘉义县
		具体位置	新港乡
		始建年代	清道光十九年(1839)
		现状/修复状况	保存完整
		建造者/原因	王得禄提督将"三妈"神像带回其宅第奉祀
		来 源	维基百科

续表

		别　　　称	
4 9	新港奉天宫	所在省/市/县	台湾嘉义县
		具 体 位 置	新港乡新民路53号
		始 建 年 代	清嘉庆十六年（1811）
		现状/修复状况	县定古迹
		建造者/原因	王得禄提督奏请嘉庆帝御赐宫名为"奉天宫"，自称为古笨港天后宫香火之分支及延续
		来　　　源	维基百科
5 0	民雄庆诚宫	别　　　称	
		所在省/市/县	台湾嘉义县
		具 体 位 置	民雄乡中乐村中乐路64号
		始 建 年 代	清嘉庆十四年（1809）
		现状/修复状况	保存完整
		建造者/原因	相传嘉庆君抵达打猫时感念妈祖庇，御赐建庙
		来　　　源	维基百科
5 1	大天后宫	别　　　称	东宁天妃宫
		所在省/市/县	台湾台南市
		具 体 位 置	中西区永福路二段227巷18号
		始 建 年 代	清顺治二十二年（1665）
		现状/修复状况	台湾当局指定古迹
		建造者/原因	本为明朝宁靖王朱术桂所居住的宁靖王府邸，后来在宁靖王舍宅之后转变成妈祖庙
		来　　　源	维基百科
5 2	鹿耳门天后宫	别　　　称	
		所在省/市/县	台湾台南市
		具 体 位 置	安南区显宫里妈祖宫一街136号
		始 建 年 代	清顺治十八年（1661）
		现状/修复状况	保存完好
		建造者/原因	待考
		来　　　源	维基百科
5 3	茄拔天后宫	别　　　称	
		所在省/市/县	台湾台南市
		具 体 位 置	善化区嘉南里茄拔80号
		始 建 年 代	清顺治十八年（1661）
		现状/修复状况	历史建筑
		建造者/原因	一位名叫"曾顺"的人从湄洲迎请而来
		来　　　源	维基百科
5 4	开基天后宫	别　　　称	
		所在省/市/县	台湾台南市
		具 体 位 置	北区自强街12号
		始 建 年 代	清康熙元年（1662）
		现状/修复状况	台湾当局指定古迹
		建造者/原因	由郑成功在攻下普罗民遮城后改建德庆溪口的"妈祖寮仔"而成
		来　　　源	维基百科
5 5	安平开台天后宫	别　　　称	
		所在省/市/县	台湾台南市
		具 体 位 置	安平区国胜路33号
		始 建 年 代	清康熙七年（1668）
		现状/修复状况	保存完好
		建造者/原因	待考
		来　　　源	维基百科
5 6	茅港尾天后宫	别　　　称	茅港尾堡天后宫
		所在省/市/县	台湾台南市
		具 体 位 置	下营区茅港里163号
		始 建 年 代	清康熙十六年（1677）
		现状/修复状况	保存完好
		建造者/原因	待考
		来　　　源	维基百科

序号	名称	项目	内容
57	盐行天后宫	别　　称	洲仔尾天后宫
		所在省/市/县	台湾台南市
		具体位置	永康区盐行里中正南路690号
		始建年代	清康熙三十五年（1696）
		现状/修复状况	保存完好
		建造者/原因	待考
		来　　源	维基百科
58	三郊镇港海安宫	别　　称	
		所在省/市/县	台湾台南市
		具体位置	中西区金华路四段44巷31号
		始建年代	清乾隆元年（1736）
		现状/修复状况	保存完好
		建造者/原因	乾隆元年从湄洲迎奉妈祖香火而建
		来　　源	维基百科
59	妈祖楼天后宫	别　　称	
		所在省/市/县	台湾台南市
		具体位置	中西区忠孝街118号
		始建年代	清乾隆二十年（1755）
		现状/修复状况	保存完好
		建造者/原因	待考
		来　　源	维基百科
60	金安宫	别　　称	
		所在省/市/县	台湾台南市
		具体位置	中西区信义街108巷61号
		始建年代	清嘉庆十四年（1809）
		现状/修复状况	保存完好
		建造者/原因	待考
		来　　源	维基百科
61	银同祖庙	别　　称	
		所在省/市/县	台湾台南市
		具体位置	中西区
		始建年代	清道光二十二年（1842）
		现状/修复状况	保存完好
		建造者/原因	戍弁陈青山倡议集资建会馆
		来　　源	维基百科
62	三股龙德宫	别　　称	龙德堂
		所在省/市/县	台湾台南市
		具体位置	七股区三股里3邻三股38号
		始建年代	清光绪六年（1880）
		现状/修复状况	保存完好
		建造者/原因	待考
		来　　源	维基百科
63	正统鹿耳门圣母庙	别　　称	
		所在省/市/县	台湾台南市
		具体位置	安南区城安路160号
		始建年代	1983年
		现状/修复状况	保存完好
		建造者/原因	待考
		来　　源	维基百科
64	西港玉敕庆安宫	别　　称	西港庆安宫
		所在省/市/县	台湾台南市
		具体位置	西港区庆安路32号
		始建年代	清康熙五十一年（1712）
		现状/修复状况	保存完好
		建造者/原因	郑成功部队顺水路至当地驻守之随将城隍境主及中坛元帅供奉于简易神坛
		来　　源	维基百科

续表

编号	名称	项目	内容	图片
65	盐水护庇宫	别称	月港护庇宫	
		所在省/市/县	台湾台南市	
		具体位置	盐水区水正里中正路140号	
		始建年代	清康熙五十五年（1716）	
		现状/修复状况	保存完好	
		建造者/原因	待考	
		来源	维基百科	
66	铁线桥通济宫	别称		
		所在省/市/县	台湾台南市	
		具体位置	新营区铁线里铁线桥40号	
		始建年代	清康熙中叶	
		现状/修复状况	市定古迹	
		建造者/原因	当地先民来台时从福建湄洲迎来神像建庙	
		来源	维基百科	
67	白河福安宫	别称	店仔口福安宫	
		所在省/市/县	台湾台南市	
		具体位置	白河区中山路124号	
		始建年代	清乾隆年间（1736—1795）	
		现状/修复状况	保存完好	
		建造者/原因	由当地首富吴文秀所倡建	
		来源	维基百科	
68	旗津天后	别称	旗后天后	
		所在省/市/县	台湾高雄市	
		具体位置	旗津区庙前路93号	
		始建年代	清康熙十二年（1673）	
		现状/修复状况	市定古迹	
		建造者/原因	福建渔民徐阿华与同乡的六户人家，迎奉湄洲妈祖庙妈祖分灵搭盖的一座简便的草寮供奉	
		来源	维基百科	
69	左营慈德宫	别称		
		所在省/市/县	台湾高雄市	
		具体位置	左营区店仔顶街9号	
		始建年代	清康熙二十六年（1687）	
		现状/修复状况	保存完好	
		建造者/原因	杨姓先民建祠供奉	
		来源	维基百科	
70	楠梓天后宫	别称	楠和宫	
		所在省/市/县	台湾高雄市	
		具体位置	楠梓区楠梓路1号	
		始建年代	清康熙五十二年（1713）	
		现状/修复状况	市定古迹	
		建造者/原因	移民来台前先从湄洲宫请分灵后，先奉祀于民宅，再兴建庙宇供奉	
		来源	维基百科	
71	旗山天后宫	别称		
		所在省/市/县	台湾高雄市	
		具体位置	旗山区湄洲里永福街23巷16号	
		始建年代	清道光四年（1824）	
		现状/修复状况	市定古迹	
		建造者/原因	台湾县知县薛志亮倡建天后宫	
		来源	维基百科	
72	五甲龙成宫	别称		
		所在省/市/县	台湾高雄市	
		具体位置	凤山区五甲二路730巷6号	
		始建年代	清光绪十二年（1886）	
		现状/修复状况	保存完好	
		建造者/原因	待考	
		来源	维基百科	

续表

序号	名称	项目	内容
73	冈山寿天宫	别称	
		所在省/市/县	台湾高雄市
		具体位置	冈山区寿天里公园路40号
		始建年代	清康熙五十一年（1712）
		现状/修复状况	保存完好
		建造者/原因	待考
		来源	维基百科
74	屏东慈凤宫	别称	
		所在省/市/县	台湾屏东县
		具体位置	屏东市崇礼里中山路39号
		始建年代	清乾隆二年（1737）
		现状/修复状况	保存完好
		建造者/原因	待考
		来源	维基百科
75	万丹万惠宫	别称	万丹妈祖庙
		所在省/市/县	台湾屏东县
		具体位置	万丹乡
		始建年代	清乾隆二十一年（1756）
		现状/修复状况	保存完好
		建造者/原因	待考
		来源	维基百科
76	六堆天后宫	别称	内埔天后宫
		所在省/市/县	台湾
		具体位置	屏东县内埔乡内埔村广济路164号
		始建年代	清嘉庆八年（1803）
		现状/修复状况	县定古迹
		建造者/原因	由锺麟江所倡建
		来源	维基百科
77	东港朝隆宫	别称	下中街朝隆宫
		所在省/市/县	台湾屏东县
		具体位置	东港镇朝安里延平路108号
		始建年代	清雍正二年（1724）
		现状/修复状况	保存完整
		建造者/原因	待考
		来源	维基百科
78	台东天后宫	别称	埤南天后宫
		所在省/市/县	台湾台东县
		具体位置	台东市中华路一段222号
		始建年代	清光绪十七年（1891）
		现状/修复状况	保存完整
		建造者/原因	张兆连为感恩妈祖庇佑让当时军队挖井找到水源捐俸建庙
		来源	维基百科
79	成广澳天后宫	别称	小港天后宫
		所在省/市/县	台湾台东县
		具体位置	成功镇成广路33号
		始建年代	清同治十年（1871）
		现状/修复状况	保存完整
		建造者/原因	刘进来前往鹿港天后宫请妈祖随身护行兴建庙宇
		来源	维基百科
80	澎湖天后宫	别称	
		所在省/市/县	台湾澎湖县
		具体位置	马公市长安里正义街1号
		始建年代	明万历三十二年（1604）
		现状/修复状况	保存完整
		建造者/原因	待考
		来源	维基百科

续表

81	佛堂门天后古庙	别　　　称	大庙
		所在省/市/县	香港
		具体位置	新界西贡区清水湾半岛以南的大庙湾地堂咀
		始建年代	南宋咸淳二年（1266）
		现状/修复状况	香港一级历史建筑
		建造者/原因	待考
		来　　　源	维基百科
82	西贡墟天后庙及协天宫	别　　　称	大庙
		所在省/市/县	香港
		具体位置	新界西贡区西贡市中心普通道
		始建年代	无考
		现状/修复状况	香港二级历史建筑
		建造者/原因	待考
		来　　　源	维基百科
83	将军澳坑口天后庙	别　　　称	
		所在省/市/县	香港
		具体位置	新界将军澳坑口田下湾村与佛头洲村之间
		始建年代	清初
		现状/修复状况	香港三级历史建筑
		建造者/原因	待考
		来　　　源	维基百科
84	大埔旧墟天后庙	别　　　称	
		所在省/市/县	香港
		具体位置	新界大埔旧墟汀角路
		始建年代	清康熙三十年（1691）
		现状/修复状况	香港三级历史建筑
		建造者/原因	待考
		来　　　源	维基百科
85	坪源天后庙	别　　　称	
		所在省/市/县	香港
		具体位置	打鼓岭坪口水流坑
		始建年代	清乾隆二十一年（1756）
		现状/修复状况	保存完整
		建造者/原因	待考
		来　　　源	维基百科
86	粉岭天后宫	别　　　称	
		所在省/市/县	香港
		具体位置	新界粉岭龙跃头龙山西北面山麓
		始建年代	无考
		现状/修复状况	法定古迹
		建造者/原因	待考
		来　　　源	维基百科
87	大树下天后庙	别　　　称	
		所在省/市/县	香港
		具体位置	新界元朗区十八乡大旗岭
		始建年代	清乾隆五十一年（1786）
		现状/修复状况	保存完整
		建造者/原因	待考
		来　　　源	维基百科
88	荃湾天后宫	别　　　称	荃湾庙岗天后宫
		所在省/市/县	香港
		具体位置	新界荃湾区蕙荃路
		始建年代	清康熙年间（1662—1722）
		现状/修复状况	香港二级历史建筑
		建造者/原因	由乡人集资兴建
		来　　　源	维基百科

编号	名称	项目	内容
89	鲤鱼门天后庙	别称	鲤鱼门天后宫
		所在省/市/县	香港
		具体位置	九龙油塘鲤鱼门
		始建年代	清乾隆十八年（1753）
		现状/修复状况	香港三级历史建筑
		建造者/原因	由当时盘踞鲤鱼门海域的海盗郑连昌建成
		来源	维基百科
90	油麻地天后庙	别称	
		所在省/市/县	香港
		具体位置	九龙油麻地庙街，近众坊街
		始建年代	清同治四年（1865）
		现状/修复状况	香港一级历史建筑
		建造者/原因	由当地的水上居民所建
		来源	维基百科
91	茶果岭天后庙	别称	
		所在省/市/县	香港
		具体位置	九龙观塘区茶果岭
		始建年代	清道光年间（1821—1850）
		现状/修复状况	保存完整
		建造者/原因	由官府所建
		来源	维基百科
92	铜锣湾天后庙	别称	灯笼洲天后古庙
		所在省/市/县	香港
		具体位置	铜锣湾天后庙道10号
		始建年代	清初
		现状/修复状况	香港法定古迹
		建造者/原因	待考
		来源	维基百科
93	水上三角天后庙	别称	
		所在省/市/县	香港
		具体位置	铜锣湾避风塘及香港仔避风塘
		始建年代	1955年
		现状/修复状况	保存完整
		建造者/原因	待考
		来源	维基百科
94	深水埗天后庙	别称	
		所在省/市/县	香港
		具体位置	九龙深水埗医局街
		始建年代	清光绪二十七年（1901）
		现状/修复状况	保存完整
		建造者/原因	待考
		来源	维基百科
95	筲箕湾天后庙	别称	
		所在省/市/县	香港
		具体位置	香港岛筲箕湾筲箕湾东大街53号
		始建年代	清同治十二年（1873）
		现状/修复状况	香港二级历史建筑
		建造者/原因	待考
		来源	维基百科
96	石澳天后庙	别称	
		所在省/市/县	香港
		具体位置	香港岛南区石澳村333号
		始建年代	清光绪年间（1875—1908）
		现状/修复状况	香港三级历史建筑
		建造者/原因	待考
		来源	维基百科

续表

97	石排湾天后庙	别　　称	香港仔天后庙	
		所在省/市/县	香港	
		具体位置	香港岛南区香港仔	
		始建年代	清道光三十年（1850）	
		现状/修复状况	香港三级历史建筑	
		建造者/原因	待考	
		来　　源	维基百科	
98	赤柱天后庙	别　　称		
		所在省/市/县	香港	
		具体位置	赤柱赤柱大街近马坑村	
		始建年代	清乾隆三十二年（1767）	
		现状/修复状况	损毁严重	
		建造者/原因	待考	
		来　　源	维基百科	
99	北社天后庙	别　　称		
		所在省/市/县	香港	
		具体位置	新界长洲，长洲北帝庙之以北	
		始建年代	清乾隆三十二年（1767）	
		现状/修复状况	香港二级历史建筑	
		建造者/原因	待考	
		来　　源	维基百科	
100	澳门妈祖阁	别　　称	妈阁庙	
		所在省/市/县	澳门	
		具体位置	澳门半岛西南方	
		始建年代	明弘治元年（1488）	
		现状/修复状况	世界文化遗产	
		建造者/原因	附近居住之渔民作业之上岸补给、歇息和祈福之处	
		来　　源	维基百科	

图书在版编目（CIP）数据

天后宫与福建会馆 / 赵迭，白梅著 . — 南京：东南大学出版社，2019.2
（中国会馆研究丛书）
ISBN 978-7-5641-8150-5

Ⅰ.①天… Ⅱ.①赵…②白… Ⅲ.①会馆公所 – 介绍 – 中国②寺庙 – 介绍 – 中国 Ⅳ.①K928.71 ② 928.75

中国版本图书馆 CIP 数据核字（2018）第 282303 号

书　　名：	天后宫与福建会馆
	Tianhougong Yu Fujian Huiguan
著　　者：	赵　迭　白　梅
责任编辑：	魏晓平
出版发行：	东南大学出版社
社　　址：	南京市四牌楼 2 号
邮　　编：	210096
出 版 人：	江建中
网　　址：	http://www.seupress.com
电子邮箱：	press@seupress.com
印　　刷：	上海雅昌艺术印刷有限公司
经　　销：	全国各地新华书店
开　　本：	787 mm×1 092 mm　1/16
印　　张：	17
字　　数：	460 千字
版　　次：	2019 年 2 月第 1 版
印　　次：	2019 年 2 月第 1 次印刷
书　　号：	ISBN 978-7-5641-8150-5
定　　价：	118.00 元

* 版权所有，侵权必究
* 本社图书若有印装质量问题，请直接与销售部联系。电话：025-83791830